藏汉双语教学研究

The Research of Teaching on
Bilingual Language of Tibetan and Chinese

才让措　著

社会科学文献出版社
SOCIAL SCIENCES ACADEMIC PRESS (CHINA)

自　序

20 世纪 90 年代初期，恩师王骧业教授带我步入藏汉双语教学研究这个神圣的殿堂，从此，我与藏汉双语教学研究结下不解之缘。二十多个寒暑，我的藏汉双语教学研究之路有艰辛、挫折，也有无奈、苦涩，但老师的鼓励、教诲，时时鞭策着我，让我默默、潜心坚持到了今天。

回忆当年步入藏汉双语教学研究领域时的情景，为了学生的成长，老师不仅让我参与了国家"六五"和"七五"重点科研项目"青海多民族儿童心理特征与教育"课题的研究工作，而且还委以重任，让我作为负责人承担了黄南分课题。在完成"青海藏族儿童记忆发展研究""青海藏族儿童思维发展研究"及"青海藏族儿童个性心理特征研究"任务的基础上，我人生之路上的首篇论文《同仁地区 9 岁与 11 岁藏汉儿童记忆特点初探》被评为青海省心理学会优秀学术论文。虽不足挂齿，但当时还是给了我莫大的鼓舞，使我坚定了进行民族心理研究的信心。之后，我又有幸参与了"青海藏汉双语教学改革实验研究"课题，通过 6 年的探索，不仅积累了一定的藏汉双语教学研究的经验，而且发现了一些藏族学生第二语言发展的规律。2006 年，该研究成果获得了全国教育科学研究优秀成果三等奖，青海省第六次哲学社会科学优秀成果三等奖。我的付出得到了肯定，这让我深深体会到党和国家对一个民族心理工作者的关怀和支持。自 2008 年以来，我主持了国家级项目"青海藏族基础教育藏汉双语学习策略研究"、省级项目"青海藏汉双语教学研究"等课题。其间，我的导师、西北师范大学博士生导师刘旭东教授，中国社会科学院社会学研究所博士生导师杨宜音教授对我的鞭策、鼓励与指导，是我研究的不竭动力。青海大学曲江尚玛校长、青海教育科学研究所王振岭所长、教材编译处梁涛处长给予我极大的关怀和帮助；青海师范大学以及教育学院李晓华、李美华、武启云、张瑜等教授，共和县教育局普华才让局长，海东地区宗喀慈善协会李加才让秘书长等给予我大力支持；特别是青海藏族牧区几十所民族中小学的鼎力相助、积极配合，让我有信心，更有平台开展藏汉双语教学调研、实验及探索。也正因如此，无论在藏汉双语教学研究的理论探求上还是实践探索上，我均取得了令人兴奋的成果，我也从一个懵懂者，成长为拥有一定成果的藏汉双语及心理研究工作者。多年来，对于我的成长，师长、同人、朋友及家人倾注了大量的心血，这其中不仅有知识的教授，更有治学精神的传递、教诲；不仅有期盼、鼓励，更有关爱、支持，在此致以深深的敬意和衷心的感谢。今天，在这新纪喷薄、百业骧腾、数千年文明再现辉煌的历史时刻，我将《藏汉双语教学研究》一书奉上，以期为藏汉双语教学研究、为民族地区提高藏汉双语教育教学质量提供心理学依据，也为回报师长亲朋的关怀、支持。

《藏汉双语教学研究》主要立足于心理学研究范式，以生态化的理念，深入牧区教学第一线，以藏族学校为研究基地，以小学、初中、高中学生和教师为研究对象，通过对藏族学生生理心理特点的分析、双语学习及发展过程中的心理分析、双语教学状况及双语教师专业发展等的分析，探索并总结了藏族学生藏汉双语能力及发展规律。本书还对我们在青海同仁地区和循化地区实施的"富有特色的藏区学前双语教学策略"和"富有成效的藏区小学双语教学改革策略"进行了总结。本书既是我国采用心理学研究范式探索藏汉双语教学的第一本专著，也是从心理学视角探索藏汉双语教学策略的改革成果，对我国民族教育，特别是藏汉双语教学及藏族学生的双语学习和发展具有积极的推动作用。

本书广泛参阅了国内外大量文献和资料，引用了一些相关的研究成果。社会科学文献出版社对著作的出版给予首肯和大力支持，胡亮老师以其认真负责的态度，为书稿锦上添花。研究生俞丁楠、李梅娟、尤优、姚莹、朱吉宽、郑世通、胡成江等分别校读了部分书稿，为本书增色颇多。值此书付梓之时，对以上作者、编辑及研究生致以衷心的感谢。

　　历经多年的跌跌撞撞，我始终以跛鳖千里的信念跋涉在藏汉双语教学研究的求索之路上，不求另辟蹊径，但求究其本源。出版本书最大的心愿，即让其来自牧区、服务牧区。付梓之时，甚觉其还只是一块毛坯，书中的疏漏、缺点和偏颇，敬请批评赐教。

才让措

2014 年 10 月 12 日

目　录

第一章　藏汉双语教学研究引论

第一节　藏汉双语教学研究概述

一　藏汉双语教学研究背景

教育，不论是在古代还是在现代，都是指以一定的载体为中介进行知识和文化的传递，而语言无疑是这一载体中最重要的实体之一。人们对语言的使用，又都是从单语向双语发展的。因此，可以说双语现象是人类发展到一定阶段的产物，是为了适应一个民族或为了与另一民族交际或向另一民族学习而产生的。从这个意义上说，双语不仅是语言现象，也是一种文化现象、社会现象。一个民族双语现象的特点及其演变规律，是由其分布特点、社会发展水平、民族关系等决定的。中国是一个多民族国家，各民族的交流与融合形成了多元一体的中华民族大家庭。这里的多元，就是指各民族文化的共同生存，各民族之间的相互理解和包容；一体是指以汉文化为主体形成的统一体。汉语文也就相应地成为中国各民族人民经济、文化往来、生活交往的通用语。为实施和发展双语教学，各地都制定了一系列与之相适应的政策法规。《中华人民共和国民族区域自治法》和《中华人民共和国义务教育法》中明确规定，在以招收少数民族学生为主的学校或者班级，可以用本民族通用的语言、文字教学，没有本民族文字的，直接使用全国通用的语言、文字教学，用本民族语言辅助教学。同时还规定，国家推广全国通用的普通话和规范的文字。这两项规定都明确提出要在民族学校中进行双语教学。可见，关于少数民族的双语教学在中国已经形成了正确的、科学的认识，并通过国家政策确定下来，这标志着中国的双语教学真正走上了规范发展的道路。各少数民族地区都根据本地区的实际制定了

"民汉兼通"的双语教育方针。如青海省提出少数民族学生在学好本民族语言文字的基础上学好汉语文……到中学毕业时，达到民族语文和汉语文兼通。广西壮族自治区提出"以壮为主，壮汉结合，以汉促壮，壮汉兼通"的原则，明确要求学生在学好壮语文的同时，也要积极学习普通话、学好汉语文，切实做到"壮汉兼通"。西藏自治区提出"以藏语文为主，藏汉语文并用"，"在基础教育阶段应以藏语文教学为主，同时学好汉语文，逐步做到学生在高中毕业时能够藏汉兼通，有条件的还要学好一门外语"等。在少数民族地区实施双语教育，不仅是各民族共存的前提条件，也是提高民族学校教育教学质量的必然要求。因此，在少数民族地区实行双语教学已成为必然趋势，而有关双语教学及其模式的研究也成为我国民族学、心理学和教育学研究的热点问题之一。

（一）民族地区实施双语教学的意义

实行双语教学是民族平等、民族团结和各民族共同繁荣政策的重要体现。中华人民共和国自成立以来，党和政府对在政治上获得平等权利的少数民族采取了"各民族都有使用和发展本民族语言文字的自由"的民族语言政策。《国家中长期教育改革和发展规划纲要》对中国民族教育事业的改革和发展进行了专门部署，在促进各级各类教育协调发展、大力推进双语教学、加强对民族教育的对口支援等方面具体指明了全面提高民族教育发展的着力点，确立了新时期民族教育发展的指导思想、发展目标和方针原则。2013 年 12 月，教育部重新修订了"民族中小学汉语课程标准"，并指出：少数民族学生在学习和使用民族语言文字的同时，应该加强对国家通用语言文字的学习和使用。民汉双语教学有利于促进民族学生之间的沟通和交流，有利于促进各民族学生的全面发展和终身发展，有利于增强各民族学生的祖国意识，有利于增强中华民族的凝聚力。可见，"中国实施的少数民族'民汉兼通'的双语教育社会发展工程是中国少数民族政策的一个重要组成部分和基本国策，是'中华民族多元一体格局'思想的充分体现。在少数民族地区学校实施'民汉兼通'的双语教育对保留少数民族优秀的传统文化，对促进各个民族相互理解、相互交流，在经济上共同发展，在政治上平等相处，最终实现中华民族大团结都将是无法用货币价值来估算的"①。

实践证明，少数民族地区及学校有组织、有计划地开展双语教学有利于民族教育的发展，也符合当地群众的需要与愿望。实行双语教学的学校，在教学过程中，以民族语言为教学语言，使用民族语文课本，学生可以在母语的帮助下，逐步学习汉语言与其他科学文化知识，减少了因直接进入汉语言环境所导致的语言障碍以及因此产生的学习困难，可以缩短儿童的教育进程，使其适应并顺利过渡到更高一级的学校，获得更好的发展。这种教学模式提高了入学率与巩固率，有利于民族教育的普及，有利于教育质量的提高。推行民族语与汉语并重的双语教学，是实施多元文化教育的一种手段，符合当今世界的发展趋势。语言不仅是文化的载体，也是文化的重要内容之一。民族学生在实行双语教学的学校中，不仅能够学习到多元的文化知识，还能够通过对本民族语言文字的学习了解民族文化与历史，这有利于民族传统文化的保留与发展。同时，随着我国经济建设的发展和改革的不断深入，各地区之间、各民族之间的交流日益广泛，大量的政治、经济、文化、科学技术等信息主要靠汉语传播。学习好汉语，少数民族可以充分地借鉴、应用国内外的先进经验与技术，发展本民族的社会经济与文化。作为族际语，汉语也是各民族间进行交流、增进了解、共同缔造一个繁荣稳定社会的必要工具。由此，民族地区实行双语教学具有极其重要的意义。

（二）藏汉双语概述

藏族，是中国 56 个民族大家庭中的一个成员，主要居住在西藏自治区以及青海、甘肃、四川、云南等省的部分地区，约 640 万人口，以从事畜牧业为主，兼营农业。

1. 藏语

藏族有自己的语言文字。藏语属汉藏语系藏缅语族藏语支，分为卫藏、康、安多三大方言。卫藏方言是以拉萨和日喀则为中心的西藏自治区本部的方言；康方言是四川甘孜藏族自治州、云南省迪庆藏族自治州和西藏昌都地区、青海玉树藏族自治州的方言；安多方言是青海省大部、甘肃藏族地区和四川阿坝等地区的方言。藏语

---

① 滕星：《族群、文化与教育》，民族出版社，2002。

与汉语虽有很大差别，但两者在语言发生学的分类上有着亲缘关系。在词汇的应用上汉藏两种语言之间有较多的同源词；在语音上，汉藏两种语言都有以声母、韵母为单位的独特的语音结构。所不同的是，汉语没有藏语那么多的复辅音声母。

就藏语语音结构而言，声调是藏语语音结构的重要组成部分。藏语的声母可分为单辅音声母和复辅音声母两类。单辅音声母一般是 30 个左右，拉萨话中有 28 个，而康区德格话有 42 个。复辅音声母主要有前置辅音和基本辅音加后置辅音两类。韵母分单元音韵母、复元音韵母和带辅音韵尾的韵母三类。单元音韵母多的达十六七个，如拉萨话；少的只有 6 个，如夏河话。在现代藏语中，单元音韵母由于方言不同尚有如下特点：第一，卫藏、康方言元音分长短，配合声调，并与声调互补；安多方言则不分长短。第二，卫藏、康方言有鼻化元音。复元音韵母主要是二合的复元音韵母，按性质可分真性复元音韵母和假性复元音韵母两种，真性复元音韵母是几个元音并立不分主次，元音结构都同样紧张清晰，这也是藏语语音的一个特点。另外，构成假性复元音韵母的几个元音中，只有一个是比较紧张清晰的，是响点。总的来说，藏语是一种单元音占优势的语言，复元音少，并且多为后期现象。带辅音韵尾的韵母一般有 30 个左右，可以作尾的辅音有 8 个。保留韵尾最多的是安多方言，最少的是康方言，卫藏方言介于二者之间。在不同的方言中，声调数量也不相等，卫藏方言和康方言都有声调，一般是 4 个，而安多方言没有声调。声调有区别词义和语法的功能。藏语中相邻音节连续，声调要发生相对固定的变化，而且不限于词的内部，词与词、词与语法成分之间也发生变调。

就藏语语法结构而言，汉藏语都具有以虚词和词序作为表达语法意义的共同框架。藏语以虚词和语序作为主要语法表达手段，从动词虚化而来的辅音动词与虚词助词有着同等重要的功能。藏语的句子成分为主语、谓语、宾语、定语和状语。句子主要是以谓语为核心的主谓呼应结构，其句子结构为：主语 - 宾语（间接宾语、直接宾语） - 谓语。形容词、数词、指示代词做修饰语时，在中心词之后；人称代词、名词做修饰语时需加领属助词，置中心词前；动词、形容词的修饰语一般也在中心词前。藏语的词可分为名词、动词、数词、形容词、代词、连词、副词、助词和叹词共 9 类。藏语动词也包括及物动词和不及物动词，其中及物动词可构成动宾结构，并要求主语后加施动助词以表示主谓关系的一致，这是藏语及物动词的特点。动词又可分为自主动词和不自主动词，这是根据行为主体对行为的制约力来划分的，这也是藏语的一大特点。自主动词可以有命令式，而不自主动词则不能有命令式。藏语动词做谓语的常用手段是：在动词词根后加词缀或利用内部屈折来表达某种意义，用屈折的变化表示动词的时态和语态。藏语动词屈折变化的特点是对比式而非对应式，即一个形态成分同一种语法意义并无固定的联系，不同的语法意义在不同形态成分的对比中体现出来。藏语动词的时态最多有 8 种；动词时态的表达方式是：在不同时态的动词后加时态动助词和辅助动词，或直接加辅助动词。形容词的句法功能一是做定语和表语，二是做述语。形容词做述语，相当于不及物动词，不能带宾语，只能添加时态助词和辅助动词。数词为十进位，基数词都是单音节的单纯词。高位数词如"百""千""万""十万""亿"等，是用不同的词表示的。十位数和个位数可以连用，只是个别的语音稍微有变化。藏语助词基本上分为三类：第一类是位于词和短语后表示句子成分之间各种关系的结构助词，第二类是加在动词后表示时态意义的时态助词，第三类是加在句子末尾或句子中表示语气的助词。结构助词在藏语语法中有很重要的作用，它相当于藏文文法中的格助词。结构助词分施动、领属、存在、趋向、源由、比较 6 种。

就藏文字的组合形式而言，藏文属拼音文字，公元 7 世纪前期参照梵文创制而成，共有 30 个字母和 4 个元音。藏文字母的书写同英文一样，属线形类，拼写以字根为基础，再加上置字、下置字、前置字、后置字和又后置字。与其他拼音文字所不同的是：藏文在书写过程中还要上加字或下加字，通过叠加与基字组合，形成多重组合的平面文字。藏文的书写通常从左向右横排，有特殊需要时也可由上至下竖写。字体分为行书、楷书和草书，还有公文专用字体。

2. 汉语

汉语属于汉藏语系分析语，有声调。汉语的文字系统中汉字是一种意音文字，表意的同时也具有一定的表音功能。汉语包含书面语以及口语两部分。古代书面汉语被称为文言文，现代书面汉语一般指现代标准汉语。现代汉语方言众多，某些方言的口语之间差异较大，而书面语相对统一。

就汉语语音结构及特点而言，其音节结构简明，音节界限清晰；乐音居多，响音乐耳；抑扬顿挫，富于变化。① 汉语的音节结构有很强的规律性。音节是由音素构成的，音素根据音色不同分为元音、辅音两大类。元音是一般音节中不可缺少的成分，一个音节内部最多可以连续出现三个元音。辅音主要处在元音的前面，即音节的开头，只有少数辅音可以处在元音的后面，即音节的末尾，处在元音前后的辅音一般只能有一个。传统的汉语音韵学从字音入手，把汉字字音结构分为声母、韵母、声调三部分。声母是处在音节开头的辅音。声母只能由一个辅音构成，元音不能做声母，辅音连用也不行。音节的开头如果没有声母，就是零声母音节。韵母是音节中声母后面的成分，韵母又可分为韵头、韵腹、韵尾三部分。这样，普通话音节实际上由五部分构成：声母、韵头、韵腹、韵尾、声调。② 声调是整个音节的高低升降，是音节的重要组成成分。普通话有四个调类，分别为：阴平（第一声）、阳平（第二声）、上声（第三声）、去声（第四声）。特点可以概括为"一平、二升、三曲、四降"，调形差别较大，不宜混淆。③

汉语有几种常见的音变现象，包括轻声、儿化、连读变调、语气词"啊"的变读等。汉语许多方言中有轻声音节，所谓"轻声"并不是四声之外的第五种声调，而是四声的一种特殊音变，是在一定的条件下读得又短又轻的调子。④ 在语流中，音节与音节相连，就有可能使声调的调值发生或多或少的变化，这种声调的基本调值在音节连读时发生的变化，叫连读变调。⑤ 在普通话中最明显的变调是上声以及"一"和"不"的变调。而汉语各方言的连读变调现象相当复杂，各有各的特点。儿化韵也是汉语语音中常见的现象，当

① 邵敬敏：《现代汉语通论》（第二版），上海教育出版社，2007，第46页。
② 邵敬敏：《现代汉语通论》（第二版），上海教育出版社，2007，第45页。
③ 邵敬敏：《现代汉语通论》（第二版），上海教育出版社，2007，第38页。
④ 黄伯荣、廖序东：《现代汉语》（增订版），高等教育出版社，1993，第118页。
⑤ 邵敬敏：《现代汉语通论》（第二版），上海教育出版社，2007，第58页。

"儿"音节处于其他音节之后，往往和前面音节的韵母合并成为儿化韵。儿化在普通话里不仅是一种语音现象，还跟词汇和语法有密切的关系，具有区别词义、区分词性和表示感情色彩的作用。① 汉语许多方言都有儿化现象，但儿化的情况和程度不尽相同。语气词"啊"一般用在句末或句中稍作停顿之处，受到前面一个音节末尾的因素的影响，需要变读。② 汉语各方言的语音分歧虽较大，但声母、韵母和声调的基本结构是一致的。

就汉语的语法结构及特点而言，其最根本的特点是：不依赖严格意义的形态变化，而借助于语序、虚词等其他语法手段来表示语法关系和语法意义。这一总特点具体表现为以下四个方面：①语序的变化对语法结构和语法意义起重大影响；②虚词的运用对语法结构和语法意义有重要作用；③汉语的词类和句子成分不存在单一的一一对应的关系；④短语结构与句子结构以及词的结构基本一致。③ 汉语是一种分析语，汉语中存在用于表达时间的副词（"昨日""以后"）以及一些表示不同动作状态的助词。助词也用来表达问句；现代标准汉语中问句的语序与陈述句的语序相同（主－谓－宾结构），汉语只使用末尾的语气助词，例如在普通话中的"吗"，来表达疑问语气。名词的复数形式只在代词及多音节（指人）名词中出现。

因为没有屈折变化，所以汉语与欧洲语言，如罗曼语族语言相比，语法看似简单。然而，汉语语法中由词序、助词等所构成的句法复杂程度大大地超过了以拉丁语为例的屈折性语言。例如，汉语中存在"体"用于表达不同时间发生的动作及状态（目前对于这种看法存在分歧）。如"了"或"过"常用于表示已经发生的动作，但二者存在差别：第一个是指"完成式"，表示完成某件事，例如"我做完了这项工作"（I have finished this task）；第二个意味着"过去式"，表示曾经做过某件事，并不与目前相关，例如"我做过这项工作"（I have done this task before）。汉语还有一套复杂的系统用于区分方向、可能以及动作是否成功，例如"走"及"走上来"、

---

① 黄伯荣、廖序东：《现代汉语》（增订版），高等教育出版社，1993，第124页。
② 邵敬敏：《现代汉语通论》（第二版），上海教育出版社，2007，第60页。
③ 邵敬敏：《现代汉语通论》（第二版），上海教育出版社，2007，第167～169页。

"打"及"打碎"、"看"及"看不懂"、"找"及"找到"。另外，现代标准汉语的名词与数词在连接时通常要求有量词。因此，必须说"两片面包"（two loaves of bread）而不是"两面包"（two breads）。其中的"条"是一个量词。在汉语中有大量的量词，而且在现代标准汉语中每一个量词都对应一定的名词。

此外，汉语文言文中的助词运用非常频繁且复杂。例如："有朋自远方来，不亦乐乎"中的"乎"便是无意义的语尾助词，"大去之期不远矣"的"矣"亦是。

过去认为汉语方言间的语法区别不大，但通过近二十年的工作，笔者发现，这个结论受到了挑战。在使用白话文之后，如果依照所规定的以"北方白话文为语法规范"而书写，各地方言语法也是高度统一的。但是如果严格按照各地方言自身的"白话文"（即口语）来书写的话，将出现两种语言间的沟通障碍。

就汉字的组合形式而言，现代汉字是一种表意性质的语素文字，其在形体上表现为方块形式。① 汉字的组合方式指汉字的造字法。对于造字法通常采用传统的"六书"来分析，"六书"指象形、指事、会意、形声、转注、假借。目前多数人认为假借、转注是用字问题，象形、指事、会意、形声才是造字方法。② 象形就是描绘事物形状的造字法，用这种方法造的字就是象形字。象形字是独体字，在汉字中占的数量不多，但它是构成汉字的基础，大部分会意字和形声字都是以象形字为构字部件组成的。象形这种造字法局限性很大，复杂的事物难以象形，抽象的概念无法象形，客观事物无限缤纷，要想一律造成象形字，是根本不可能的。③ 所以人们为了克服象形字的局限性，就又发明了另一种造字法——指事法。

指事就是用象征性符号或在象形字上加提示符号来表示某个词的造字法，用这种方法造的字就是指事字。④ 指事字是独体字，这种造字法大体上可分为两类：一类是纯符号的，即不成图形的符号（成了图形，就是象形字了）；另一类是在具体事物的图形上添加抽

---

① 邵敬敏：《现代汉语通论》（第二版），上海教育出版社，2007，第72页。
② 邵敬敏：《现代汉语通论》（第二版），上海教育出版社，2007，第72页。
③ 黄伯荣、廖序东：《现代汉语》（增订版），高等教育出版社，1993，第198页。
④ 黄伯荣、廖序东：《现代汉语》（增订版），高等教育出版社，1993，第199页。

象符号。用指事法造字，这是汉字从象形发展到表意的第一步。但用这种方法造的汉字局限性很大，不能普遍地应用到很多事物上，所以字数极少，纯符号的指事字更少。《说文解字》里仅占 1.1% 左右。① 所以人们为了克服指事字的局限性，就又发明了另一种造字法——会意法。

会意就是用两个或几个字组成一个字，这几个字的意义合成新字的意义。用会意方法造的字，就是会意字。会意字是合体字，会意字有异体会意和同体会意两类。异体会意字由不同的字组成，如"武"，从戈从止。同体会意字由相同的字组成，如"森"，从三木。会意字比象形字和指事字都多，但它们都没有表音成分，作为记录语言的符号也有很大的局限性。② 文字是记录说话的，说话跟声音有关，那么文字是不是可以把声音记录下来呢？所以人们为了克服会意字的局限性，就又发明了另一种造字法——形声法。

形声就是由表示字义类属的偏旁和表示字音的偏旁组成新字。用形声方法造的字叫形声字。形声字是合体字，用形声法造的形声字，有表音成分，同语言的声音在一定程度上发生了联系，相较于没有表音成分的象形字、指事字、会意字有一定的优越性。③ 尽管形声造字法仍属于表意性质的，但却突破了汉字形体的束缚，实现了方块汉字与语言声音的联系，这是汉字从表意迈向表音的一个重大发展，今天我们所用的现代汉字大部分是形声字。

"六书"当中除了上面讲的四种造字法以外，还有两种用字法——转注和假借。

关于转注法过去的说法很多，一般认为，转注是指同一部首、读音相同或相近，意义上有共同点的一组字，是为了适应方音分歧和语音的发展而采取的一种造字法。④

假借就是语言中有了某个词，但还没有表示这个词的字，于是就在通行字中找一个同音字来替代。⑤ 如"汝"本是水名，借为第二人称代词。

---

① 邵敬敏：《现代汉语通论》（第二版），上海教育出版社，2007，第 72~73 页。
② 黄伯荣、廖序东：《现代汉语》（增订版），高等教育出版社，1993，第 200 页。
③ 黄伯荣、廖序东：《现代汉语》（增订版），高等教育出版社，1993，第 201 页。
④ 黄伯荣、廖序东：《现代汉语》（增订版），高等教育出版社，1993，第 204 页。
⑤ 黄伯荣、廖序东：《现代汉语》（增订版），高等教育出版社，1993，第 204 页。

综上所述，汉字造字法，主要有象形、指事、会意、形声四种，转注法和假借法为用字法。

二　民族教育与藏汉双语教学

教育是民族振兴、社会进步的基石，是国家和民族可持续健康发展的不竭动力。双语教学是伴随双语现象的出现而形成的产物，是我国民族教育体系的重要组成部分，直接关系着民族教育质量的提升，影响着民族教育事业的发展进程。

自中华人民共和国成立以来，党和政府对在政治上获得平等权利的少数民族采取了"各民族都有使用和发展本民族语言文字的自由"的民族语言政策。《国家中长期教育改革和发展规划纲要》对我国民族教育事业的改革和发展进行了专门部署，在促进各级各类教育协调发展、大力推进双语教学、加强对民族教育的对口支援等方面具体指明了全面提高民族教育发展的着力点，从而确立了新时期我国民族教育发展的指导思想、发展目标和方针原则。少数民族教育已成为全国教育工作的主要内容，尤其是少数民族双语教学是具有中国特色的少数民族教育体系的重要内容。其与单语教育相对应，是从双语现象中派生出来的，"以两种语言作为媒介的教育系统。其中一种语言常常是但并不一定是学生的第一语言"①。中国双语教学类型多样，其中民－汉兼通型双语教学是指民族语和汉语的双语教育，是中国双语教学的主要现象。用现代教学论的观点来看，双语教学不仅仅包括语言学习，还包括民族文化的传递，是发展人文社会的一种重要方式。

大规模、大范围且有计划、有组织地开展藏汉双语教学是在20世纪50年代，这是藏族真正现代意义上的双语教学。通过让藏族学生学习藏汉两种语言、掌握学习两种语言的有效途径，培养精通藏汉语言文字、全面发展的、适应现代社会发展的新型藏族人才。

在我国藏汉双语教育中，实行藏汉双语教学，既是藏族教育的重要组成部分，又是民族平等、民族团结和各民族共同繁荣政策的重要体现。搞好藏汉双语教学可以有效地促进藏族教育的发展，促

---

① 滕星、王军主编《20世纪中国少数民族与教育理论、政策与实践》，民族出版社，2002，第320页。

进藏族人口素质的提高，进而推动整个中华民族的发展和进步。

青海是一个多民族聚居的省份。据 2013 年的统计，全省常住人口 577.79 万人，其中世居少数民族有藏族、回族、蒙古族、土族、撒拉族，人口为 271.45 万人，占 46.98%；少数民族人口占全省人口的比例在全国仅次于西藏、新疆，居全国第三位。民族自治地方的面积占到全省总面积的 98% 以上。世居的五个少数民族中，藏族和蒙古族有自己的语言文字，聚居区中小学实行藏（蒙）汉双语教学，土族和撒拉族有语言无文字，中小学实行汉语教学，聚居区用本民族语言辅助教学，回族通用汉语，中小学用汉语教学。五个世居少数民族中，藏族人口最多、分布最广。因此，藏汉双语教学是青海双语教学的主要现象。至 2012 年，青海城镇及以上藏族地区中小学均设有两种模式的教学班，学生可根据自己的双语能力选择不同模式的班级；而牧区学校，由于小学生入学时没有汉语基础，学校所设立的基本都是一种模式的教学班。学生处在哪种环境、习得了哪种语言，进入小学时就会选择该种语言的教学模式，同时这也奠定了其今后语言发展的趋向。

在青海推行民族语言与汉语并重的藏汉双语教学，既是党的民族教育方针政策的体现，也是青海藏族教育发展进步的渠道和途径，同时也符合藏族群众的需求及愿望。截至目前，青海教育遵循党的民族教育政策，在藏汉双语教学中获得了巨大成就，表现在以下几个方面。

第一，学生通过母语获取知识，这不仅方便了学校的教育教学工作，而且发挥了母语的社会功能，同时也有利于学生的发展。从培养跨世纪藏族人才的角度而言，语言的多元化发展更有利于藏族学生的发展。

第二，青海曾在同仁地区实施了为期 6 年的藏汉双语教学改革实验，总结出如下结论：其一，在促进藏族儿童思维等能力的发展方面，双语比单语更有优势；其二，"以母语为先导，汉语口语优先，为读写打好基础，双语共同发展"的教学模式①，是促进藏族学生提高学业成绩及认知水平的有效模式，为藏族学生的教育及发展提供了有效依据。

---

① 才让措：《青海省同仁地区藏族小学生藏汉双语教学实验研究报告》，《中国藏学》2000 年第 3 期。

第三，藏汉双语教学政策研究在青海也取得了卓著成果。有学者认为：藏汉双语教学政策内容是极其丰富的，根据各因素的文化归属类型，基本可以分为三种元素丛。一是具有西方文化特征的教育元素丛，二是具有本民族文化特征的教育元素丛，三是具有主体民族文化特征的教育元素丛。这三种教育元素丛代表着所属文化的力量，在双语教学政策框架内相互依存、相互颉颃而存在，突出了双语教学政策容纳多元文化的特色。尽管在双语教学政策的构建中，受制于民族经济社会发展的需要，双语教学政策的内容是有所侧重的，但是，综观民族教育的改革与发展，追求教育内容的和谐共处，促进双语教育政策的最大效能的发挥，是双语教学政策构建的基本前提。①

第四，青海从幼儿教育到大学教育均已构建起较为完善的双语教学体系，这有力地推动着藏汉双语教学的可持续发展，显现了青海藏汉双语教学的跨越式发展趋势。

然而，根据藏汉双语教学现状分析的结果，我们认为尚存在双语教学课时计划执行不力、教学效果差、教学质量低，教材选择和教学用语欠规范性，教辅资料和课外读物资源开发有限并严重缺乏等问题。这种状况在其他藏族地区也较突出，例如，至"20世纪90年代初，西藏有史以来第一次有了全套的中小学各科藏文教材。但是在质量上仍然存在着在教学实践中不断修订和提高的问题"②。而且，从青海及其他藏族地区的实际来看，缺少合格教师始终是藏族双语教学发展的瓶颈，许多调查报告都在不断强调藏族教育师资缺乏问题的严重性。对青海、西藏、四川、甘肃四省区33所中小学校的调研显示，藏族地区教师学历整体偏低，高学历教师少；其中汉语教师具有大专学历的只占55.7%，本科学历偏少，研究生学历为零。而且，汉语教师非专业化程度严重，知识结构不合理，师范院校毕业的只占56.9%，汉语言专业毕业的只占51.8%，非汉语言专业毕业而从事汉语文教学的占48.2%。③对西藏18所中小学的调研显示，在西藏地区从事语言教学的师资队伍存在以下主要问题：第

---

① 何波：《藏汉双语教育政策的基本内涵》，《青海师范大学学报》2010年第6期。
② 马戎：《西藏社会发展与双语教育》，《中国藏学》2011年第2期。
③ 铁生兰：《藏区中小学汉语教师队伍构成现状调查》，《青海民族研究》2011年第2期。

一，从事语言教学的师资队伍数量达不到应有的要求，大部分学校处于师资紧缺的状况。调研的 18 所学校中，在校学生达到了 26400 人，语言教师的数量为 869 人，师生比为 1:30.4，达不到国家规定的标准和要求。第二，师资队伍的专业化程度不高，在语言教学中仍然有一部分非专业的教师从事语言教学工作。第三，师资队伍的学历结构、职称结构、年龄结构等都存在不合理的问题。第四，教师整体学历虽能符合基本要求，但层次不高，学习能力整体欠缺。第五，教师任务繁重，在教学活动中显得力不从心。第六，教师教研能力相对薄弱，多数教师只顾埋头教学。第七，一些学校的教师管理体制和运行机制不够完善。[①] 上述调研显示，缺乏合格的教师是藏族地区双语教学中长期存在并亟须解决的严重问题。

以上即为藏汉双语教学发展背景，既有跨越式发展的成果，也存在不足，但具有可持续发展的潜力。我们只有客观地分析和面对藏汉双语教学现状，才能制定出有效的双语教学策略，民族教育的改革也才会富有成效。民族教育是民族地区各项事业发展的根本，只有大力发展民族教育事业，全面提高各民族的文化素质，才能促进各民族共同团结进步，实现各民族共同繁荣发展。

第二节　藏汉双语教育的发展

一　藏汉双语教育发展历程

作为一个有着悠久历史的统一的多民族国家，中国已经逐渐形成了一个语言使用的"多元一体"的格局。一方面，许多少数民族拥有自己的传统语言文字，在日常生活和继承本民族传统文化时学习和使用本民族语言文字；另一方面，从国家行政管理、经济发展和区域交流的角度来看，汉语已经成为中华各民族的"族际共同语"，成为族际交流的主要语言工具。特别是在 20 世纪中叶中华人民共和国成立后，中国走上稳定的工业化、现代化发展之路。中国各地区之间的经济整合、贸易发展不断推动着少数民族地区走出传统的半封闭、自给自足的状态。在这一历史进程中，

---

① 史民英等：《西藏语言学科师资队伍现状浅析》，《西藏教育》2011 年第 8 期。

不仅东部汉族各方言区开始使用全国统一的普通话，西部地区各少数民族也在加强汉语文学习。通过学习民汉双语来促进中国各地区的社会经济发展，这已经成为各民族发展和进入现代化进程的必然趋势。从交流工具和学习先进知识体系的工具性角度来看，民汉双语是有利于推动中国民族地区现代化发展的工具性语言。民汉双语教育的发展直接关系着民族教育质量的提升，影响着民族教育事业的发展进程。

长期以来，我国西部少数民族人口聚居区，以自己的语言文字继承和发展着本民族优秀灿烂的传统文化。"无论从中华民族的发展历史还是从未来前景考虑，中国所有民族的语言文字和传统文化都是'中华民族共同文化'的组成部分，因此，继承和发展这些民族的传统文化是中华人民共和国政府和全体国民共同的责任。从这个基本认识出发，中央政府在建设和发展全国性的学校教育体系时，一个必须慎重思考、设计和实施的方面，就是在全国性教育体系中如何使中华各民族的族际共同语（汉语）和各地少数民族语言文字的学习各自得到一个合理的安排并发挥好各自的功能，在安排各级学校的语言课程和专业课程的教学语言时，既能使各族学生掌握本民族的语言文字，从而继承和发展本民族的优秀传统文化，又能让他们学习并掌握汉语，以便加强族际交流和学习现代化知识。这既是中国各族民众走向工业化、现代化和共同繁荣的要求，也是尊重和保护各族传统文化、保护文化多样性的要求。"① 但"由于学校受到课程体系和教学时间的总体限制，也受到各族语言的成熟程度（有些民族有口头语言但没有书写文字）、用各族文字编写的教材质量和教师规模等客观条件的限制，因此，如何在汉语和少数民族母语这二者之间把握好一个合理的平衡，因势利导，逐步探索发展出一个既得到各族大多数民众拥护，又能有效促进各民族现代化发展的语言教学模式，是当前中国少数民族教育研究的一个主要课题"②。

藏族拥有自己的语言文字，几千年来藏族丰富悠久的历史和传统文化（宗教、哲学、医学、天文、文学等）以藏语文作为载体得

---

① 马戎：《西藏社会发展与双语教育》，《中国藏学》2011 年第 2 期。
② 马戎：《西藏社会发展与双语教育》，《中国藏学》2011 年第 2 期。

以继承和传播，成为世界文化宝库中的瑰宝。例如藏文文献中保存的世界上最完整的佛教经典，已经成为全世界研究佛教的重要文本资料。藏族地区现代学校教育发展中如何继承藏语文，同时使学生学习对族际交流和未来就业非常重要的汉语文，以及使其通过藏汉双语来学习现代科学知识（数学、物理、化学、生物等），也就成为藏族地区发展现代教育事业的核心问题。由此，自20世纪50年代以来，在藏族聚居地区逐步建立了藏汉双语教学体系。

新中国成立前，我国并没有明确的少数民族教育政策，新中国成立后，我国颁布的第一部宪法规定，各民族均有使用和发展自己的语言文字的自由。1951年经政务院批准的《关于第一次全国民族教育会议的报告》中关于少数民族教育中的语文问题指出，凡有现行通用文字的民族，如蒙古族、朝鲜族、维吾尔族、哈萨克族、藏族，小学和中学的各科课程必须用本民族语文教学。有独立语言而尚无文字或文字不全的民族，一面着手创立文字和改革文字，一面按自愿原则，采用汉族语文或本民族所习用的语文进行教学……各少数民族的各级学校按照当地少数民族的需要和自愿设汉文课。这标志着双语教学在我国的合法化。此后，由于受"文化大革命"的影响，我国少数民族双语教学也受到严重打击。"文化大革命"结束后，1982年重新修订的《中华人民共和国宪法》明确规定，各民族均有使用和发展自己语言文字的自由，"民族自治地方的自治机关在执行职务的时候，依照本民族自治地方自治条例的规定，使用当地通用的一种或者几种语言"。1984年通过的《中华人民共和国民族区域自治法》则规定，"民族自治地方的自治机关根据国家的教育方针，依照法律规定，决定本地方的教育规划，各级各类学校的设置、学制、办学形式、教学内容、教学用语和招生办法"，"民族自治地方的自治机关鼓励各民族互相学习语言文字。汉族干部要学习当地少数民族的语言文字，少数民族干部在学习、使用本民族语的同时也要学习汉语"。1984年通过的《中华人民共和国义务教育法》则要求，学校在教育教学和各种活动中，应当推广使用全国通用的普通话。在以少数民族学生为主的学校，可以用少数民族通用的语言文字教学。1988年《国务院扫盲工作条例》规定，汉语和民族语都可以作为扫盲班的第一语言。在这些法律法规的保障下，从20世纪

80 年代起我国进行了大规模的双语教育教学实验。通过实验，人们从思想上端正和统一了对民族语文和汉语文关系的认识，找到了在我国多民族、多语言文字的国情下，提高民族教育质量，培养少数民族社会经济、文化、教育发展所需人才的根本措施，即实施双语教育。①

二　青海藏汉双语教学发展状况

青海的双语教学既是个体问题，也是群体问题，既要体现以人为本的核心要求，也要符合全面协调持续发展的基本要求。可以说，现阶段青海藏汉双语教学发展问题，是关系到青海藏区跨越式发展和长治久安的重大问题，对一个多民族聚居、藏族分布广泛的地区具有十分重要的战略意义。青海藏汉双语教学发展历程，总体上经历了如下四个阶段。

（一）寺院教育阶段

从历史上看，基于藏区传统的寺院教育，以大小五明和五部大论为主要教学内容。以藏语为教学语言，同时教授其他民族语言（主要是梵文，不少高僧也通汉语、蒙古语和满语），历史较为悠久。应当说在那个特殊的历史年代，寺院教育造就了传统意义上的藏区文明②，对藏族文化及教育的发展起到了重大的推动作用。

（二）学校双语教育起步阶段

1910 年（宣统二年），青海蒙藩学堂建立，青海藏族、蒙古族的现代学校教育正式起步。民国时期学校教育有所加强，主要集中在西宁市周边地区和玉树结古镇。藏汉双语教学初见成效，但学校和学生数量有限。现代学校的建立，彻底改变了青海历史上寺院教育一统天下的局面，突破了以五明文化为主导的课程传统，但此阶段寺院教育仍在进行。新的教育模式，一切都要从头做起，道路艰难，但前景广阔。在中央政府的领导下，在解放了的广大藏族仁人志士的努力下，藏族教育终于走上了光明道路，即现代新型教育的

---

① 王嘉毅、吕国光：《西北少数民族基础教育发展现状与对策研究》，民族出版社，2006。

② 完玛冷智：《青海牧区双语教育发展问题研究报告》，《西北民族研究》2012 年第 1 期。

道路。

教育模式的转变是藏族教育在新中国成立以后最为根本的转变。①

（三）双语教育曲折发展阶段

青海解放后，各地陆续建立马背学校、账房学校、村社小学等，牧区教育正式起步，学校教育得到发展。从 1950 年起编译出版了部分汉文藏文双语对照初小课本，重点培养民族干部，服务藏区建设。从 20 世纪 60 年代起，青海建立寄宿制学校，探索建立适合藏区、牧区特色的办学路子。而"文化大革命"期间，青海则基本禁止民族语文教学。后重新落实政策，并在高校设立民族部、民族班和预科，加强双语教育，还以各州民族师范为基地，为当地培养了大批双语人才。时代越进步，藏族社会越往前发展，新型教育对藏族社会发展产生巨大的推动作用。就连比较偏远的地方，教育的发展也很快。例如，"20 世纪 40 年代初，国民党中央政府曾派人到青海果洛藏族自治州办学，可是临近解放时只有 33 名小学生"。"1954 年果洛藏族自治州成立当年，就办了一所民族小学，成立了州干部学校。1957 年成立了果洛州民族师范学校，小学增至 7 所；1959 年，各类小学增至 96 所，在校学生 7000 余名；至 1965 年，全州教职员工已发展到 195 名。其发展是很快的。"②

（四）双语教育探索改进阶段

从 20 世纪 90 年代起，青海藏汉双语教学长足发展，政府探索建立了适合不同区域、不同语言人群的两类双语教学模式，逐步建立了具有藏语汉语两种语言教学能力的规模化师资队伍，基本建立了较为完善的各课程民族文字教材体系和从小学、中学到高校的双语教育体系。

总之，自新中国成立以来，青海藏汉双语教学的发展经历了起步、反复、恢复发展和逐步规范四个阶段。1979 年 8 月，青海省教育厅出台《关于加强少数民族语文教学的意见》，1981 年 1 月青海省委省政府颁发《关于加强少数民族地区教育工作的意见》，明确规定在以少数民族学生为主的学校实行双语教学，并制定了双

---

① 丹珠昂奔：《藏族文化发展史》，甘肃教育出版社，2001，第 1117～1118 页。

② 青海省教育厅发展规划处：《青海省教育事业发展简明统计分析》，2001，第 29～30 页。

语教学的基本原则，为全省民族中小学双语教学提供了政策依据和指导方针，使双语教学在青海民族地区得到恢复和发展。为探索科学的双语教学模式，加快双语教学发展，青海实施了一系列改革措施，并经过多年的实践，逐步走出了一条实事求是、因地制宜、依从母语、遵循儿童认知规律以及语言和思维转换规律的双语教学模式，使双语教学进入不断规范、健康稳步发展的轨道。至 2011 年，青海藏汉双语学校有 522 所（其中小学 446 所、初中 58 所、高中 18 所），双语专任教师有 8109 人（其中大专以上学历的占 80%），在校双语生有 220370 人（其中小学 146519 人、初中 55588 人、高中 18263 人）。① 省内 3 所高校和部分职业学校设有双语理科专业、双语小教专业、双语经管专业等，培养藏区急需的双语师资、医务人员、基层干部、草原生态和畜牧兽医人才、技能型人才等。藏汉双语教学模式也趋于定型。经不断研究、反复实践、长期总结，藏区双语教学从自发多样，到逐步规范化、体系化，并在 20 世纪 80 年代初步确立了两类基本教学模式，采用不同的课程标准和教材等，各地及各学校根据当地群众意愿、当地语言环境、学生语言习惯和能力等，自由选择。与以往相比，青海藏汉双语教学取得了跨越式发展。

三 西藏双语教学发展状况

（一）起始阶段

1952～1958 年，西藏地区实际上存在中央领导的西藏工委和噶厦地方政府两个并立的机构，许多工作需要双方在协商中推动。在此期间西藏先后建立 13 所小学，开始使用藏文教材和藏语授课。1952 年拉萨小学开设了藏文、数学、自然常识、政治等课程。1956 年创办拉萨中学，有藏语文、汉语文、数学、物理、化学、历史、地理、体育等课程，采用藏语授课，在教学语言方面的原则是"以藏语文为主，兼学汉语文"。②

（二）初步发展阶段

1959 年进行"民主改革"后，内地的各项制度和政策被迅速推

---

① 丹珠昂奔：《藏族文化发展史》，甘肃教育出版社，2001，第 1120 页。
② 马戎：《西藏社会发展与双语教育》，《中国藏学》2011 年第 2 期。

广到西藏地区。1959 年西藏工委、自治区筹委会在《关于文教工作方面的几个问题的决议》中指出，对藏汉文的比例，小学不做硬性规定，学校仍以藏语文为必修课，汉语文课在公办小学中进行试验，条件成熟时再另行安排。在此期间，西藏自治区开始全面建设城乡学校体系，提出"民办为主，公办为辅"的教育方针，随后民办小学迅速发展起来。1961 年 11 月，西藏工委宣传部在《关于当前学校工作的意见》中规定，民办小学至少应开设藏文、算术和政治三门课程，汉文课则根据群众意愿和办学条件开设。这一方针是符合当时基层农村语言环境和教学条件的。

1961 年、1963 年和 1964 年，西藏地区的相关文件都提出公办小学应从三年级开始上汉语课。藏语教学为主、加授汉语课的方针在这一时期十分明确。乡村民办小学全部使用藏文教材，以藏语授课。城镇公办小学分为藏语班和汉语班两大类：藏语班开设藏语文课，并使用藏语讲授算术、自然常识、地理课程，自三年级开始加授汉语；城镇公办小学的汉语班开设汉语文课，使用汉语教授算术、自然常识、地理课程，自三年级开始加授藏语。

（三）转折阶段

1973 年 10 月，西藏自治区教育局要求有条件的农牧区学校要开设汉语课。有条件的城镇小学，要从一年级藏族新生班中实行先学汉语、后学藏语的教育方式。在小学教育中出现了一个值得关注的"优先开展汉语教学"的重要转变。1974 年，遵照毛泽东关于"汉人要学藏语，藏人要学汉语"的指示，全区小学藏汉族学生从三、四年级开始学习汉、藏语文课。之后的几年里，学制和藏、汉语文课的开设年级经常调整。

（四）政策执行不稳定阶段

"文化大革命"结束后，教学秩序逐渐回归正常。1976 年西藏自治区批转教育局的请示报告，规定有条件的学校，汉族班从小学四年级开始开设藏语文课，藏族班也从小学四年级开始开设汉语文课。1979 年，小学课程有政治、藏语文、数学、自然常识、体育、音乐、美术共七门，藏语授课班从四年级开始开设汉语文课。1980 年要求民办小学均用藏语文授课，五年级开设汉语文课。1981 年提出小学汉语课从四年级开始开设，1982 年规定公办小学藏语班用藏文教材，用藏语授课，从四年级开始授汉语课。小学汉语班用汉语授课，四年级开始上藏语课。1983 年 6 月规定小学藏语授课班从三年级开设汉语文课。这一时期，在少数民族学生的学制和汉语课开设的时间问题上，一直存在争议，导致政策执行情况的不稳定。

（五）"拨乱反正"阶段

1987 年 7 月 9 日，《西藏自治区学习、使用和发展藏语文的若干规定（试行）》提出，自治区各级各类学校的藏族学生，必须把藏语文列为主课，其他课程原则上以使用藏语文教学为主；藏族小学生全部使用藏语文教学。在不影响藏语文教学的前提下，从高年级开始增设汉语文课。中学、中专和大专院校的藏族学生的语文课，以藏语文为主，学生同时学习汉语文，学习全国通用的汉语普通话；要为其他课程积极创造条件，尽快用藏语文教学；有条件的中学还应增设外语课。这是西藏自治区政府对于学校教学语言提出的明确要求，西藏教育的发展目标就是建立从小学到大学的完整的以藏语教学为主的少数民族教育体系。

（六）进一步规范阶段

1994 年 1 月西藏自治区教委制定的《西藏自治区九年义务教育全日制小学、初级中学课程计划（试行）》中，小学汉语授课班开列的课程中取消了藏语文课。1994 年 8 月提出"两类教学计划"方案：一类方案"藏语文为必修课"，二类方案"藏语文为自选课或不开设藏语课"。至此，除极个别学校的汉语班仍开设藏语课外，汉藏语言的"双向学习"演变为单向的藏族学汉语文。据 1994 年教育统计数字，在西藏小学教育中，藏语文授课型双语班的学生占小学在校生总数的 94.4%，而到了中学后，初中藏语文授课型双语班的学生仅占初中在校生总数的 23.6%，高中藏语文授课型双语班的学生只占高中在校生总数的 5%。1994 年 12 月西藏自治区党委和自治区人民政府在关于《中国教育改革和发展纲要》的实施意见中，提出重视藏语文教学，积极推行双语教学，做到藏汉语兼通，创造条件开设外语课，在提法上开始强调"双语教学"和"藏汉兼通"。这一文件也许可以被看作西藏双语教学模式的一个转折点。2000 年前后，西藏各级学校的双语教学情况为，小学阶段属于"藏语文授课加汉语课"模式的仍占全部小学的95%以上，属于"汉语文授课加藏语课"模式的占5%（主要是城镇小学的汉族班）。政府要求"藏族学生的汉语文课程学习，最迟应从小学三年级开始，有条件的地方学校，应从小学一年级开始"。

1999年，中学阶段属于"藏语文授课加汉语课"模式的学校比例为初中13%，高中5.7%。在中专和大学，一般仍为"汉语授课加授藏语"教学模式，有部分专业属于部分课程用藏语讲授，其他部分课程用汉语讲授。1999年2月，西藏自治区教委提出，鉴于各地基础教育发展情况差异很大，不同的地区、不同的学校、不同的班级，允许选择不同的教学用语形式。这种不坚持"一刀切"的做法，而是鼓励各地区、各学校因地制宜地采用教学效果最好、群众最能接受的语言教学模式，体现了西藏自治区教委"实事求是"的科学精神，这是其他地区推动双语教育发展时应当学习和借鉴的。2002年5月22日，西藏自治区人大通过对《西藏自治区学习、使用和发展藏语文的若干规定（试行）》进行修改的决定，义务教育阶段，以藏语文和国家通用语言文字作为基本的教育教学用语用字，开设藏语文、国家通用语言文字课程，适时开设外语课程。这样，就对1987年制定的学校教学语言政策做出了较大改变，把以藏语文为主，同时学习汉语文调整为把藏语文和汉语文同时作为"基本的教育教学用语用字"①。

四　甘肃藏汉双语教学发展状况

1954年，甘南藏族自治州第一届文教工作会议，确定了发展甘南民族双语教育的措施。1982年颁布的《甘南藏族自治州中小学工作试行条例》规定："藏族中小学教学用语以藏语为主，牧区小学从四年级起加授汉语文课，在通行汉语的藏族聚居区小学，同时用藏、汉两种语言文字教学。"以地方法规的形式，确定了甘南藏族自治州双语教育模式和教学体系。1989年，甘南藏族自治州提出"完善双语教学"，从授课、教材、教学计划、督导、师资、图书资料等方面对双语教学提出了明确要求。2004年，《中共甘南州委、州政府关

---

① 马戎：《西藏社会发展与双语教育》，《中国藏学》2011年第2期。

于实施"两基"攻坚，进一步推动农牧村教育发展的决定》规定："把藏族教育作为全州教育的重点和难点，在人力、物力、财力上给予重点扶持。"到2013年，甘南藏族自治州有141所双语学校，如夏河县设置以藏文为主、藏汉"双语"为辅并加授英语教学的寄宿制学校，学校已累计培养初中、高中毕业生5000余名，其中近2000名学生先后被中央民族大学等10多所高等院校录取。2013年，甘南藏族自治州"双语"学校学生人数达50741名，占全州学生总数的36.63%。与此同时，师资队伍也发生了极大变化，1980年，全州平均2.8所学校才拥有一名藏文教师；如今，在全州10812名教职工中，中小学专任藏语类教师达到2436名。双语教学的发展，逐步消除了藏区教育中师生语言交流的障碍，促进了教学效率进一步提高。2013年，全州"两基"人口覆盖率达到100%，全州适龄儿童入学率达98.16%，青壮年文盲率从2008年的6.4%降到0.9%。作为高等院校，甘肃民族师范学院不断加强"双语"类专业建设，设立了物理、数学、英语教育、法律事务、计算机应用五个藏语方向专业，并根据不同的专业，按照不同侧重点，积极进行藏汉双语教学。同时，甘肃民族师范学院积极发挥教学功能，从2006年开始承办甘肃省"藏汉双语"师资培训项目，形成了藏汉双语师资培训的一种新的模式——"课例研修"。通过研修，解决了"藏汉双语"师资培训日常教学、研修和培训相契合的问题，初步形成了"藏汉双语"师资培训"课例研修"的课程资源包。①

五　四川藏汉双语教学发展状况

四川藏区的藏汉双语教学始于新中国成立初期。1956年阿坝藏族自治州（今阿坝藏族羌族自治州）文教处制定《1956至1957年阿坝藏族自治州民族教育事业规划纲要和初步意见》，要求在少数民族聚居区的学校开展"双语教学"。② 从1958年至1978年的20年间，由于"左"的路线干扰，民族语文工作和民族语文教学受到极

---

① 甘肃双语教学发展资料参考赵梅《甘南"藏汉双语"教学成绩斐然》，《甘肃日报》2013年10月24日，百度网：http://gsrb.gansudaily.com.cn/system/2013/01/15/013607351.shtml。

② 杨嘉铭：《四川藏区藏、汉双语教育教学概述》，《四川大学学报》1997年第1期。

大的影响，推行单一的汉语教学，双语教学被"直接过渡"代替。①
党的十一届三中全会以后，随着党的民族政策在民族地区的贯彻落
实，民族教育又迎来了第二个春天。1980年和1981年，教育部和国
家民委先后下发了《关于加强民族教育工作的意见》及《关于进一
步加强民族教育工作的报告》，指出：发展民族中小学教育，一定要
在教育体制、教学内容、教学方法等方面，适合少数民族的特点。
最重要的是，凡有本民族语言文字的民族，教师应用本民族的语文
教学，学生学好本民族的语文的同时兼学汉语文。② 多年的实践证
明，在有民族文字的少数民族学校中，使用本民族语文教学，学好
本民族语文，有利于提高教育质量，也有利于在少数民族中普及科
学文化知识，政府应当积极创造条件，使少数民族学生在小学和中
学阶段首先学好本民族语文，同时逐步学好汉语文，有条件的还要
学好一门外国语，以利升学深造。③ 为贯彻国家教委、国家民委关于
双语教育教学的有关精神，四川省结合民族教育和民族语文的实际，
做出了《加强民族教育工作的决定》（以下简称《决定》），对于积
极稳妥地开展民族语文教学做出了明确要求，提出了全省双语教育
教学的体制和方针。《决定》指出："搞好民族语文教学，是贯彻党
的民族政策的重要内容，是民族教育工作的一个重要特点。彝藏族
地区要有步骤地实行'各科用汉语文教学的同时开设民族语文课'
'各科用民族语文教学的同时开设汉语文课'两种体制并举的方
针。"④ 甘孜、阿坝两州以及木里藏族自治县十分重视双语教育教
学工作，在《民族区域自治条例》中，对实行双语教学都做了明
确规定。甘孜藏族自治州还根据《中华人民共和国民族区域自治
法》和《甘孜藏族自治州自治条例》中的有关规定，结合本州学
习和使用藏语文的历史和现实，制定了《关于学习使用和发展藏
语文的决议》，对于发展民族语言文字教育，做出了专门规定。由
于国家方针政策明确，从省到州、县层层狠抓落实，措施得力，
四川藏区的双语教育教学取得了很大的发展，具体表现在：第一，

---

① 胡书津：《试论我国民族教育与民族语言的关系》，《西南民族大学学报》1996年
　　第3期。
② 杨嘉铭：《四川藏区藏、汉双语教育教学概述》，《四川大学学报》1997年第1期。
③ 杨嘉铭：《四川藏区藏、汉双语教育教学概述》，《四川大学学报》1997年第1期。
④ 杨嘉铭：《四川藏区藏、汉双语教育教学概述》，《四川大学学报》1997年第1期。

提高了对双语教育教学的认识；第二，基本形成了从初等教育到高等教育的双语教学体制，其中基础教育的双语教学规模不断扩大，中等师范学校的双语教学异军突起，为藏区培养了一批合格的双语师资，建立和发展了高校藏文专业系科；第三，教材建设进入稳步协调发展的轨道，中小学藏文教材的编译被纳入五省区藏文教材协作范围，中专、大专自编、合编教材成效显著。到2012年，四川藏族双语教育经过30年的发展历程，中小学教学质量明显得到提高，学生升入高校和就业人数不断增加，群众送子女入学的积极性空前高涨。[①]

六　云南藏汉双语教学发展状况

迪庆是全国十个藏族自治州之一，也是云南省藏族聚居的主要地区，藏族人口占全州总人口的33.5%。藏汉双语教学是民族教育发展的主体工程，在全州藏族学生集中的各级各类学校实行藏汉双语教学，既符合基本州情，也体现了党和国家一贯奉行的民族教育政策。

新中国成立以前，迪庆州内除了少量藏文私塾外，藏语文教育主要以寺院教育为主。新中国成立后，党和政府高度重视民族地区教育事业的发展，并在宪法和有关法律法规中明确规定了支持和帮助少数民族发展教育、保护和发展少数民族语言文字，藏语文教育开始从寺院走向社会。州内藏族聚居地区开办藏语文学校，藏族学生集中的学校开设藏语文课，把双语教学作为发展民族教育的重要内容，呈现良好的发展势头。

（一）双语学校建设初具规模

1956年，全州有公办藏文学校9所，在校学生419人，教师12人；民办藏文学校5所，学生109人，教师6人。后来，藏文学校陆续改办成以汉语为主、兼授藏语的双语学校。"文化大革命"期间，双语教学被取消。1980年，政府恢复藏文教学，州委下发了《关于重视和加强藏语文教育及使用藏文的决定》，各县创办寄宿制民族小学，中甸、德钦两县民族小学和藏族聚居乡镇完小陆续开设

24

---

① 嘉央扎西：《四川藏族中小学回归母语授课的路径依赖及其突破》，《藏区教育研究》2012年第1期。

藏汉双语课，迪庆州民族师范学校开办藏文教学试验班。在注重基础教育的同时，州委、州政府号召民族干部学习本民族语言文字，举办藏文夜校。至 2009 年底，全州开设藏汉双语课程的小学有 23 所，在校学生 1200 多人；藏汉双语完全中学 1 所，在校学生 1008 人；以藏族学生为主体的小学共有 283 所，在校学生约 21340 人，在校藏族学生占全州各类在校学生总数的 35.8%。藏族学生中接受双语教育的达 10%。

（二）教学体系初步形成

迪庆双语教学的模式是以汉语文教学为主，从小学四年级开始单科加授藏语文课。在总结经验、调查研究的基础上，州教育行政主管部门制定出台了《迪庆州藏语文教学计划》《迪庆州小学藏语文教学内容及要求》，明确规定各藏文教学点小学阶段必须完成统编教材 1~8 册的教学内容。1994 年成立了迪庆州藏文中学，解决了小学、初中和高中的衔接与学生的升学需求问题。在初中和高中阶段，采取适当增加藏语文课时、假日补藏文课等方式，确保完成初中和高中阶段需要完成的所有课程，学生参加五省区统一命题的考试。通过几十年的艰苦创业，迪庆州藏汉双语教学体系初步形成。①

（三）加强双语师资队伍建设

迪庆州双语教学从无到有、从小到大的发展都与师资队伍的发展分不开。自 1983 年以来，为恢复和发展双语教学，州委采取了一系列措施，不断加强和壮大教师队伍建设，取得了很好的成绩。到 2011 年，迪庆州藏文中学已有初中毕业生 768 名。自州藏文中学首届高中班毕业至今，已有高中毕业生 453 名，送入专科院校学生 166 名，本科院校学生 258 名，预科生 12 名，高考升学率达 96.2% 以上。已有 100 多名从藏文中学输送的大学生毕业参加工作，这些学校培养了一批既懂藏语文又懂汉语文的双语人才，双语教学初见成效。

总之，我国藏汉双语教育教学发展，经过各地区的不断努力，体现出如下发展特点：①建立了具有中国特色的藏汉双语教育体制

---

① 鲁永明：《成绩来之不易　发展任重道远——迪庆藏汉"双语"教育的调查与思考》，《社会主义论坛》2010 年第 5 期。

和双语教学模式；②探索出一系列藏汉双语教学的科学方法并总结了许多成功经验；③为藏族地区培养了大批较高素质的各类少数民族人才；④先后建立了一大批类型和层次各异的藏汉双语班级；⑤编辑出版了与藏汉双语教育教学配套的教材和教学参考书；⑥藏汉双语教育教学理论有了新的进展。

第三节　藏汉双语教学研究方法

少数民族教育是一个复杂的大系统，其内部各个子系统既相互依存，又彼此独立，既具共性，又有个性。双语教学是少数民族教育的重要内容，其改革和发展往往因时、因地、因民族而异，并无单一模式可言。也正因为如此，在研究探讨少数民族双语教育改革和发展时不能套用单一的范式。尤其是在少数民族双语教育发展的新时期，在双语教育研究中必须不断探索新的研究方法和理论观点。双语教学研究是国内外颇有影响的学术研究领域，在方法论层面，应该建立一种综合运用语言学、教育学、文化人类学、心理学、社会学等多学科理论和方法的研究范式。①

一　研究地区、学校及对象

在藏族地区通过一类模式接受教育的学生达60.17%。深入考察这一模式后笔者发现，其教学中尚存在许多困难，其中双语教学的困难较为突出。而藏汉双语教学研究，从某种意义上讲，就是在探索克服这个困难的有效方法。因此，如何有效提高学生的双语能力，是双语教学研究所关注的核心问题，其最终目的，即促使学生获得全面发展。

藏族学生藏汉双语发展具有其特殊性，生态化地分析、探索他们双语发展的能力及规律，既是与时俱进的新思路、新方法，又是藏汉双语教学，特别是双语策略研究的需要，对双语教学质量的提高具有重要的意义。研究强调的是：在真实的环境中进行研究，以

---

① 苏德：《以多语教育促进和谐社会与文化建设——兼论少数民族双语教育研究范式》，《民族教育研究》2013年第3期。

保证研究结果具有较高的生态学效度和应用价值。[①] 从生态学的观点看，个体是在真实的环境中成长的学生的语言发展不是一个孤立的系统，要受到环境中多种因素的影响，而这些因素相互作用、相互影响，构成了复杂而完整的系统。

藏汉双语教学研究只有深入构成双语系统的真实环境中进行客观的分析，才能保证研究的信度，提高研究的效度，加强研究结果的适用性和推广性。因此，本研究在"一类模式"的藏汉双语教学情境之中，基于四条脉络主线，即①通过调研、双语能力及心理测验、访谈、文献搜索等方法探索现状；②通过文献、资料及数据分析、总结等方法，梳理问题，探索学生双语学习及双语教学规律；③通过教师培训，反馈信息，提高认识，转变理念；④通过实验研究，践行理论，探索有效策略等，将藏族学生的双语定位在"以藏语为母语，汉语为第二语言"的范畴。以小学、初中、高中学生为对象，采用以双语测验为主，辅以听课、访谈、调研等方式，深入牧区教学第一线，以生态化的理念对藏族学生藏汉双语能力及发展现状进行测验分析，探索并总结其发展特点、规律及影响因素，为藏族学生的双语发展、藏汉双语教学及研究的发展提供依据。创新藏汉双语教学研究的范式，更新理念，以国家中长期教育改革和发展规划纲要为指导，从宏观视角审视藏汉双语教学理论及方法，探寻藏汉双语教育的规律以及藏族学生藏汉双语学习及发展的规律，构建行之有效的藏汉双语教学方法。这既有助于建立具有可操作性的双语教学模式，也有利于促进双语教学事业健康、快速、持续地发展。这既是青海藏汉双语教学发展的需要，又是一项系统工程，具有现实而深远的意义。

我们的研究涉及青海省 4 个民族自治州的 18 个地区 32 所学校的 1986 名中小学生、36 名学前班儿童和 152 名大学生，还包括 211 名民族学校的教师。研究区域和对象充分兼顾了不同经济、文化、教育发展水平及年龄、性别、任教学科等的科学抽样，较好地保证了抽样对象的广泛性、典型性、代表性。课题研究方法集调研、测评、分析、反馈、培训、教学实验于一体，避免了仅通过单一的方

---

① 董奇：《心理与教育研究方法》，北京师范大学出版社，2004，第49页。

法所导致的以偏概全的不足，对藏汉双语教学实施了更为全面、深入的研究，保证研究结果具有较强的说服力和合理性。

研究对象主要选自青海省海南藏族自治州共和地区、贵南地区及贵德地区共 677 名中小学生，黄南藏族自治州同仁地区、尖扎地区 601 名中小学生，海北藏族自治州刚察、西海镇等地区 558 名中小学生，海东所属循化地区 150 名中小学生（见图 1 – 1、图 1 – 2）。

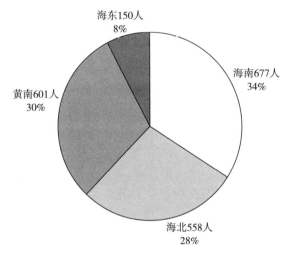

图 1 – 1　参加研究的被试人数分布情况

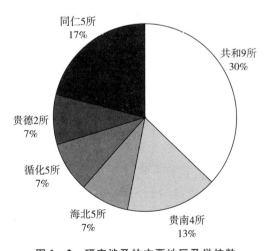

图 1 – 2　研究涉及的主要地区及学校数

来自农牧区的被试学校比例为 62%，来自城镇的被试学校比例为 38%，包括 19 所小学、7 所初中、5 所高中和 1 所幼儿园（见

图 1 - 3、图 1 - 4)。

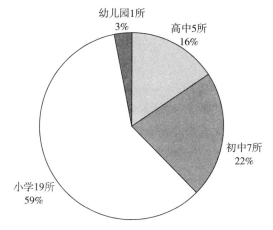

图 1 - 3　研究涉及的学校类型

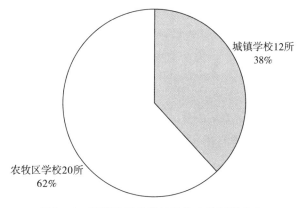

图 1 - 4　研究涉及的学校经济文化区域分布

二　藏汉双语教学研究方法

藏汉双语教学研究主要采用调查、测验、实验等方法，辅以听课、培训以及专题座谈会等。

调查法：我们通过与学生、教师、教育行政人员的交谈以及答卷等形式获得了学生及教师在藏汉双语教与学中的各种资料；测验法：我们主要对学生在藏汉双语学习中实施的双语学习方法、策略以及双语学习的成绩、能力、效率等，进行较为规范的测验，获得了学生藏汉双语学习的第一手资料；实验法是指在控制条件下对某种心理现象进行观察的一种研究方法。在对教学内容、方法、程序等进行控制的条件下，我们有目的地操纵藏语或汉语变量来考察这些内容、方法、程序等对学生双语能力发展的影响，以获得促进学生藏汉双语发展的最佳效果。事实表明，在青海同仁、循化等地区实施的藏汉双语教学实验研究具有针对性和有效性，实验所探索和总结的双语教学策略能促进学生语言及能力的发展，实验取得了良好的成效。

除实验研究外，研究所采用的问卷及测量工具均为课题组自编，包括多套学习测验、能力测验和调研问卷等（见图1-5）。

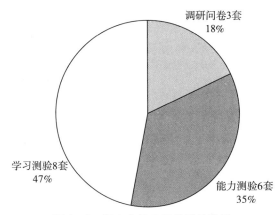

图1-5 研究自编工具类型及数量

三 藏汉双语教学研究的部分内容

（一）藏族学生藏汉双语发展特点及学习策略分析

研究表明，青海藏族中小学生双语及思维能力遵循由低到高、从形象到抽象的规律不断发展。比较而言，学生的藏语能力高于汉语能力；两种语言均具有不同的发展快速期；双语发展的年级特征显著，性别特征汉语显著、藏语不显著。通过抽查藏族学生的第二语言水平，即汉语水平，我们发现，通过学生的汉语听说读写能力能预测其汉语水平，即汉语听说读写能力强，则汉语水平高，反之相反。在藏汉两种语言的关系中，藏语对汉语的影响作用更大。藏汉双语与思维间的关系显著，思维推理因两种语言而各具特色，在思维推理的共享效应方面双语比单语更有优势。

我们将学生的学习策略分为社会策略、情感策略、元认知策略、补偿策略、记忆策略、认知策略六个维度。对藏族小学生进行研究的结果表明，在六种学习策略中，情感策略最低，原因是多方面的，但不排除与学生在低龄阶段寄宿有一定关系。研究还表明，学习策略随性别、学习程度、学习时间、自我评价等的不同而有差异。其中，女生比男生擅长使用记忆和认知策略；学习程度优秀和中等者的元认知策略更占优势；汉语学习时间越长，学习策略的使用频率越高，汉语能力自我评价越高，越能采用积极策略。但社会、情感和元认知策略与汉语学习兴趣成反比。

汉语水平在藏族学生听说读写和语词思维发展中具有桥梁作用。藏族学生第二语言能力低下的主要原因，一为读、说频率低，这是影响的核心因素；二为初学年龄大，藏族学生学习汉语，越过了口语发展的敏感期，发展效果差。除此之外，母汉双语学习的起点不同使学生产生负迁移现象，母汉双语学习的环境不同使学生产生学习压力，母汉双语输入方式的不同使学生学习兴趣不高，母汉双语重复率的不同使学生记忆效率差。同时，与汉语信息匮乏、教师的汉语水平以及学校的课程设置与教学方法等也有关。研究还发现，语言学习的心理素质是激发藏族学生汉语学习的内部动力。因此，改革汉语教学，必须关注上述问题。

（二）藏族学生藏汉双语认知特点分析

本课题将藏族学生双语认知特点作为关注点之一，探讨发现，藏族学生藏语音认读的速度及准确度优于汉语音认读。在汉字语音提取任务中，独体字认知效果最佳，形声字认知，声旁位置在右的优于声旁位置在左的。

第一，无论藏汉双语，意义词优势效应显著，容量虽有限，但凸显系列位置效应。

第二，词的语义特征明显，表现出丰富的文化内涵，而且两种语言共享同一种认知资源。

第三，无论藏汉双语，句子的理解主要受句子形式的影响，虽顺序各异，但两种语言的肯定句均优于否定句。

（三）双语认同及双语教与学的态度分析

1. 藏族学生双语学习态度

藏族学生对藏汉双语是认同的，藏汉双语的学习态度是积极正向的。79%的藏族学生非常愿意学习藏汉双语；89%的学生希望自己懂藏汉双语；88.2%的学生认为藏族学生在学好藏语的同时，很有必要学习汉语，对双语学习的自信心也较强；74%的学生认为双语学习非常重要。学生的双语认同及学习态度，主要受社会环境、学校、家长的影响，包括社会支持、学校教育及家长观念等。

2. 教师对双语教学的认同态度

教师对汉语持积极肯定的理性态度。他们对双语教学必要性的认知态度明确，认为藏族地区开展双语教学很有必要，应该予以重视，双语教学应定位于学生能力的发展上。他们对双语教学的人才观和语言观的认知明确，对双语教学现状的把握比较清晰，但对目前双语教学的效果并不满意，认为改革的关键在于加强培养合格的双语教师及藏汉双语课程的建构，对双语教学改革持积极的态度。

（四）青海藏汉双语教学改革实验研究取得的经验

为践行藏汉双语教学的创新理念，本研究在上述研究的基础上，在青海循化地区实施了藏汉双语教学改革实验，取得了如下成果。

1. 形式多样，特色凸显

青海双语教学改革实验注重口语、实践，立足校内、拓展校外。通过三个"结合"，即课内学习、课外练习结合，师生互动、生生互动考核结合，增强兴趣、激发动机结合，不仅提高了学生汉语学习的成绩，而且使其形成良好的学习策略，这也成为其他学科学习的激励机制。这种策略不仅有利于学生的双语发展，同时，也提高了教师教学及研究的热情。目前，双语区构建起了"教学、活动融为一体，课内课外相辅相成，藏语汉语共同发展"的双语教学模式，为青海双语实验取得成功奠定了坚实的基础，更为藏区双语教学的改革发展提供了经验。

2. 理念转变，素质提升

双语教学对教师提出了更高的要求，教师只有快速更新知识储备，转变教学理念，才能提高教学效果。在循化双语实验中，课题组在转变教师教学理念上下大功夫、花大力气，通过培训、研讨、教研展示、跨区教研联动、观摩教学、请教学能手给双语班上课等，为实验取得成效奠定了基础。目前，教师对说课、讲课、评课、观课、备课等有了比较清晰的思路，尤其是备课中三维目标的制定和教学环节中语言训练的安排，已成为教师必备的内容，使课堂教学迅速实现了从语文教学到汉语教学、从母语教学到第二语言教学的转变，最大限度地践行了课程改革背景下的双语课程的教学理念。

3. 模式整合，教学有效

教学模式是在一定的教育思想、教学理论、学习理论指导下实现教学活动进展的稳定结构形式。从理论视角，其大致可分为两种，即以"教"为中心的教学模式和以"学"为中心的教学模式。前者便于教师组织、管理和控制课堂教学活动的进程，有利于教师发挥主导作用，不足之处是忽视学生的主动性，难以体现学生的认知主体作用。后者可充分调动学生的主动性、创造性，有利于学生认知主体作用的体现，但容易忽视教师的主导作用。在循化双语实验中，课题组认为只有在这两种模式的整合过程中开辟适合藏族学生发展的双语教学模式，实验才能取得突破性进展。而且，两种教学模式各有所长，其优势亦可互补。因此，通过不断探索、认真研讨、精心设计，课题组将两种教学模式进行整合。双语教学模式的整合体现在两个方面：其一，改革以往双语教学只关注入学后学生双语能力的现状，将双语实验的时间提前，将学前和小学低年级整合，以三年为一个周期；遵循语言发展规律，从早期入手，践行双语实践探索。其二，实验实施阶段，整合并汲取上述两种模式的优势，构建起"既能发挥教师主导作用，又能充分体现学生认知主体作用"的双语教学模式；在整个教学进程中让教师既处于中心地位，起主导作用，又让学生在教师指导下进行主动的学习、行动、思考、探索。通过三年的双语实践探索，实验取得了理想的成果。

4. 教材适合，资源丰富

实验选用的教材能根据课程标准的要求，将知识、能力、练习、助学、学法等汇聚在一起，将学习内容组成一个有序的整体，适合学生第二语言能力的发展。此外，在内容选择、结构组织、活动安排等方面符合学生的心理特点和认知发展规律，尤其凸显了第二语言学习及发展的需求。集汉语会话、结构、特点、语法等知识性、趣味性为一体，增强了学生对第二语言的理解、体会及运用，调动了学生的学习兴趣。

同时，为巩固和拓展学生的汉语知识及语言能力，课题组安排了由易到难、由浅入深、形式多样、任务适量，并极富可操作性的综合练习。这有利于实现第二语言教学目标，有利于转变学与教的方式，在促进学生对第二语言的感知能力发展的同时，能引导学生主动建构新知识，促使其思维及问题解决能力的发展。

依托双语实验，循化藏区目前已开发了学前《藏文》《计算》《学汉语》（上下2册）等教材、藏文朗读教学光盘（2张）以及部分藏汉双语教辅资料。教材体现了玩中学、学中玩的教育理念，突出了藏汉两种语言，并将计算融入其中，关注儿童问题解决能力的培养和训练，得到了专家的肯定。教材既规范了实验班的活动，弥补了国内学前藏汉双语教材的空白，也成为循化双语实验的亮点之一。

5. 标准细致，评价有序

评价是双语教学的重要组成部分，科学的评价体系是实现双语实验的重要保障。课题组在认真钻研汉语课标、汉语教科书和教学参考书的基础上，借鉴对外汉语教学、延边朝鲜族汉语教学、国内英语教学等的经验，并根据汉语课程标准的要求，结合循化地区双语教学实际，遵循第二语言教学的规律，制定了一系列汉语教学评价标准。实践表明，课题组根据教学目标要求所创新的双语教学评价机制，对教学全过程和结果实施了有效的监控，保证实验取得有效进展。

总之，循化藏汉双语实验给了我们启示，给了我们成功的经验，使我们在藏区有效推进双语教学改革的过程中走在了前列，起到了引领作用。尤其是学前双语活动模式的构建，不但为藏区学前教育的有效发展奠定了基础，而且为农牧区学前教育的发展探索了一条行之有效的创新之路。

第四节　藏汉双语教学研究的意义及可持续发展策略

一　藏汉双语教学研究的意义

民族地区及学校，有组织、有计划地开展双语教学有利于民族教育的发展，符合藏族学生发展的需求。实行双语教学的学校，在教学过程中，以民族语言为教学语言，使用民族语文课本，学生可以在母语的帮助下，逐步学习汉语言与其他科学文化知识，减少了因直接进入汉语言环境所导致的语言障碍以及由此带来的学习困难，可以缩短教育进程，能顺利过渡到更高级学校的学习环境，获得更好的发展。实践证明，这种教学模式提高了学生的入学率，既有利于教育质量的提高，也有利于民族教育的普及。推行民族语与汉语并重的双语教学，是实施多元文化教育的一种手段，符合当今世界的发展趋势。语言不仅是文化的载体，也是文化的重要内容之一。民族学生在实行双语教学的学校中，不仅能够学习到多元的文化知识，还能够通过本民族语言文字的学习，了解民族的文化与历史，这有利于民族传统文化的保留与发展。同时，随着我国经济建设的发展和改革的不断深入，各地区之间、各民族之间的交流日益加深，大量的政治、经济、文化、科学技术等信息主要靠汉语传播。学习好汉语，少数民族便可以充分地借鉴、应用国内外的先进经验与技术，发展本民族的社会经济与文化。作为族际语，汉语也是各民族进行交流、增进了解，共同缔造一个繁荣稳定社会的必要工具。因此，民族地区实行双语教学具有极其重要的意义。藏汉双语教学，不仅是藏族教育的重要组成部分，而且在民族团结、社会和谐、经济发展、文化建设和民族教育发展中具有不可替代的战略意义及现实意义。

（一）藏汉双语教学研究的理论意义

第一，为今后进一步探索新的能促进藏汉双语教学发展的有效途径、进一步构建有效的双语教学策略提供依据和经验，并丰富和发展藏汉双语教学的理论。

第二，突破藏汉双语教育理论研究表面化的经验总结，有利于对藏汉双语教育理论进行系统、深入的探讨，为我国双语教育及民族教育的持续发展提供案例分析和参考。

（二）藏汉双语教学研究的实践意义

第一，有助于促进教师教学理念和教学方法的改变，使其不断完善双语教学策略。有利于提高双语教学质量，促进双语师资水平的提高。有利于帮助教师认识到"教师成为行动研究者"的重要意义，促进双语教师的专业化发展。

第二，有利于提高学生的学习积极性，使其改善双语学习策略。有利于提升学生的双语素质，促进其多元化的发展。

第三，有利于逐步解决藏汉双语教学中存在的问题，促进双语教学的良性发展，在更大程度上培养少数民族双语人才。

第四，为提高民汉双语教学质量与效率提供可资借鉴的理论与经验。

第五，有利于维护民族团结、社会稳定，构建和谐社会。

二　藏汉双语教学可持续发展策略

（一）藏汉双语教学改革策略

1. 确保双语教学政策的落实

认真贯彻落实《国家中长期教育改革和发展规划纲要》精神，切实加强对民族教育工作的领导，把民族教育放在优先发展的战略位置，切实解决双语教学问题。各级部门应加大对双语教学的支持力度，积极创造条件，不断探索双语教学规律，全面提高双语教学效果。各级部门确保双语教学政策的落实。

2. 准确定位双语教学目标

任何教学的实施都必须以教学目标的合理定位为先导，与一般教学相比，双语教学的教学形态更加特殊和复杂，而这种特殊性和复杂性无疑将会给教学目标的合理定位增加一定的难度。双语教学的特殊性和复杂性具体表现在两个方面：一方面，双语教学作为民族教育的重要组成部分，需要兼顾本民族和以主体民族为主的统一，因此，双语教学必然要承担双重的责任；另一方面，双语教学的实施，依赖于本族语言。进一步学好第二语言，可以促进个人乃至整个社会的进步与发展。因此，准确定位双语教学目标，是双语教学取得成效的前提。

3. 全面加强学前双语教育

学前双语教育在整个双语教育体系中具有极其重要的地位，它对开发幼儿大脑，保证儿童双语能力高质量地发展，进而传承发展少数民族文化，加强对外交往等具有重要作用。本课题的研究也证明，加强学前阶段的双语训练，对藏族学生的发展极为有利。因此，必须积极探索各地区学前儿童双语训练的有效模式，结合本研究提倡的策略，实现学前双语教学与小学双语教学的有效衔接。

4. 创设双语教学语言的内外环境

创设良好的双语学习环境是非常必要的。针对语言的灵活应用问题，双语教学不仅仅是第二语言的学习，更是一种综合文化的适应与融合，因此要注意创设双语教学语言的内外环境。双语教学不仅在课堂教学之中，更应贯穿在学生的课外学习之中，尤其是实施一类模式的学校。一方面，学校要有针对性地在更大范围内营造双语学习的环境；另一方面，学校要通过双语教学为学生提供更好的汉语学习环境，只有这样，才能促使学生语言文化的双丰收，实现双语教学的目的。

5. 加强双语教学师资队伍建设

高质量的双语教师队伍是高质量双语教学的关键，民族教育最突出的问题就是双语师资力量薄弱，素质不高。因此，只有培养了足够数量的、合格的双语师资，双语教育的目标才有可能实现。各级政府和师资培养培训部门，应认真贯彻落实《国家中长期教育改革和发展规划纲要》精神，把教师队伍建设作为重点，加大双语师资培养培训力度，促进双语教师的专业化成长，唯此，双语教学质量才有保障。

6. 推进双语教学改革

总结并汲取各地区富有特色或成效的藏汉双语教学经验，这些经验为双语教学的发展提供了很好的借鉴，各地应学习、借鉴这些经验，只有这样才能够有效推动双语教学取得更新成果。

（二）藏汉双语教学研究策略

1. 系统论策略

从不同层面、不同角度具体分析影响双语教学的各种制约因素，全面探讨有关民族中小学双语教学的理论研究、课程设置与开发、教材编写、教学方法、师资培训等民族教育的内部问题。其中既有现实的，亦有历史的。在研究过程中，共时和历时相结合，从历时研究历史，从共时解释现状；既考虑到语言因素，包括语言文字的功能、语言观念，又顾及社会对语言的影响；既看到局部，又注意整体；既重视现实利益，又考虑长远利益。①

2. 跨学科策略

由于双语教学问题是一门综合性学科，与语言学、教育学、心理学、民族学、社会学、人类学和历史学等多学科有着密切的关系，

---

① 苏德：《以多语教育促进和谐社会与文化建设——兼论少数民族双语教育研究范式》，《民族教育研究》2013 年第 3 期。

因而在探索其规律时要综合运用教育学、人类学、社会学、民族学、语言学、心理学等学科的理论，尤其充分运用民族教育学、文化人类学、语言心理学及跨文化心理学、民族语言学、社会文化变迁、双语教学等领域的先进成果，进行系统深入的分析。坚持理论研究和实地考察相结合，定性研究和定量研究相结合，宏观研究与微观研究相结合的方法。

第二章 藏汉双语教学概念及模式

第一节 藏汉双语教学概念

一 双语、母语和第二语言

1. 双语

双语是国际上通用的语言术语。关于双语的概念和定义，由于国内外语言学家对其中现象的认识和了解不尽一致，所以到目前为止尚未有一个普遍认同的解释。

麦基认为："如果我们要研究双语现象，我们必须把它看作是某种完全相对的东西。同时，它不仅必须包括使用两种语言，还必须包括使用多种语言。所以我们认为双语现象就是同一个体交替地使用两种或两种以上的语言。"①

温里克认为："我们把那种交替地运用两种语言的实践叫作双语现象（bilingualism），把从事这种实践的个人叫作双语人（bilingual）。除非另有特别说明，所有关于双语现象的论述都适用于多语现象，即交替地使用三种或更多的语言。"②

上述两个定义对于语言掌握和使用的程度几乎没有任何界定，也没有提及在读写听说能力方面是否有等级差别。与此相反，也有一类定义是比较明确的，如："双语现象是这样一种情况，即两种语言在同一个国度里并存，每一种语言都有一部分人使用，并在总人口中占有相当大的比例。"③

---

① 何兴：《双语教学课程设计与模式全书》，中国教育出版社，2006，第3～4页。
② 何兴：《双语教学课程设计与模式全书》，中国教育出版社，2006，第3～4页。
③ 何兴：《双语教学课程设计与模式全书》，中国教育出版社，2006，第4页。

这一定义虽然比较明确，但显然只是指社会的双语现象，它与讲双语的个体几乎没有什么直接的关系。

可见，双语的定义多种多样，从某种程度上讲，人人都知道双语指的是什么，但又无法给出一个令人满意的定义，所以大多数人对双语现象的概念都有自己的看法，虽然每个人的定义可能和他人的定义很不相同。

我国学者王鉴认为："最基本的双语理解是母语与第二语言，如果丧失或丢失了母语，则第一语言与第二语言构成了其双语。"[①]

郭福昌先生曾解释，双语可理解为"某个人或某个社会集团能够基本熟练掌握并交替使用两种或两种以上语言的现象"，即把"多语"也涵盖于"双语"之中。

我们认为双语现象（或多语现象）是指在同一个社会中存在两种或两种以上的民族语言，亦指个人或群体能够并且经常使用至少两种语言进行交际的现象。

2. 母语

母语是社会个体所拥有的最具有民族、文化等身份认同意义的语言，母语自身的多功能和多相关性以及在国家、民族和个人各个层面兼具的对内认同意义和对外的标记意义[②]，为当下语言研究提供了新视角。

一般将其界定为：一个民族自身使用的语言，亦称本族语。劲松认为，母语至少有四种内涵，"第一，是历史语言学的概念，指谱系分类法中的原始共同语；第二，是民族学的概念，指本民族使用的固有语言；第三，是社会语言学的概念，指个人习得的第一语言；第四，是政治学的概念，对外国语言来说，指本国的法定的官方语言；对国内各民族来说，指法定的全国通用语言"[③]。

3. 第二语言

第二语言是指已经掌握了自己的母语（第一语言）的人对另一种语言（一般为各民族的共同交流语言）的学习。如果将汉语作为

① 王鉴：《民族教育学》，甘肃教育出版社，2002，第147页。
② 李海英、方小兵等：《论母语与母语规划》，《云南师范大学学报》2013年第6期。
③ 劲松：《多民族和多语言国家中的母语确认》，《北方民族大学学报》2011年第5期。

第二语言进行学习，既可以指已经掌握了本国语言的外国人对汉语的学习，也可以指已经掌握了本民族语言的少数民族对汉语的学习。这里我们主要指后者。

要想进一步明确第二语言的含义，首先必须明确第二语言与母语、外语之间的异同关系。

（1）相同之处。

从语言自身的内部属性来看，第二语言、母语、外语都具有语言的根本属性，它们的本质都是相同的，指的是人类特有的一种符号系统。任何语言都是以语音为物质外壳，以语义为意义内容的音义结合的词汇和一系列语法组织体系。除此之外，语言也是一种特殊的社会现象，是一种具有工具效能的知识体系，是心智活动的重要工具，是文化纵向传承的载体，是不同文化横向交流的桥梁。语言具有不可替代的社会与文化功能，具体表现在以下两个方面。

第一，语言是人类最重要的交际工具。人类通过表达思想、传递信息来进行交际，表达思想和传递信息虽然也可以用图像、身体姿势等来进行，但是毕竟有很大的局限性，唯有语言可以不受时空的限制，在交际的过程中传达微妙复杂的思想感情。没有语言，人与人之间的联系就会中断，社会就会面临解体的危险。

第二，语言是思维最有效的工具。思维是抽象的高级心理活动，语言是思维存在的物质形式，思维离开语言就无法独立存在。当然，语言和思维并不能因此而对等，思维是人类共有的，语言则具有民族性。

（2）相异之处。

第一，母语与第二语言的区别。斯特恩在对第二语言进行阐释时用表格的形式对比了其与第一语言的区别，他认为第一语言与第二语言的关系就像"'左'和'右'，'我/我们'和'你/你们'的关系一样——一般都是指一个人和一群人之间的关系。它们都是指一种语言与个人或群体之间的主观关系"[①]。因此，第二语言这个概念本身是相对第一语言而存在的。在生产力落后的远古时代，由于交际范围的局限性，人们只需要使用母语就可以了，但随着生产力

---

① H. H. Stern：《语言教学的基本概念》，上海外语教育出版社，1999，第 17 页。

的发展和社会的进步，交际范围日益扩大，学习除母语以外的其他民族或国家的语言越来越重要。因此，从目的性的角度来看，第二语言指的是人出于社会交际和个人发展的需要所学习或使用的母语之外的语言。

第二，第二语言与外语的区别。关于二者的区别，科恩在论述第二语言、外语和目标语之间的区别时说："从技术层面上看，第二语言的学习指的是（学习者）所学的语言正是学习者所处社区的通用语言，而外语指的是不在（学习者所处的）本地社区所通用的语言"①。可见，科恩是根据语言学习者所处的语境来划分第二语言与外语的区别的。根据这种界定标准，我国藏族学生学习汉语是属于第二语言的学习，因为藏语是藏族学生的母语，汉语同藏语一样都是藏族学生所处社区的共同语；而藏族学生学习英语则属于外语学习，因为英语是藏族学生所处社区的非共同语。

另外，我国学者葛润林认为："第二语言是就一个国家内部的少数民族来说的，母语是他们的第一语言，而国家通用语则是他们的第二语言。"他强调，当今语言教育的三种类型——母语教育、第二语言教育、外语教育的划分"不是由语言自身的内部属性来确定的，而是根据语言的外部属性，即仅是就学习者的民族的、国籍的归属与所学习语言的关系来说的"②。

因此，第二语言指的是在具有两种或两种以上社区通用语的环境下，一个人除了第一语言以外，另外学习掌握的其他社区的通用语。

二 双语教学、双语教育

1. 双语教学

在国际上，"双语教学"也是一个流行较广的概念，在我国是民族教育以及有关学科中的一个热门课题，许多研究人员和实际工作者对此倾注了大量的时间和精力进行研究，积累了丰富的经验，取得了可喜的成绩。但这个问题很复杂，牵涉面很广，有许多理论问

---

① 科恩：《学习和运用第二语言的策略》，文秋芳导读，外语教学与研究出版社，2000。

② 葛润林：《什么是第二语言——兼述逻辑思维的一种探究方法》，《中美英语教学》2005 年第 3 期。

题和实际问题亟待解决。

20 世纪 80 年代以来，我国民族语言学界和民族教育界还对这个概念进行了讨论，概括起来有以下几种观点。第一，认为双语教学是教学体制；第二，认为双语教学是教学方法；第三，认为双语教学既是教学体制又是教学方法。例如，双语教学是教学体制，指的是在少数民族学校里，有计划地开设少数民族语文和汉语文课程，以使少数民族学生两种语言文字兼通，两种语言文字都得到发展。

双语教学是教学方法，指的是双语教学纯属教学方法问题，它同教学体制没有必然联系。因为双语的实质在于寻找两种不同的语言之间的联系，找到两种不同语言的对立关系，从而使只懂母语的人懂得第二语言，学会第二语言。

双语教学既是教学体制又是教学方法。一是指教师在进行第二语言教学时，用学生的母语或学生已懂得的其他语言来讲解课文，达到"懂"和"用"的目的；二是指在同一时期内，同时教授两种语言文字，实行双语教学体制，让学生经过一段时间的学习之后能掌握两种语言文字。

2. 双语教育

（1）关于双语教育，学术界也有不同的看法。英国教育家 Derek Rowntree 认为，双语教育是培养学生以同等的能力运用两种语言的教育，每种语言讲授的课业约占一半。

世界双语教育专家麦凯认为，双语教育这个术语指的是以两种语言作为教学媒介的教育系统，其中一种语言常常是但并不一定是学生的第一语言。

《朗曼语言学辞典》的解释是，双语教育指学校采用第二语言或外语教授主课。

我国著名学者严学宭认为，双语教育即使用两种语言，其中一种通常是学生的本族语言，作为教育教学实施的工具。

郭福昌先生在《中国少数民族教育重大理论问题研究》中认为，所谓双语教育是指在多民族国家或地区实行的少数民族语言和主体民族语言的教育体制。

综上所述，笔者认为，双语教育是一个包括母语和第二语言教学的整体过程，这是一个既相对独立又相互联系的教学系统，即本族语文和第二语言教学的体系。双语教育是一个完整的教育系统，在这个系统中双语教学是实现双语教育目标的主要途径，双语教学是以两种语言为媒介的教学形式，双语教学是双语教育的组成部分。

双语教育是使用两种语言进行教学的一种教育形式。具体来说，双语教育所指的"用两种语言"，不仅包括是否开设两种语言的语文课，还包括其他科目教材用何种语言作为教学媒介。双语教育在教育目标方面与单语教育不同。

（2）双语教育的目的。

①使学生运用母语的技能变得更加熟练和完善。

②使学生接受两种语言的教育达到合格水平。

③对第二语言的运用即便算不上精通，但起码也要达到能正确而熟练运用的程度。

④增强学生的自信心，培养他们运用语言的能力和技巧。

⑤培养学生对不同文化间的相互交流和发展持积极态度。

⑥按照合适的文化背景，通过挖掘潜力、发挥积极性，让学生来理解和表达；培养兴趣，使其感受、欣赏和接受不同文化的理念等，发展创新的能力，使其形成多元的见解、价值和信念。

3. 双语教学和双语教育的区别

（1）双语教学这一术语不能完全反映我国民族学校解决双语教学的实际问题。因为民族地区的双语教学不仅涉及教材、教法、课程设置等具体问题，还涉及教学用语、学制、办学形式乃至教育体制等一系列重大课题。显然它已经超出了教学范畴，需要运用教育学、心理学、心理语言学、民族学、历史学、文化学等多学科理论开展综合研究。因此，"双语教育"比"双语教学"在内涵和外延上更为宽泛，但在我国学术界对这两个概念的使用不太一致，有些研究是从双语教育的视角而使用"双语教学"概念的，笔者所倡导的"双语教学"概念也是兼顾了双语教育意义的双语教学问题之探讨。

（2）对"双语教学"和"双语教育"从概念上加以区分或界定。"双语教学"是少数民族语文和主体民族语文相结合的语文教学形式，"双语教育"则指多民族国家或地区实行的少数民族语言和主体民族语言的教育。

无论怎样，从近年来出版的有关著述来看，多数人倾向使用"双语教育"这一术语，也就是说，"双语教育"——多民族国家或地区实行的少数民族语言和主体民族语言的教育——已经为越来越多的人所接受。

4. 我国双语教学的特征

我国民族地区的双语教学，概括而言，有三个特征。第一，体现了民族平等的原则和多元文化理念；第二，坚持中国特色社会主义办学方向，为当地经济建设和社会发展服务，为维护民族团结和国家统一服务；第三，具有灵活性。各民族聚居地可根据当地特点发展自己的民族语言，同时根据融入中华民族大家庭的需要开展汉语教学，并在国际化的进程中开展英语教学。这都较好地解决了教育过程中的文化差异和文化多样性等问题。

三　教学策略

自希尔德·泰伯于 20 世纪 60 年代提出儿童思维技能发展的教学策略以来，教学策略的概念逐渐被推广，其研究的问题也逐步成为当代教学心理学的热点。

教学策略的定义有广义和狭义之分，"广义既包括教的策略又包括学的策略，而狭义则专指教的策略，属于教学设计的有机组成部分，即在特定教学情境中为完成教学目标和适应学生认知需要而制定的教学程序计划和采取的教学实施措施"[①]。而在理论研究与实践活动中所说的教学策略概念，更倾向于指"教"的策略。

迄今为止，国内外学者关于教学策略的定义多达百余条，归纳起来，其定义的角度集中在以下几个方面：其一，教学策略的目的性——都是为了提高教学效率或者为了完成一定的教学目标；其二，教学策略的应用范围——一般为教学活动或特定的教学环境；其三，教学策略所包含的要素——主要包括教学内容、教学设施、教具、教学时间及学生等；其四，教学策略的内涵——教学策略是一种教学方案、措施、操作样式、方式或方法。

---

① 车文博主编《当代西方心理学新词典》，吉林人民出版社，2001，第 157 页。

代表性的定义如："教学策略是建立在一定理论基础之上，为实现某种教学目标而制定的教学实施总体方案。"①

虽然上述定义说明了教学策略的目的性，但把教学策略仅仅定义为"为实现某种教学目标而制定的教学实施总体方案"太过笼统，在定义中应交代实施总体方案的要素以及如何实施总体方案，这样才能使教学策略的定义更加具体明确。本研究中，教学策略指的是，在教学任务完成过程中，为了达到一定的教学目的，对教学内容、教学设施、教学时间及学生等教学活动诸要素进行调节和控制的总体方案。

四　学习策略

鉴于本书把研究范围定位在学校范围内，根据需要，本书将学习策略分为通用学习策略和学科学习策略。通用学习策略（又可称为一般学习策略）具有较强的迁移作用，是各种学习策略的共通部分；相对而言，学科学习策略具有学科独特性，除了包含通用学习策略外，还包含只能用于本学科学习的具体策略的内容和形式，比如数学学习策略中的应用题解决策略，语言学习策略中以母语为媒介语的学习策略等。

虽然学习策略的概念和学科学习策略的概念在外延上有所不同，但是自20世纪90年代以来，国外关于学习策略影响力较大的研究成果集中在以语言学习策略为代表的学科学习策略研究领域。因此，直到现在，国外关于学习策略的概念界定和策略分类与语言学习策略仍然有着千丝万缕的关系。

20世纪50年代末，心理学家用计算机有效模拟出解决问题的策略，从而引出"学习策略"的概念，这一概念的提出引起心理学界，尤其是教育心理学界的广泛兴趣。近几十年来围绕学习策略的研究层出不穷，仁者见仁，智者见智。根据对相关文献资料的搜集与整理可以发现，国内外关于学习策略的界定达百余条。尽管这些概念的表述不同，但可以归纳为以下四种：①把学习策略看成学习的程序与步骤。如里格尼认为："学习策略是学生用于获得、保持与提取

---

① 李春生主编《中国小学教学百科全书》（教育卷），沈阳出版社，1993，第83页。

知识和作业的各种操作与程序。"R. 赖丁和 S. 雷纳认为："学习策略是个体习得的、用于改善自己在某一学习任务上的表现的一组或多组程序。"① ②把学习策略看成内隐的学习规则系统。如杜菲认为："学习策略是内隐的学习规则系统。"② 我国教育工作者黄旭认为："学习策略指的是个体在特定的学习情境里，用以促进其获得知识或技能的内部方法之总和。"③ ③把学习策略看成学生学习的过程。奈斯比特和舒克史密斯认为："学习策略是选择、整合、应用学习技巧的一套操作过程。"我国教育工作者史耀芳也认为："学习策略是学生在学习过程中，为达到一定的目标，有意识地调节活动环节的操作过程"④。④把学习策略看成具体的学习方法和技能。梅耶认为学习策略是人"在学习过程中用以提高学习效率的任何活动"。我国教育心理学家刘电芝等认为："学习策略是指学习者在学习活动中，有效学习的规则、方法、技巧及其调控。"⑤

罗德·埃利斯指出关于学习策略概念的不同界定存在明显的分歧：①策略究竟是指可视行为，还是指大脑中无法观察到的心理活动，还是两者兼而有之；②策略是指某人学习语言方法的总体特点，还是指完成某个具体任务时所采取的技巧；③策略是否在学习者意识（潜意识）范围之内；④策略能否对语言的发展产生直接的作用。⑥

如何解决以上四种分歧？罗德·埃利斯曾列出关于语言学习策略的八个主要特点，其中直接涉及通用学习策略的有：①策略是以解决学习者在学习中碰到的具体问题为出发点的；②一般情况下，学习者能意识到所使用的策略并能够按照要求描述所使用的策略内容；③有些策略是可以被观察到的外部行为，而有些策略是不能被观察到的内隐的心理活动；④策略的运用因事因人而异。

① R. 赖丁、S. 雷纳：《认知风格与学习策略》，庞维国译，华东师范大学出版社，2003，第 73 页。
② R. 赖丁、S. 雷纳：《认知风格与学习策略》，庞维国译，华东师范大学出版社，2003，第 73 页。
③ 黄旭：《学习策略的教学问题》，《教育研究》1992 年第 2 期。
④ 史耀芳：《二十世纪国内外学习策略研究概述》，《心理科学》2001 年第 5 期。
⑤ 刘电芝、黄希庭：《学习策略研究概述》，《教育研究》2002 年第 2 期。
⑥ 科恩：《学习和运用第二语言的策略》，文秋芳导读，外语教学与研究出版社，2000，第 12 页。

我国学者刘电芝和黄希庭则认为学习策略包括以下四个特点：①可指总的学习思路与方法，也可以指具体的活动或技巧；②可能是外部行为，也可能是内部的心理活动；③对学习产生直接或间接的影响；④对策略的应用，既可能是有意识的，又可能是无意识的。

以上学者对学习策略特点的归类有效地解决了定义中的四种分歧。综合各种学习策略的定义后通过筛选比较，为了突出策略的目的性和实质，我们支持科恩的观点，认为学习策略是"为有效学习所采取的措施"，这里的"措施"既包括外部活动，也包括内部活动。这也是本研究倡导的学习策略最突出的意义。

五　第二语言学习策略

（一）第二语言学习策略

第二语言学习策略属于语言学习策略的范畴，它既具有通用学习策略的特点，又受语言本身独特的学习性质的影响，具有鲜明的学科性。

自20世纪80年代以来，随着学习策略概念内涵和外延的进一步扩大，研究的不断纵深发展，关于语言学习策略的界定，国内外学者至今仍然众说纷纭，代表性的定义如下。

斯特恩认为："根据我们的看法，策略最好用于泛指语言学习者采用方法（approach）的一般趋势或总体特点，技巧（techniques）用于描述可视行为的具体形式。"[①] 韦斯顿和梅耶认为："语言学习策略是学习语言时的做法或想法，这些做法和想法旨在影响学习者的编码过程。"[②] 以上两种定义虽然指出了语言学习策略既是内隐的"想法"又是外显的"做法"，但是它并没有指出语言学习策略的目的性，因此是不全面的。奥克斯福德认为："语言学习策略是学习者的行为或行动，使语言学习更成功、更明确、更有活力。"[③] 奥克斯福德的定义强调了语言学习策略的目的性，然而仅仅指出语言学习

---

① 科恩：《学习和运用第二语言的策略》，文秋芳导读，外语教学与研究出版社，2000，第12页。

② 奥克斯福德：《语言学习策略——教师必读》，世界图书出版公司北京公司，2008，第19页。

③ 奥克斯福德：《语言学习策略——教师必读》，世界图书出版公司北京公司，2008，第20页。

策略是"行为或行动"并没有概括出语言学习策略的全部。

以上三种定义还存在一个不容忽视的缺陷，即都以对语言学习策略的界定代替对第二语言学习策略的界定。这种把语言学习策略与第二语言学习策略等同起来的界定方式，实际上犯了把上位概念与下位概念等同的错误。因为语言学习策略是一个上位概念，其还应包括第一语言学习策略、第二语言学习策略和外语学习策略等。相对语言学习策略来说，第二语言学习策略是一个下位概念，因此在对其界定时一定要强调其与语言学习策略相同的含义以及不同的特性，这样才能使得第二语言学习策略的定义更准确、更清晰。

综合以上分析，本研究将第二语言学习策略界定为：语言学习者为有效掌握非第一语言的其他社区通用语言所采取的一切行为和行动的总和。这里的行为和行动既包括可观察到的外部行为，也包括内隐的思维活动。

（二）第二语言学习策略的分类

根据不同的认识角度，形成了第二语言学习策略的代表性分类。

1. 元认知策略、认知策略、社会/情感策略

奥麦利和查莫特在安德森关于学习者处理新信息的认知理论基础上，根据信息加工的层次或类型将学习策略分为三大类：元认知策略、认知策略、社会/情感策略。元认知策略用于评价、管理、监控认知策略的使用，认知策略用于学习语言的活动之中，社会/情感策略只是为学习者提供更多接触语言的机会。在这三类策略之中元认知策略高于其他两类策略，每一类策略中又包括若干小类，如元认知策略包括提前准备、集中注意、选择注意、自我管理等；认知策略包括重复、利用目标语资源、利用身体动作、翻译、归类等；社会/情感策略包括协作和提问以达到澄清的目的。

2. 直接策略和间接策略

奥克斯福德根据策略与语言材料的关系将策略分为两大类：直接策略和间接策略。所谓直接策略就是策略的使用与所学语言有直接联系，这些策略又可以分为三类，即记忆策略（包括建立联系网络、运用形象和声音、认真分析、运用动作）、认知策略（包括练习、接受和传送信息、分析和推理、为输入输出信息建立规则）和补偿策略（包括猜测、克服说写中语言知识的不足）；所谓间接策略

就是策略的使用与所学语言没有直接联系，同样包括三类策略，即元认知策略（包括建立学习重点、安排和计划学习、评价学习）、情感策略（包括降低焦虑程度、鼓励自己、了解自己的情感状态）和社会策略（包括询问问题、与别人合作、同情别人）。

3. 学习语言的策略和运用语言的策略

科恩根据运用策略的目的，把学习策略分为两大类：学习语言的策略和运用语言的策略。前者指为学习语言而使用的策略，包括识别材料、区分材料、组织材料、反复接触材料和有意识记五类；后者指为运用语言而使用的策略，包括检索策略、排练策略、掩盖策略和交际策略四类。

关于第二语言学习策略的分类，截至目前，奥克斯福德的分类框架被认为是最容易理解和接受的一种分类方式。另外，中国学者文秋芳将策略分为管理策略和语言学习策略，与奥麦利、查莫特关于学习策略的分类相同的是，文秋芳也认为管理策略对语言学习策略的使用具有制约作用，处于学习策略之上；不同的是文秋芳认为管理策略既管理认知过程，又管理情感过程，它包括确定目标、制订计划、策略选择、自我监控、自我评价、自我调整；而语言学习策略具有学科独特性，它只能用于语言学习。但是语言策略到底指的是什么呢？文秋芳在《学习和运用第二语言的策略》的导读中列举了语言学习策略的两种分类，一种是传统语言学习策略，另一种是非传统语言学习策略。她虽然交代了语言学习策略两种分类的具体内容，但是她并没有对语言学习策略进行质的说明。实际上，策略使用者在学习语言的过程中是将语言学习策略和管理策略紧密结合起来的，甚至是彻底融合的，如果以"一刀切"的形式划分两部分，尽管理论上是清晰的，但是在实际研究中就容易出现混乱。如对传统与非传统语言学习策略进一步分类时所列举到的"准确性策略"："为少犯语言错误而采取的措施，例如遇到错误即时纠正、认真研究所犯错误的原因，作文写好后反复检查。"[①] 策略使用者在运用该策略时就可能运用奥麦利和查莫特的认知策略分类中包含的重复、翻译、归类、利用关键词、利用上下文情境等具体策略，甚至

---

① 奥克斯福德：《语言学习策略——教师必读》，世界图书出版公司北京公司，2008，第 20 页。

还会在面对错误时运用情感策略，比如提问、协作或者自我鼓励等。所以管理策略和语言学习策略的关系应该是一个相互影响、相互联系、不可分割的整体。

第二节　双语教学模式

教学模式是人们在充分尊重教育规律的前提下，为提高教育质量和效率而产生的一种相对稳定的集教育方法、方式、策略、理念于一体的实践模型。双语教学模式是双语教育政策法规、双语教育目的、语言观及语言价值取向等因素的综合体现，是在一定教育思想或教育理论指导下，以一个民族所处的文化背景——包括民族的社会生态环境、民族关系、语言社会功能、民族心理、民族教育发展状态等因素——为依据而建立起来的较为稳定的，民族地区学校长期探索和实施的教育模式。

较其他教学模式，双语教学模式由于地区、文化的多样性以及双语文和两种文化系统的具体运作而显得复杂且多元。笔者认为，恰当的、具有针对性与可操作性的双语教学模式是我国民族地区双语教育成功实施的关键所在。

在研究双语教学模式时，我们不能将其归入单一模式之中，因为双语教学实践依据的教学思想或理论不同，学习内容和目标不同，教育实践活动的形式和过程也不相同，因而形成了不同的教学模式。比如，基于"做"的模式、基于思维的模式、基于事实的模式等，都是从教学目标的不同来分类的。为了探索藏汉双语教学的有效模式，基于"来自当下，服务当下"理念，我们将藏族教学中大家热议的双语教学模式作为讨论的主题，通过讨论，厘清其特色及价值，这对提高双语教学质量具有重要的意义。

藏汉双语教学模式，既包含组织形式模式也包含信息加工模式。前者是指双语教学活动的结构框架和活动程序，其任务主要是形成一种教育和学习环境，以最适宜的方式促进学生发展。依此理念审视藏族地区双语教育模式，主要有藏加汉、汉加藏、藏汉双语混合、汉语授课藏语辅助等模式。后者依据认知主义的信息加工理论，把教学看作一种创造性的信息加工过程，其教学方法有概念获得的探究方法、范例教学等，包括使用不同教学策略提高双语教学质量的各类教学模式。例如，青海黄南地区的藏汉双语教学紧密结合国家汉语水平考试（HSK）及要求注重质量；共和地区通过结构布局调整，设立以藏语为主和以汉语为主的双语班级以提高教学质量；四川阿坝地区双语教育注重通过理、工、自然科学提高教学质量；甘肃地区以"分类并进"模式提高教学质量；等等。在藏族教育现实中，这些模式多元化地存在并发挥着各自的作用。由此，本书所讨论的双语教学模式，既包含组织形式的模式，也包含信息加工的过程模式，只是双语教学的信息加工过程模式主要体现在本书后几章双语教与学的具体实践探索之中，在此不赘述。

总之，本节通过探索和总结，在对藏汉双语教育模式的形成、发展、政策依据、特色等进行梳理的基础上，对其如何多元化地适应和促进我国不同民族地区经济、社会、教育以及学生的发展等进行了一定探索；同时，就如何在实施这些模式的过程中，加强师资队伍建设，如何实施教学策略改革及创新等进行了一定论述。

一 国外双语教学的主要模式

第二次世界大战以后特别是 20 世纪 80 年代中后期，受经济全球化趋势的影响，双语教学开始在许多国家受到重视。[①]

在世界上双语教育开展得比较成功的国家中，加拿大是个典型。加拿大是以英语和法语为官方语言的双语国家。沉浸式双语教学模式，源于 1965 年加拿大圣兰伯特双语教育实验，由加拿大首创。在沉浸式双语教学实验中，根据第二语言的不同，学生被分为两组：一组是以英语为第二语言的学生，另一组是以法语为第二语言的学生。每组学生从一开始就浸没在第二语言的环境中，当学生使用母语时，教师便及时地给予第二语言的指导。与此同时，学校逐年一点一点地导入母语教学，直到六年级，学生才接受到大部分的母语教学。在沉浸式教学中，语言学习在一定的语境中进行，从认知角度来说，这有利于语言知识从短时记忆变成长时记忆，学生因而习

---

① 韩兆柱、高凌风：《双语教学的价值、历史、现状与对策》，《教学研究》2004 年第 5 期。

得语言。① 沉浸式双语教学不仅在加拿大获得了成功，也极大地推动了世界许多国家的双语教育，先后被借鉴到许多国家和地区。比如，英国威尔士、爱尔兰效仿加拿大沉浸式双语教学模式同样获得了成功。

美国作为一个移民国家，双语教学肇始于1750年，是世界上最早实施双语教育的国家之一。② 同加拿大的沉浸式双语教学模式一样，美国的淹没式双语教学模式在双语教学领域也有较大影响力。在淹没式教学课堂上，学生的英语水平参差不齐，有以英语为母语的学生，也有几乎听不懂英语的学生，后者必须同以英语为母语的学生一起竞争，且得不到英语方面的特别辅导。这就迫使英语水平有限的少数民族学生和移民学生在英语的"水"中沉浮、挣扎，独立摸索，以便尽快掌握英语。

同加拿大的沉浸式教学模式相比，美国的淹没式双语教学模式是为了文化的一元和语言的"英语化"，而前者则是为了维护文化和语言的多元化。淹没式双语教学模式对加强国家统一是好的，但是这种教学模式也容易使得突然接触到英语的少数民族学生和移民学生产生挫败感、自卑感甚至抵触情绪，结果他们的母语能力不仅没有得到进一步的发展，英语水平也一时无从提高。

除了上述两种较有影响力的双语教学模式外，不同国家在双语教学的改革和试验中，还有过渡型双语教学模式、保留型双语教学模式、发展型双语教学模式和双向双语教学模式等。虽然各国在采用不同双语教学模式的实践和探索中取得了一定的成效，但也产生一些负面影响。由于不同的双语教学模式产生于不同的国家，植根于不同的教育环境、社会环境和语言环境，并为各自的国家利益服务，因此我们不能简单以对、错评判不同的双语教学模式。随着社会的进步，双语教育的深入发展，双语教学模式的实践与理论也在不断完善。

总之，双语教育的实施及研究不仅在加拿大、美国、新西兰、卢森堡等双语国家或多语国家获得了成功，而且在澳大利亚、日本、

---

① O'Malley, J. M. & Chamot, A. U. *Learning Strategies in Second Language Acquisition*, Cambridge：Cambridge Universtiy Press，1990.

② 阎玉华：《双语教育在美国》，《教育理论与实践》1999年第4期。

俄罗斯、匈牙利、保加利亚等单语国家也获得了成功。比较突出的类型或模式包括沉浸式、淹没式、过渡型等，这些类型或模式产生于不同的国家，植根于不同的社会环境、教育环境和语言环境，既自成体系，又各具特色。这些研究成果为双语教育成为独树一帜的学科奠定了基础。

二　国内双语教学的主要模式

中国在双语教学的基本理论、模式、方式、课程等方面的研究取得了很好的成果，也由此形成了很多富有特色的双语教学模式。如滕星先生的六类说，即过程说、体制说、方法说、体制和方法说、目的说、课程说；王斌华先生的广狭之分以及苏德先生主张在少数民族双语教育研究中，建立一种综合运用语言学（民族语言学）、教育学、文化人类学、心理学、社会学等多学科理论和方法的教学模式；等等。

双语教学的各类模式虽不是按一个统一的标准，但由于其是对双语教学现象、双语教育规律认识的一种理性操作策略，是帮助人们尽快把握事物本质的一种途径，因此只要理解把握了双语教学模式，就能提高双语教学效率和质量。

我国的双语教学类型，从宏观视角可分为两类：一类是以汉语和外语（主要是英语）作为教学媒介语言的双语教学；另一类是以少数民族语和汉语作为教学媒介语言的双语教学。

（一）汉语和外语双语教学主要模式

汉语和外语双语教学类型主要包括以下三种模式：①混合型：采用外文原版教材或外文讲义，以汉语讲授为主，板书中的标题或主要结论用外文。②半外型：采用外文原版教材或外文讲义，以外语讲授为主，汉语讲授为辅，并用外文板书。③全外型：采用外文原版教材或外文讲义，全部用外语讲授。和国外多元文化背景下的双语教学不同的是，我国目前的汉语和外语双语教学不属于国家的语言教育政策规定的范畴。就其定位而言，此种双语教学更多地属于学科外语教学或专业外语教学范畴。

（二）少数民族双语教学主要模式

同汉语和外语双语教学类型不同的是，我国民族区域自治法和义务教育法对少数民族双语教学都做了明确规定，这也是由我国多民族的现实条件所决定的。我国 56 个少数民族使用 80 多种语言，其中 25 个民族有自己的文字。因此，实施少数民族双语教学对促进少数民族与汉民族的文化发展与融合，促进民族大团结以及促进少数民族经济文化的发展有着重要的意义。

从发展而言，我国少数民族双语教学模式主要有：①保存双语教学模式。该模式旨在保护少数民族语言和文化，使少数民族学生在学习汉语的同时，不至于失去或者降低使用本民族语言的能力。②过渡双语教学模式。其宗旨是在不懂汉语的少数民族家庭和主要使用汉语文教学的学校之间架起一座桥梁，以便使教学用语能够顺利地从民族语文过渡到汉语文。[①] 一般的模式为在小学一、二年级开设民族语文，对少数民族儿童进行启蒙教育，三、四年级使用民族语和汉语对照教学，五、六年级则主要采用汉语教学。另外，根据各地教学实际，该模式还有多种变体，如三段式、两段式、倾斜式和辅助式等。③权宜双语教学模式。该模式也被称为"扫盲式"双语教学，指的是小学全部使用汉语文教材，并以汉语作为主要教学用语，学生只在小学毕业前两三个月突击学习本民族语文。这种教学模式显然违背了儿童语言的认知发展规律，是不科学的，形成该模式的原因主要是缺乏民族语文教师和教材。

2000 年之后，我国关于双语教学的理论与实践已经积累了一些符合我国国情的、很有价值的经验和教训，但仍然存在需要改进和完善的空间，如很多理论和模式照搬国外或者仍然停留在经验介绍的层面上，尚未形成富有自身特色的双语教与学的理论体系；较多的研究基于定性分析，思辨色彩过浓，实证研究相对而言过少等。

（三）藏汉双语教学的主要模式

在青海藏族教育中，目前，大致形成了以下几种类型的藏汉双语教学模式：第一类，除开设汉语文课程外，其他课程均用民族语文授课，即"以藏语授课为主、单科加授汉语文"，学界称"一类模式"。第二类，除开设民族语文课程外，其他课程均用汉语文授课，即"以汉语授课为主、单科加授藏语文"，简称"二类模式"。

---

① 王鉴：《论我国少数民族双语教学的模式》，《贵州民族研究》1999 年第 1 期。

第三类，部分课程用汉语文授课，部分课程用民族语文授课，属于混合型，也有人称其为"三类模式"。

在青海的海南、海北、海西州天峻等地区各民族小学、基层寄宿制学校及部分民族中学一类、二类两种教学模式并存；部分地区小学主要采用以藏语文授课为主、单科加授汉语文的教学模式；民族初中和高中基本采用以汉语文授课为主、单科加授藏语文的教学模式。黄南、果洛地区各民族小学、基层寄宿制学校基本采用以藏语文授课为主、单科加授汉语文的教学模式。民族初中和高中一类、二类两种模式并存。除上述模式外，在海东地区民族学校实施与普通学校相同的教学模式，比如湟源县的日月藏族乡民族中小学等。

可见，我国藏族地区逐步规范并已达成共识的双语教学模式主要有两种，即"一类模式"和"二类模式"，部分地区存在"三类模式"。至2012年，青海城镇及以上地区中小学均设有两种模式的教学班，学生可根据自己的双语能力选择不同模式的班级；而在牧区学校，由于小学生入学时没有汉语基础，学校所设立的基本都是一类模式。学生处在哪种环境、习得了哪种语言，进入小学时就会选择哪种语言的教学模式，同时这也奠定了其今后语言发展的趋向。有研究表明，在藏族地区通过一类模式接受教育的学生达60.17%[1]。深入研究这一模式后，我们发现，藏汉双语教学的主要困难表现在：一为学生双语能力如何有效发展，二为双语教学的体系如何构建。可以说，一类模式中的这个困难也就是目前藏汉双语教学的主要困难。藏汉双语教学研究，从某种意义上讲，就是在探索解决这个困难的有效方法。因此，高质量地提高学生的双语能力，是双语教学研究关注的核心问题，其最终目的，是促使学生获得全面发展。

（四）青海藏汉双语"口语优先发展"模式[2]

为探索一条适合青海特点的，具有科学性、实践性和可操作性的双语教学模式，我们在以藏族为主的同仁地区，采用"第二语言口语优先发展"模式，进行双语教育改革实验研究，结果如下。

---

[1] 王振岭：《青藏牧区教育跨越式发展研究》，青海人民出版社，2010，第163页。

[2] 才让措：《青海省同仁地区藏族小学生藏汉双语教学实验研究报告》，《中国藏学》2000年第3期。

1. 教改实验前藏族学生的双语背景

（1）藏语（包括口语、书面语）水平相对较好，均分为 61.9 分。

（2）汉语口语水平很低，均分为 14.5 分。

（3）汉语书面语基本接近空白，均分为 0.92 分。

（4）思维推理表现出明显的直观性和形象性，且水平很低，均分为 9.06 分。

2. 采用该模式三年后的双语发展特点

（1）在藏语水平继续发展的基础上，汉语口语能力获得了较大发展，均分为 44.2 分，其中口语运用 17.4 分，表达 21.3 分，讲故事 13.5 分；实验前口语运用 2 分，表达 2.95 分，讲故事 6.37 分。这表明，三年的汉语口语实验使藏族学生的汉语口语能力有了质的飞跃。

（2）汉语口语训练，缩短了藏族学生学习汉语拼音的时间。从成绩看，实验班为 65.9 分，两个对比班分别为 40.3 分和 53.3 分。经 T 检验，实验班与两个对比班之间差异显著。从及格率看，实验班为 65%，两个对比班分别为 14.5% 和 33.3%，可见，实施双语教学的实验班取得了显著效果。

（3）汉语口语的发展促进了汉语书面语言的发展。随着藏族学生汉语口语词汇量的增加，书面语词的表达、运用能力与对比班相比，有了很大差异，而且在书面语词表达的逻辑性、连续性方面具有更大的优势。

（4）汉语的发展，对藏族学生运用藏汉双语语词进行类比推理的能力具有积极影响。相关检验表明，汉语与藏语语词类比推理相关，$r = 0.57$（$n = 59$），藏语与汉语语词类比推理相关，$r = 0.73$（$n = 59$），二者均呈高度相关。这种相关，在并列关系、种属关系、功用关系等语词类比推理中尤为突出。可见，藏族学生掌握的汉语越多、词汇越丰富时，其多种语言间就越能形成互补，他们运用双语的能力也就越强，逻辑推理的能力亦随之提高。采用"口语先行"的双语教学模式，在以母语为主的藏族地区取得了良好的阶段性成果。虽然这项研究成果是在藏族教育中获得的，但它在双语教育乃至外语教育中也可以推广。

综上所述，藏汉双语教育模式研究不仅可进一步推动我国藏汉双语教育事业的有效发展，亦可为我国双语教育研究提供理论和实践依据。其一，藏汉双语教育模式研究，牵涉民族学、社会学、教育学、语言学、心理学等理论层面，也涉及课程结构、教学设计、教学方法、学习方法等操作层面，其成果对民族地区社会的发展，尤其是双语教育的发展具有积极意义。其二，不同文化背景和亚文化背景对教育有不同的影响，从而形成不同的教育模式。本研究成果不仅可以用于探讨不同文化背景、亚文化背景与教育、学生心理之间的关系，而且还可对教育、心理基本理论的建设产生重要作用。其三，将学生知识获得、能力发展和学习策略形成的结果置于不同教学模式的情境之中加以比较、探讨、分析，不仅能了解学生知识、能力及行为习惯的发展现状，还能从现实层面反映双语教育模式的功能及作用，对藏族地区教学质量的提高具有积极意义。

我国少数民族双语教育类型具有多样性和不平衡性等特点，各地在实施双语教育中，应遵循"因地制宜"的原则，探寻适合本地、本校特点的双语教育模式，为提高双语教育教学质量做出应有贡献。

第三章 藏汉双语教学研究的理论基础

第一节 藏汉双语教育研究的理论基础

一 双语教育研究的理论基础

国外双语教学理论中，有九种比较成熟的、被共同认可的双语教育理论，分别为：平衡理论、思想库模式、阈限理论、依存假设、兰伯特的态度－动机模式、加德纳的社会－教育模式、斯波尔斯基的双语教育评价模式、输入－情景－过程－输出双语教育模式、卡明斯的双语教育理论框架。

（一）平衡理论

平衡理论是双语教育的早期理论。该理论提出两点见解：一门语言的掌握必然削弱另一门语言的掌握，学习第二语言是以牺牲第一语言为代价的；在大脑中，第一语言和第二语言分别占据相应的空间，它们各自为政、互不干扰。①

（二）思想库模式

思想库模式包含以下论点：思想库同时适应两种语言，是两种语言的共同基础；思维刺激了两种语言，同时又被两种语言刺激。这种刺激促进了双语者的认知发展；学生在校期间的表现不仅取决于语言，而且取决于思想库；学生第一语言和第二语言的全部经验共同促进了思想库的发展。思想库中增加一门语言的同时，也增加了广泛的双语文化内涵。因此，像接受单语教育一样，接受沉浸式双语教育同样能够充分地发展思想库；双语教育是切实可行的，人具有精通两门或两门以上语言的能力；如同使用单语一样，使

---

① 王斌华：《双语教育与双语教学》，上海教育出版社，2003，第49～50页。

用两种语言同样能够发展概念技能和学术技能（即认知功能和教育达标）。①

（三）阈限理论

阈限理论设定了两个阈限。阈限表示学生必须达到的双语能力水平。当学生的双语能力达到第一阈限时，可以避免双语产生负面效应，当学生的双语能力达到第二阈限时，可以感受到双语产生的正面效应。

阈限理论把学生的双语水平粗略地划分为三个层次，并阐述了各个层次与学生认知发展之间的关系。①低级层次：未精通两门语言中的任何一门语言，对认知发展产生负面效应；②中级层次：精通两门语言中的一门语言，对认知发展既不产生正面效应也不产生负面效应；③高级层次：精通两门或两门以上语言，对认知发展产生正面效应。② 其基本框架如图 3 - 1 所示。

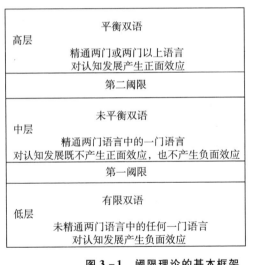

图 3 - 1　阈限理论的基本框架

如图 3 - 1 所示，阈限理论的阈值是以同年龄单语儿童的语言能力为标准的。当双语儿童的两种语言都分别低于单语儿童的语言水平时，也就低于第一阈值。当双语儿童只有一种语言达到了单语儿童的水平时，就达到了第一阈值。当双语儿童两种语言都达到了单

①　王斌华：《双语教育与双语教学》，上海教育出版社，2003，第 50 ~ 52 页。

②　王斌华：《双语教育与双语教学》，上海教育出版社，2003，第 52 ~ 53 页。

语儿童的水平时，就达到了第二阈值。

这种双重阈限的假设可以用来解释那些来自不同研究的看上去似乎是互相矛盾的结果。为了避免儿童的双语经验给认知造成危害，儿童的语言能力必须达到第一阈限的水平。如果不能达到第一阈限水平，就可能出现负面的影响。如果儿童的双语能力高于第一阈限水平但低于第二阈限水平，既不会出现正面的影响，也不会出现负面的影响。只有达到第二阈限水平，双语经验才能对儿童的认知过程产生积极的影响。

（四）依存假设

依存假设至今没有上升为一种理论，因为它仍然属于一个尚未定论或有待进一步验证的假设。尽管如此，该假设已经得到许多专家、学者的认同。依存假设认为，学生第二语言能力的水平部分取决于第一语言能力的水平。例如，第一语言学术能力较强的人，其第二语言学术能力往往也较强；第一语言提高了学生的认知能力和学术能力，这些能力也正面影响了第二语言能力的发展。[1]

该假设揭示了"精通语言"与"表面流利"之间的本质区别。"精通语言"就是指学生达到了"认知－学术语言能力"。在教学过程中，学生通过熟练掌握的语言，获得认知和学术方面的发展。"表面流利"是指学生仅仅具备了"人际交流基本技能"。在教学过程中，这些基本技能常常掩盖学生尚未"精通语言"的实质，从而导致他们在认知和学术发展上的滞后。

（五）兰伯特的态度－动机模式

兰伯特的态度－动机模式源于对个人性向和态度的研究。他认为，在双语学习方面，性向和态度是两个重要的、相对独立的影响因素；双语学习不仅需要某种认知能力，而且需要一种积极的态度；态度关系到动机。因此，双语能力基于性向、态度、动机的程度以及态度与动机之间的关系。兰伯特的态度－动机模式可用图3－2表示。

在图3－2中，我们看到有两个概念，即添加性双语和削减性双语。这是兰伯特为了进一步解释双语对认知发展的正负两方面影响而提出的。该学说侧重于社会文化环境，认为双语现象同社会心理

① 何兴：《双语教学课程设计与模式全书》，中国教育出版社，2006，第172页。

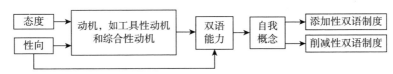

图 3 - 2 兰伯特的态度 - 动机模式

的许多方面密切地联系在一起，尤其是两种语言在个人心目中的社会地位对语言学习影响巨大。兰伯特最早注意到社会文化环境可能会决定双语的不同类型，并区分出添加性的和削减性的双语形式。在添加性的情况下，两种语言和两种文化的积极因素会相互补充，共同作用于儿童的总体发展。当社会和家庭把两种语言都看得很有价值的时候就会出现添加性的双语形式，这时，学习第二语言绝不会产生取代第一语言的威胁。

另外，在两种语言不是相互补充而是相互竞争的情况下，就会出现削减性的双语。当然，削减的程度可以是不一样的，但总的来说，削减性的双语对儿童的认知发展和人格可能产生不良影响，也会影响到早先通过母语发展起来的语言能力。

（六）加德纳的社会 - 教育模式

加德纳的社会 - 教育模式涵盖了双语教育的整个过程。该模式指出：第二语言的习得发生在特定的社会环境中，语言学习者所成长的社会和文化环境影响他们对语言和文化的观念。而语言和文化的观念与学习者的个体差异（包括智力、语言、动机和情景焦虑四个变量）直接相关，因此，社会和文化环境影响着学习者的个体差异。同时，社会、文化环境和学习者的个体差异又会影响不同的二语情境（正式情境和非正式情境），而二语情境又会决定成果水平（语言成果和非语言成果），整个社会 - 教育模式是一个动态的过程。

（七）斯波尔斯基的双语教育评价模式

伯纳德·斯波尔斯基提出双语教育评价模式。伯纳德·斯波尔斯基认为，以往的双语教育研究过于狭隘，仅仅触及局部问题。他对双语教育过程中涉及的基本变量进行分类，并提出自己的双语教育评价模式。该模式涵盖双语教育评价的各个方面，如影响双语教育的心理、社会、经济、政治、宗教、地理、人口、历史、语言等因素，这些因素彼此重叠、交互作用，双语教育则处于这些因素的中心。

（八）输入－情景－过程－输出双语教育模式

输入－情景－过程－输出双语教育模式。1974 年，邓金与比德尔等人提出"输入－输出－情景－过程"双语教育模式，科林·贝克于 1985 年从社会、文化、情感、态度、个性、认知和能力等更高层次阐释该模式，形成了输入－情景－过程－输出双语教育模式。该模式表明：双语教学的过程主要包括双语输入、双语习得、双语输出与双语背景四个变量。双语输入变量涉及双语教师输入与学生输入两个最为关键的因素，前者包括其双语能力、双语双元文化知识水平、双语教学能力与态度，后者包括其语言潜能、性向、态度、学习语言的动机及其语言与文化背景。双语输入变量中师生双方的素养与能力对双语输出有较大影响，甚至决定着双语输出的成效。但是，输入与输出的关系可能会因为情景、环境等因素得到调整。宏观层次的情景可以指社会、政府层面，微观层次的环境主要指课堂环境。

（九）卡明斯的双语教育理论框架

卡明斯认为，少数民族语言学生的成功与失败取决于四种状况。

第一，取决于少数民族语言学生的家庭语言和文化融入学校课程的程度。

第二，取决于少数民族语言学生的社会和家长参与子女教育的程度。

第三，取决于在促进儿童内在欲望方面，培养他们成为知识的积极追求者，而不仅仅成为被动接受者的程度。

第四，取决于在评价少数民族语言学生时，避免在学生身上寻找问题的根源，而力求在社会制度、教育制度或课程方面寻找根源的程度。

卡明斯的双语教育理论框架可用表 3－1 概括。

表 3－1　卡明斯双语教育理论框架

维度	获得成功的少数民族语言学生	遭受失败的少数民族语言学生
第一维度	添加性：学校融入家庭语言和文化	削减性：学校排除家庭语言
第二维度	合作性：社会参与	排斥性：拒绝社会参与
第三维度	交互作用课程	灌输性课程
第四维度	以咨询为目的评价与诊断	只在学生身上寻找根源评价与诊断

卡明斯的双语教育理论框架不是单纯地把少数民族语言学生的学业失败归咎于学生个人，而是站在社会、经济、政治、心理、教育、课程、教学法、家长参与等角度，审视和探讨少数民族语言学生学业成败的根源。[①]

二　双语教学与认知、情感发展及学业成就

双语教学对认知、情感与学业发展的影响先后经历了缺陷说、中性说和优势说。[②]

从上述理论，我们了解到在依存假设中，人的语言能力分为表层的人际交流基本技能和深层的认知－学术语言能力。前者指日常人际沟通中的语言使用；后者指学习等其他较为抽象的情景中的语言使用，这需要较高的认知投入，对个体认知发展及学业成就会产生重大影响。一般而言，人际交流基本技能的发展需要两年左右的时间，而认知学术语言能力需要五年至七年的时间。因此，两种语言能力的发展并非同步，有时儿童的一种语言的表面流利性可能会掩盖其认知－学术语言能力的不足，导致认知和学业发展滞后。

以思想库与双语深层能力共享模式探讨双语与认知的关系时，卡明斯认为大脑能够同时存储两种或多种语言，也就是说作为双语者，虽然其两种语言在语音、词汇、句法等方面有差别，但所依赖的中心处理系统却相同，共享一个思维源泉。和单语一样，他们的认知能力和学业成就同样可以得到充分发展。

语言阈限理论对双语发展程度如何对认知产生不同的影响做出了回答。从前述的理论中我们了解到，阈限理论包含两个方面，儿童双语低于阈限一，使用双语的能力非常有限，对认知可能造成负面影响；达到阈限一，儿童在一种语言上达到同龄单语儿童的水平，但在另一种语言上能力依然不足，此时可避免对认知发展产生的负面影响，但不会带来显著的正面影响；儿童达到阈限二，两种语言均相对精通，为认知发展带来积极影响。可见，双语能力均达"精通"水平，对认知和学业的发展具有积极的影响。相互依存假设认

---

①　王斌华：《双语教育与双语教学》，上海教育出版社，2003，第64页。
②　高育松：《语言学视域中的双语及双语教育：理论回顾与前瞻》，《西北师范大学学报》2014年第2期。

为儿童的第二语言能力在一定程度上取决于其第一语言能力。可见，卡明斯的系列理论系统清晰地厘清了双语发展、认知功能、学业发展之间的关系，为双语教育实施提供了理论依据。

但是，该理论也有一些不足之处。首先，一些概念缺少可操作性定义。例如，关于阈限理论中每层阈限所要达到的具体语言水平划分不够清晰，影响认知的本质因素和界限较为模糊。其次，支撑其理论构建的实证数据有一定局限性，其研究被试者主要为主流社会中产家庭的孩子。[1] 另外，卡明斯的理论倾向于优势说，认同双语教育有益于智力及认知发展。然而，就目前的研究现状而言，没有证据显示双语对智力有影响，而仅对一些具体的认知能力及过程有显著影响。例如，研究发现双语及双语教育对儿童的创造力有积极的影响。[2] 所以，双语与智力、认知的关系问题依然是未来一项重要的理论课题。究竟是双语促进智力发展，还是智力水平高导致双语水平高，孰因孰果仍需进一步研究。

三　藏汉双语教学研究基础

双语教学是民族教育的主要特征，藏汉双语教学是随着民族教育中双语教学的发展而发展的。

在相关政策法规的支持下，我国少数民族双语教学的发展和研究成果主要表现在四个方面：①少数民族双语研究组织的建立和有关学术刊物的出版。"中国少数民族双语教学研究会"聚集了一批热心于少数民族双语教学研究的专家学者，举办了多次双语教学研讨会，连续出版了四部双语教学与研究文集。同时，《教育研究》《民族研究》《民族教育研究》《中国少数民族教育》等刊物也陆续刊载了许多关于双语教学的理论思考与实践成果的文章。②具有中国特色的双语教学模式的形成。除了前文提到的保存双语教学模式和过渡双语教学模式外，双语教学模式还包括用民族语授课加授汉语文的模式、口语优先发展模式等。这些模式在具体的教育实践中的使

---

① 高育松：《语言学视域中的双语及双语教育：理论回顾与前瞻》，《西北师大学报》2014 年第 2 期。

② 高育松：《语言学视域中的双语及双语教育：理论回顾与前瞻》，《西北师大学报》2014 年第 2 期。

用情况不尽相同，有的是运用单一模式，有的是多种模式的混合使用，这些模式各有特点，但也存在不同的缺陷，有必要构建新的双语教学模式。③少数民族双语教学实验的蓬勃发展。自 20 世纪 80 年代以来，少数民族双语教学实验就以不同方式在不同民族地区蓬勃开展起来，藏汉双语教学实验研究在西藏、四川、青海等地均取得了许多有效的成果。④藏汉双语教学研究成果卓著。正是在我国少数民族双语教学取得长足发展的基础上，藏汉双语教学研究才取得了一定的进步与发展，表现在：第一，藏区各级政府都十分重视藏汉双语教学，进行了藏汉双语教学的制度建设，制定了藏汉双语教学的政策措施，而且《五省区义务教育全日制藏族小学、初级中学及高级中学协调性课程计划》对藏区中小学双语教学进行了详细的规定。第二，成立了五省藏区藏族教育协作小组，对藏汉双语教学工作予以协调与指导。第三，产生了一批藏汉双语教学的研究成果，如仅青海地区的研究成果就有夏铸、刘文璞等的《藏族教育的改革与发展》中的部分章节，何波的《民族教育专论》的部分章节、《藏汉双语教师教育的理论与实践》等，王振玲的《青藏牧区教育跨越式发展研究》中的部分章节，索南加的《青海藏汉双语调研报告》，李美华的《藏族学生藏汉双语认知研究》，才让措的《青海省同仁地区藏族小学生藏汉双语教学实验研究报告》《藏汉双语能力发展的生态化分析》，等等。

但相对于其他少数民族双语教学实践及研究，目前，藏族双语教学实践及研究还比较滞后，很有必要在对藏汉双语教学实际进一步调查研究的基础上，设计出能拓展到整个藏区的涉及中小学各个学科和藏区基础教育各个学段的双语教学模式。该模式能贯穿各个时期、各个阶段的双语教学实际。本研究努力整合并汲取上述双语教育理论中的合理成分，并以此为指导，探索适合藏族教育发展的有效的双语教学模式及策略，推动藏区双语教学的改革与发展。

第二节　语言学习策略研究的理论基础

一　学习策略研究基础

关于学习策略的大规模而广泛的研究始于 20 世纪 80 年代，以美国为策源地展开。一方面，美国教育心理学界人士对六七十年代"回复基础"运动做出深刻反思，认为"回复基础"运动片面强调读、写、算的基本技能，而忽略了对学生学习策略的训练，导致各级各类学校学生普遍缺乏思维技能和学习策略，不适应继续学习。因此，1983 年，美国"国家教育优异委员会"提交《国家处在危机中：教育改革势在必行》报告，呼吁关注学生的学习策略。① 另一方面，知识的日新月异、信息量的激增、终身学习的全球化时代更加注重学习者是否具备迅速更新知识系统的能力，即如何掌握有效的学习策略从而迅速把握和运用新知识的能力，这就更进一步促使研究者对学习策略的广泛关注和深入研究。

关于学习策略的研究，除了对其概念界定的争议和结构的研究外，还包括以下几个方面。

（一）学习策略与元认知的关系

弗拉维尔认为："元认知指有关个人的认知过程以及与此相关的其他事的知识……元认知还指对认知过程的积极监视以及随后的调节与组织。"② 元认知就是指对认知的认知，具体地说，是关于个人自己认知过程的知识和调节这些过程的能力，对思维和学习活动的认识和控制。除此之外，元认知还包括两个独立但又互相联系的成分，其一为存储在长时记忆中的认知过程的知识和观念，其二为存储在工作记忆中的对认知行为的调节和控制。而学习策略是存储在长时记忆中的元认知知识，根据迈克卡等人的观点，这些元认知知识（即学习策略）还包括认知策略、元认知策略和资源管理策略三部分。

许多专家认为，教育的目标之一就是要帮助学生学会使用有效的元认知策略。有研究表明，教学生元认知策略可使学习成绩显著提高，学生能学会他们自己的思维过程，并且应用具体的学习策略，思考困难的任务。③

（二）学习策略与认知策略的关系

认知策略，是指指导和监控认知信息加工过程的程序、规则、方法和技巧的总称。目前得到公认的认知策略有：①在短时记忆中的形

---

① 史耀芳：《二十世纪国内外学习策略研究概述》，《心理科学》2001 年第 5 期。
② 陈琦、刘儒德：《当代教育心理学》，北京师范大学出版社，2005。
③ 陈琦、刘儒德：《当代教育心理学》，北京师范大学出版社，2005。

成组块策略；②在系列学习中的复述策略；③配对联想学习中的表象加工策略；④自由回忆学习中的组织策略；⑤人工概念研究中发现的集中策略和扫描策略。① R. T. 怀特和威特罗克于 1982 年提出了四种一般策略，即寻求深层意义、接受部分目标、探索的灵活性、对部分加以综合，并认为它们对于许多课题的解决都适用。《中国小学教学百科全书·教育卷》在解释"学习策略"一词时指出，认知策略研究中所揭示的一般策略与特殊策略都可视作学习策略的组成部分。学习策略可以是内部的认知策略，如表象加工策略，也可以是外部的策略，如笔记策略。② 美国认知心理学家加涅认为："学习过程是受某些内部执行的控制过程所修改和调节的，这些内部定向的技能就叫认知策略。"③ 从中可见，学习策略和认知策略有着密切的因果关系，认知策略的改进可以促进学习策略的改进。

（三）学习策略与自我调节学习的关系

自我调节学习又称自我监控学习，是指学习者系统地引导自己的思维、情感和行为，使其指向目标实现的学习。④ 班杜拉、堪佛和盖立克、申克和齐摩尔曼的研究表明：自我调节学习包含自我观察（或者自我监控）、自我判断和自我反应三个过程。加涅认为：自我调控或积极的学习者和被动的学习者相比，在选择和注意课文中的或讲演中的重要信息时，拥有更有效的策略，并且能够以更有效的方式组织材料。因此，能够进行自我调节学习的学生亦能够在学习的过程中及时有效地激励自己，并通过比较、判断等方法积极使用适当的学习策略解决学习问题。由此看来，自我调节学习与学习策略在内涵上存在某种密切的同一性，又有区别——如果说学习策略是一种包含认知策略、元认知策略和资源管理策略的过程性知识，那么，自我调节学习就是积极使用学习策略的过程和能力。⑤

（四）学习策略的运用

学习策略具体到应用的层面，包括很多种形式，其中较常见的有以下几种。

---

① 车文博主编《当代西方心理学新词典》，吉林人民出版社，2001，第 298 页。
② 李春生：《中国小学教学百科全书·教育卷》，沈阳出版社，1993，第 171 页。
③ 史耀芳：《二十世纪国内外学习策略研究概述》，《心理科学》2001 年第 5 期。
④ 黄希庭：《心理学导论》，人民教育出版社，2007。
⑤ 陈琦、刘儒德：《当代教育心理学》，北京师范大学出版社，2005。

（1）复述策略中的背诵式学习法。背诵式学习法也是较为传统的第二语言学习方法，有研究表明，在记忆单词的学习过程中，有嘴唇运动的一组学生的成绩要高于未出现嘴唇运动的学生，而背诵式学习法也在二语学习中起着不可替代的作用。

（2）精细加工策略中的画线和做笔记。研究表明，如果学习者能够通过谨慎画线的形式画出陈述性材料中的重难点，则说明该学习者能够最大限度地掌握并理解材料所提供的知识信息。而做笔记看起来很平常，其中却蕴藏着学习者对新信息的精细加工和整合的过程。麦克沃特曾提出科学做笔记的三个步骤，而克艾华还曾提出教师促进学生做笔记和复习笔记的方法。

（3）编码与组织策略中的多种编码方式并用法。信息编码有不同的层次和水平，而且以不同的形式存在，如汉字的短时记忆就以形状编码为主。

（4）PQ4R方法。托马斯、罗宾逊在罗宾逊早期版本SQ3R的基础上提出了帮助学习者理解和记忆的学习技术——PQ4R方法，P和Q分别代表预览、设问，4R代表阅读、反思、背诵和回顾。这种方法可以促使学习者有目的地组织信息并采取其他有效学习策略。

（5）生成性学习。威特罗克于1986年提出生成性学习的概念，指的是学习者根据已有的认知结构，主动地选择注意信息，并主动地构建输入信息意义的过程。该学习策略是要教学习者一些具体的加工新信息的方法，例如，如何对阅读材料产生表象从而帮助理解、如何成功地发问、如何针对学习材料做总结和对比等。

（五）学习策略的教学研究

关于学习策略能否用"教"的方式使学习者掌握并有效运用的问题，国内外一直争议不断。争议的前提首先是，怎样判定什么样的学习策略有效、什么样的学习策略无效。显然，对于学习策略的价值应当在具体情境下具体分析。其次，学习策略能否被"教"？关于这一问题，国内外专家学者存在意见分歧，一种意见认为，学习策略是学习者学习活动和经验积累到一定程度的伴随结果，是只可以被学习者本身所领会的，而不是教学的结果；另一种意见则认为，策略性思维是受规则指导的行为，既然是规则就能被研究发现，也就能被用于教学。最后，关于学习策略如何教也存在争议。

托马斯和罗沃于 1986 年曾提出一套适用于具体学习方法的有效学习原则。①学习策略的学习一定要根据具体情况具体分析，即一定要适于学生的学习目标和学生的类型。不仅如此，还要考虑学习策略的层次，不仅要教授学生一般的策略也要教授非常具体的策略。②要注重学习策略的生成性原则，要求学习者进行高度的心理加工，学习者利用学习策略对学习材料进行再加工，产生被学习者吸收的新知识。学习策略既有生成性程度低的策略，如不加区分地画线，不抓要点地记录等；又有生成性程度高的策略，如图解要点，给笔记列提纲，正确的发问等。③有效的监控。即教学生具体情况具体分析的应用策略非常重要，有效监控的原则指的是让学生应当知道何时、如何应用他们的学习策略以及在应用时将其以口头的形式交代出来。只有这样，学生才有可能记住并应用这些策略。④个人效能感。教师应当适时地使学生感受到运用学习策略所产生的效力，感受成绩和态度之间的关系，以此促进学生应用学习策略。

二 语言学习策略研究基础

（一）语言学习策略的定义

语言学习策略研究始于 20 世纪 70 年代，至今有 30 多年的历史。不同的研究者对语言学习策略有不同的定义，根据已有文献资料，我们可概括为如下几种。

（1）Bialystok 于 1981 年将语言学习策略定义为：学习者用来提高其目标语语言能力的各项活动。

（2）斯特恩于 1983 年认为：语言学习策略指语言学习者所采用的总体思路。

（3）韦斯顿和梅耶于 1986 年认为：语言学习策略是学习语言时的做法或想法，这些做法和想法旨在影响学习者的编码过程。

（4）查莫特于 1987 年认为：语言学习策略是学生采取的技巧、方法或者刻意的行动，其目的是提高学习效果和易于回忆语言的形式及内容。

（5）罗宾于 1987 年认为：语言学习策略是有助于学习者自我建构的语言系统发展的策略，这些策略能直接影响语言的发展。

（6）奥克斯福德于 1990 年认为：语言学习策略是指学习者在语

言学习中所采取的具体行动。他们采取这种行动的目的是使语言学习变得更加容易、便捷、有趣、有效，更加便于自学，更加容易适应新的环境。学习策略既包括学习第二语言时所采取的整体性的策略，也包括学习者针对具体的学习任务所采用的具体的方法或手段。

（7）科恩于1998年认为：语言学习策略指学习者有意识或半意识的行为和心理活动，有着明确的目标。一种目标是使语言知识和语言技能的学习更加容易，另一种目标是为了语言的运用或弥补学习者语言知识的不足。

（8）文秋芳认为：语言学习策略指根据自己的观念，为提高语言学习效果而采取的行动或方法。同时，为了更好地解释该定义，文秋芳总结出了语言学习策略系统，如图3-3所示。

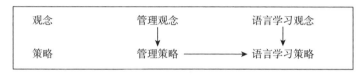

图3-3 文秋芳语言学习策略系统

从上述定义中我们可以看到早期的定义侧重于宏观的学习策略。随着该领域研究的发展，研究重点逐步转到了具体的运用过程，由宏观走向微观。并且这些定义还明显地反映了人们对策略的认识正在从行为层面逐渐向认知层面转变。为了做进一步的研究，我们必须对学习策略的概念有一个清晰的认识。因此，埃利斯于1994年所提出来的这些定义中存在的分歧是值得我们考虑和深思的。这里所指的分歧是：①策略究竟是指可视行为，还是指大脑中无法观察到的心理活动，还是两者兼而有之；②策略是指某人学习语言方法的总体特点，还是指完成某个具体任务所采取的技巧；③学习策略是有意识的还是无意识的；④策略能否对语言的发展产生直接的作用。

至今关于这几个疑问还没有一个明确的答案，不同的研究者有不同的想法。对于第一个分歧，即策略是外部活动还是内部活动，韦斯顿和梅耶认为策略既指外部活动（做法）又指内部活动（想法），这个观点比较全面，能够涵盖策略的全部内容。对于第二个与第三个分歧科恩的解释比较合理。他认为，学习策略既包括语言学习的总体方法也包括完成某个具体任务时所采取的技巧。例如，学习者一个总体的较抽象的方法策略可以是对所学语言的运作事先形成一个概念和假设，而比较具体的策略可以是在学习过程中对自己的阅读理解水平进行改进。其实总体的方法或具体的技巧都是策略，只不过它们之间有一个过渡，即从最宽泛的类别慢慢过渡到比较具体的或更加具体的类别。关于第三个分歧，科恩认为，在使用策略的时候学习者是有意识或半意识的（当被问及刚刚所做或所想的时候，学习者能够意识到自己所用到的策略），当这些策略由有意识、有目的的发展成为无意识的时候，其就失去了作为策略的意义，就不会再被看成策略。对于第四个分歧文秋芳的解释比较全面，她认为"直接"与"间接"是相对的概念，从不同的角度可以得出不同的结论。如果试图将某个策略与某个语言现象的掌握相联系，在绝大多数情况下可能找不到直接关系，但如果考察策略运用的总体情况与语言发展的总体水平之间的关系，很可能得到"有直接关系"的结论，特别是在比较教与学对语言发展的影响时。

（二）语言学习策略的分类

就语言学习策略的分类，经常被提到的有如下几种。

1. 奥麦利和查莫特的语言学习策略分类框架

这是奥麦利和查莫特于 1990 年根据认知心理学的理论分类的，他们将语言学习策略分为三大类：元认知策略、认知策略、社交/情感策略。元认知策略用于评价、管理、监控认知策略的使用，认知策略用于学习语言的活动之中，社交/情感策略为学习者提供更多接触语言的机会。这三类策略中元认知策略高于其他两类策略，而每一类又包括若干小类。

元认知策略：提前准备、集中注意、选择注意、自我管理、事先练习、自我监控、延迟表达、自我评价。

认知策略：重复、利用目标语资源、利用身体动作、翻译、归类、记笔记、演绎、重新组织、利用视觉形象、利用声音表象、利用关键词、利用上下文情景、拓展、迁移、推测。

社交/情感策略：协作、提问澄清、求助。

2. 奥克斯福德的学习策略分类框架

奥克斯福德于 1990 年根据是否直接作用于学习过程，将学习策略分为直接学习策略和间接学习策略，然后进一步将它们分为六个大类。其中三大类为直接策略：记忆策略、认知策略、补偿策略；另外三大类为间接策略：元认知策略、情感策略、社交策略。每一大类又分为若干小类。

（1）直接策略。

直接策略包含记忆策略、认知策略和补偿策略等。

记忆策略：在语言学习中加强识记的各种策略。包括有意记忆、联想记忆、理解记忆、分类记忆、通过建立新信息与已掌握的信息间的联系进行记忆、有效复习等。

认知策略：指学习者为了更有效地识别、理解、保持和提取信息而采取的策略。包括资料的利用、翻译、分类、记笔记、演绎、想象、关键词的表达、语境化、说明、迁移、推理以及利用语言知识和其他知识进行交际时所涉及的各种心理过程等。这些过程既包含语言知识的学习，也包含语言知识的运用。知识的吸收只能靠大量不同的认知策略的实践。

补偿策略：指在语言学习上存在某些能力欠缺的学习者在思考、记忆、储存和理解新旧知识时使用包括猜测、回避、简化、掩盖等方法克服说写中语言知识的不足，最终达到交际目的的策略。

（2）间接策略。

间接策略包含元认知策略、情感策略和社交策略等。

元认知策略：是指制订学习与思考计划，监察语言使用与理解，对学习活动进行评估，其中包括建立学习重点、安排和计划学习、自我管理、自我监察、自我评估等。

情感策略：是学习者在学习过程中培养、调整、控制自己情感的策略，包括克服语言学习中的焦虑和紧张情绪、敢于与他人交流和表达、了解自己的情感状态等。例如，学习者在使用目标语感到害怕的时候，会试着放松自己并且会告诉别人他们在学习目标语时的感受。

社交策略：社交策略是学习者所从事的能够使他们有机会接触和练习语言知识的活动，包括询问问题、与别人合作、同情别人等策略。具体见表 3－2。

表 3-2　奥克斯福德的学习策略分类

直接影响学习的策略	间接影响学习的策略
1. 记忆策略 　　A. 联想 　　B. 利用图像和声音 　　C. 有计划地复习 　　D. 使用动作	1. 元认知策略 　　A. 制定学习重点 　　B. 安排、计划学习 　　C. 评估学习效果
2. 认知策略 　　A. 操练 　　B. 接收和发出信息 　　C. 分析和推理 　　D. 为输入和输出创造构造	2. 情感策略 　　A. 克服焦虑 　　B. 鼓励自己 　　C. 控制情绪
3. 补偿策略 　　A. 合理猜测 　　B. 与他人合作	3. 社交策略 　　A. 提问 　　B. 弥补缺陷和不足 　　C. 理解他人

　　奥克斯福德共列出了六十四种学习策略，在此分类基础上，SILL
这一策略量表便应运而生了。此量表在大量的实验中被广泛验证，
信度与效度较高。目前，奥克斯福德的学习策略量表在学术界被广
泛认同和采用，已成为二语学习策略研究的标准工具。从上面的两
个分类中我们可以看出，奥克斯福德提出的两大类与奥麦利和查莫
特的三大类有一定的相似之处，其提出的直接策略与奥麦利和查莫
特提出的认知策略基本相同，其间接策略则包括了奥麦利和查莫特
提出的元认知策略和社交/情感策略。这两种分类都有其合理的一
面，但又各有缺点，正如文秋芳所说，"奥麦利和查莫特的分类只意
识到认知的过程需要管理，而忽视了情感过程的管理，对社交/情感
策略重视不够，描述不充分，同时没有涉及学习者的观念。忽视了
观念与行为之间的关系；同时，每大类内的小类按信息处理过程来
划分，很难显示语言学习的特点。如在研究中采用此分类的话，研
究的内容将会不全面，研究的信度将会受到一定的质疑。而奥克斯
福德的两类策略之间没有层级关系，它们都在同一平面上运作。如
果采用该分类的话，我们在研究中将没有侧重点和先后顺序。因此

在具体研究中，我们不应该局限于一家之言，而应集百家之长"①。

3. 科恩的语言学习策略分类框架

科恩在 1998 年根据运用学习策略的目的，将学习策略分为学习语言的策略和运用语言的策略。

（1）学习语言的策略。

这种策略包括识别材料、区分材料、组织材料、反复接触材料和有意识记。

识别材料：识别需要学习的材料。

区分材料：将要学的材料与其他材料区别开来。

组织材料：将语言材料归类，以便学习。

反复接触材料：重复练习语言材料。

有意识记：努力记住语言知识。

（2）运用语言的策略。

这种策略包括检索策略、排练策略、掩盖策略、交际策略等。

检索策略：为从大脑提取语言而采取的措施。

排练策略：为反复练习语言而采取的措施。

掩盖策略：为掩盖自己语言知识不足所采取的措施。

交际策略：为顺利进行交际活动而采取的措施。

此分类看上去比较清楚明了，但对于研究者来说很难判断学习者使用某个策略是为了学习还是运用语言。此外，他列出的策略没有涉及元认知策略。

4. 文秋芳的英语学习策略分类框架

我国学者文秋芳教授的英语学习策略分类框架分成两个大类：管理策略和语言学习策略。管理策略对语言学习策略的使用有制约作用，与语言学习过程的管理有关，涉及明确目标、目标的制定、策略的选择、时间的安排、策略有效性的评估和调整以及情感的控制与调整。后者与语言学习材料发生直接的关系，包括形式操练策略、功能操练策略和母语策略。形式操练策略指学生为学习语言知识所进行的各种学习活动，如有意识地学习外语单词、语法和语音知识，重视传统的精读和精听，注重语言的准确性；功能操练策略指学生为

---

① 宋明珠：《第二语言学习策略研究综述》，《考试周刊》2008 年第 11 期。

获得信息而进行的学习活动，例如听外语广播、看外语电视和报刊以及和外国朋友通信等，强调在大量接触语言中自然吸收新的语言知识。母语策略指学生喜欢通过翻译母语的方法来学习外语。这种分类方法简洁、明了，但有些笼统，对于有的学习策略不易归类。①

三　第二语言学习策略的研究基础

第二语言学习策略不仅仅是语言学习策略研究的一个重要领域，同时也是二语习得研究的一个重要分支，随着二语习得研究从 20 世纪 60 年代末 70 年代初的萌芽，直至研究的逐渐发展深入，关于第二语言学习策略的研究至今已有近 40 年的历史。在此期间，第二语言学习策略的研究方法在借鉴母语研究、教育学研究及其他相关学科的研究方法的基础上不断变化发展。研究者在研究结果的基础上，从理论与实践两个方面不断总结影响语言学习策略使用的因素、归纳善学语言者与不善学语言者使用策略方面的异同，提出针对策略培训所需要的原则和方法，不断推动第二语言学习策略研究的发展。

（一）第二语言学习策略的研究方法

早期策略研究通过访谈、观察了解第二语言学习成功者的学习行为等途径进行，但到 20 世纪 80 年代末 90 年代初，绝大部分策略研究都采用量化研究的方法，如通过问卷调查、实验研究来获取学习者采用的策略，再通过相关分析探究学习策略与双语成绩之间的关系，也有少数研究采用质化研究法，例如口头报告个案研究（又称有声思维个案研究）等。

20 世纪 90 年代末，涌现出一批用质化研究法研究语言学习策略的文章，这些文章采用个案的研究方法，取得了一定的成果，进一步推动了语言学习策略的研究进展，深化了语言学习策略的研究成果，但仍遭到专业学者的质疑。科恩在《学习和运用第二语言的策略》一书中用一章的篇幅列举了收集质化数据的方法，其中包括面谈、书面问卷、观察、口头报告、日记、书面对话、回忆研究和电脑跟踪法。

进入 21 世纪，兴起于认知心理学领域的微变化法被二语习得研

① 许晓华：《语言学习策略研究综述》，《中国科技纵横》2011 年第 2 期。

究借鉴。该方法主要用于探究认知发展的轨迹与机制，重点研究群体或个体发展过程中的变异性。实施该方法的基本要素包括恰当的观察周期、高频度的观察和精细的数据分析。该方法能够从路径、速率、原因、广度和变异性五个不同维度观察到认知观念或行为的变化。① 微变化法通过揭示二语习得的轨迹和机制，关注二语习得的过程而非结果，这种对学习过程的显示也同样揭示了学习者在语言学习过程中所采取的策略及心理的变化过程。相较于其他的研究方法，微变化法更有助于真实地反映语言学习者学习过程中的思维转换、心理历程与策略使用之间的关系，为语言学习策略的研究提供了一个新的思考视角。

但总体来说，目前还没有任何一种研究方法是完美无缺的，只有采用量化研究和质化研究相结合、多种研究方法并用的研究模式才能取得较为理想的语言学习策略的研究成果。

（二）影响语言学习策略使用的因素

语言学习策略的使用受到多种因素的制约，根据这些因素与学习者自身的主客观关系，可以将这些因素分为学习者内部因素和学习者外部因素。内部因素包括：语能、动机、学习风格、个性、母语；外部因素包括：社会环境、家庭环境、学校环境、课堂环境和教学方法。

与上述分类法相似，我国学者文秋芳也将影响策略使用的因素分为环境因素和学习者本体因素两类。环境因素包括学习条件、教学环境、学习任务，学习者本体因素包括智力、语能、意识程度、年龄、性别、情感因素、学习风格、努力程度等。其中，加德纳认为第二语言学习的动机是指：①为学习语言而付出的努力；②学习语言材料的欲望；③对学习语言材料有利的态度。目前，不少研究者都认为第二语言学习动机对学习策略的选择起着关键性作用，波黎姿和麦克歌罗蒂于 1985 年证明了学习动机决定了学习策略的选择，奥克斯福德和尼克斯于 1989 年也曾在一项对美国外语专业大学生的研究中发现，动机是影响学习者学习策略选择的唯一变量。动机强的学生经常选用更多的学习策略，而不同的动机种类也影响学习策略选用的不同

---

① 文秋芳、王立非：《二语习得研究方法 35 年：回顾与思考》，《外国语》2006 年第 4 期。

方面。我国学者研究认为，影响第二语言学习的动机一般分为融合性动机和工具性动机。选择融合性动机的学生往往比选择工具性动机的学生更容易成功地习得第二语言。但实际情况是，两种动机对第二语言习得都是有利的。对学生来说，如果两种动机兼而有之，那么第二语言习得一定会成功。在我国，同时具有融合性动机和工具性动机的学生很少，绝大多数属于工具性动机学生。在改革开放的今天，社会要求第二语言习得者在跨文化交际中加强双向交流与互动，形成"多元化"思维观，明确学习动机，摆脱为分数、为文凭而学的不良倾向，向更高境界转化。①

关于性别对二语学习策略的影响，奥克斯福德、尼克斯、波黎姿等著名语言学家都曾通过调查法研究过。如奥克斯福德和格林分析了波多黎各大学的 374 个学生在 SILL 中使用个别策略时的变化情况，研究发现男女生补偿和情感两类策略使用频率的差异达到了统计显著性，女生使用这两种策略的频率明显高于男生，而在元认知、认知、社会、记忆其他四种策略方面的总体使用频率也高于男生。这可能是解释通常情况下女性在二语学习中比男性有更好的课堂表现的原因，但是由于研究方法的局限性，很多学者对于二语学习策略选择与使用过程中学习者个体性格及文化等潜在变量的控制问题，仍然存在质疑。因此，关于性别对二语学习策略的影响还有待进一步研究证实。②

从中我们可以看出，虽然人的智力、语能难以改变，但是人可以通过各种语言观、语言学习观、语言学习方法的讨论来增强意识（包括对语言知识的明确意识程度和各种认知技巧的意识程度），以便更善于运用各种学习策略。另外，学习者年龄不一样，学习方法和效果就不一样，因此要因材施教，对不同的学习者采用不同的教学方法，提出不同的学习要求。正是因为语言学习受环境因素和学习者自身因素的影响，因此，当前第二语言课程标准、教材选编和教师教学都应注重情感原则、认知原则和文化原则。只有这样才能更有利于语言学习者发挥学习策略的效用，促进第二语言的学习。

---

① 杨增荣：《关于情感因素与二语习得研究的综述》，《考试周刊》2011 年第 88 期。

② 周绵绵：《性别与语言学习策略的关系》，《安徽科技学院学报》2006 年第 2 期。

（三）善学语言者与不善学语言者语言学习策略的区别

作为 20 世纪 70 年代语言学界的代表人物，罗宾于 1975 年运用课堂观察法对各年龄段的优秀语言学习者进行研究，总结出成功二语学习者七个方面的共同点：①善于猜测，即能利用上下文提供的线索推测出语言的意义与交际意图。②具有强烈的交际愿望。③不怕出错。④重视语言形式的学习。⑤善于寻求各种机会不断练习。⑥能注意和善于纠正自己或别人的言语过错。⑦关心语法和言语表面形式的同时，还注意语言意义和内容。

在罗宾的影响下，斯特恩于 1975 年提出了善学者的十大策略，奈曼等人于 1978 年经调查研究对其进行了归纳和修正，列出以下五大策略：①主动规划。积极利用一切学习语言的机会，如在课堂之外寻求语言交流沟通的环境，积极实践。②认识到语言是一个体系，充分利用语言系统的事实，如把新词与词典上的同类词联系起来学习。③认识到语言是交际工具，如更加关注熟练度而非精确度。④管理自己情感的需求，如克服语言交际过程中的羞怯感，直面错误并能够及时改正等。⑤监控二语的行为表现，如通过推理、监控扩展、修正自己的第二语言系统。

罗宾、斯特恩和奈曼的研究开创了对成功语言学习策略研究的先河，为之后学者在相关领域的研究奠定了基础。瑞丝于 1985 年运用问卷调查法等对初、中级的大学成功语言学习者进行调查，结果发现善学语言者在语言学习策略方面的特点为：①监控自己的学习；②学习过程中注重形式；③注重意义。

黄和范纳尔森于 1985 年运用面谈和问卷法对 20 名水平高低不同的中国英语学习者进行研究发现，善学语言者与不善学语言者在形式操练和监控的策略使用上没有重大区别，而在功能性操练的策略上有重大差别。

埃利斯于 1994 年比较成功语言学习者和欠成功语言学习者，总结出成功语言学习者的五个特点：①关注语言形式；②关注交际；③积极主动参与；④意识到学习是一个过程；⑤能在不同场合根据需求灵活使用策略。

文秋芳通过问卷调查的方式调查了 5 所大学 242 名英语专业大二学生语言学习策略的使用情况，研究结果显示：词汇学习策略、抗母语干扰策略与语言学习有一定的相关关系，而学习管理策略与语言水平也有较为密切的关系。在这些策略方面，不同语言水平的学习者表现出较大的差异。

对比善学语言者所使用的学习策略后，学者们总结出了善学者与不善学者存在策略使用方面的七大差异：①善学者关注语言形式，能用参考书或字典获取相关语言知识，对新知识较敏感、较多监控自己的二语行为；②善学者也关注语言意义，能从中猜测意义，想办法表达自己的意思；③善学者学习态度积极，能抓住一切机会学习；④善学者能有效监控自己的二语学习表现，调控策略，评价进步，制订切实可行的计划；⑤善学者在使用补偿策略、元认知策略和记忆策略方面与不善学者有明显的不同；⑥在所有的策略分类中，对于善学者和不善学者来说，补偿策略和学习效率之间有最紧密的关系；⑦善学者善于恰当灵活地运用策略，而不善学者或不懂学习策略，或懂一点却不积极运用，或不知如何恰当使用策略。①

（四）语言学习策略的培训

对于语言学习策略的培训问题，国外学者奥麦利和查莫特、奥克斯福德、文登、科恩等都非常重视，我国学者也提到教师要善于观察学习者的学习策略，为学习提供必要的指导和咨询。近几年，人们逐渐认识到短期的培训不是一个最有效的方法，学习策略的培训应与第二语言教学融合才能达到最佳的效果。

那么如何理解语言学习策略的培训呢？语言学习策略的培训即教授学生明确运用语言学习策略的培训，是"为发展目的语的语言和社会语言能力所做的努力，包括默记、重复等"，换言之，是在课堂上直接讲授语言学习策略的使用。语言学习策略的培训教学在20世纪80年代就已出现，但以小规模和短期实验研究为主，到90年代成为学习策略研究的重点课题之一。

罗宾曾指出，学习者培训的根本宗旨就是将成功学习者的学习策略通过整理教给语言学习不成功者，以提高他们学习的有效性。奥麦利认为，通过教授能力差的学习者成功学习者所使用的策略，能够提高其运用第二语言的技能。他通过对75个学生进行策略培训

---

① 车霄：《善学者和不善学者在英语学习策略使用中的研究》，《科教文汇》2013年第5期。

得出这样的结论，即课堂上综合语言技能训练中的学习策略培训有利于学习。① 文登也呼吁在第二语言学习与教学中开展学习者训练的重要性。② 奥克斯福德强调"策略培训的一般目标是使语言学习更有意义，发扬师生之间的合作精神，使学生在语言学习中学会选择，以及学习中练习那些有助于自立的策略"③。布朗把学习策略训练看作现代教学方法与传统教学方法的重要差异所在。④

1. 语言学习策略的培训模式

代表性的语言学习策略培训模式包括以下三种。

第一种为奥克斯福德根据多年的语言学习策略研究经验提出的一套外语学习策略培训模式，包括七个步骤：①让没有经过策略培训的学习者完成一项语言任务；②组织学习者回忆并讨论自己是如何选择策略以促进语言任务的完成的，对他们提出的有用的策略进行表扬；③向学习者示范其他有用的策略，指导并鼓励他们大胆应用；④为学习者提供充足的时间使其在具体的语言学习任务的情境中练习新的学习策略；⑤给学习者示范新的学习策略是如何解决其他学习问题的；⑥给学习者安排新的学习任务，并使其自主选择适当的学习策略以完成学习任务；⑦指导学习者评估自己使用策略的结果，评定自己在自主学习过程中所取得的进步。

第二种为奥麦利和查莫特于1994年提出的以解决问题为目标的四步骤语言培训模式，包括：①计划。教师给接受培训者制定一项学习任务，并要求学习者自主选择合适的学习策略，设计完成任务的方法。②监控。在完成学习任务的过程中，要求学习者注意自己选择和使用策略的情况，监控自己的学习。③解决问题。要求学习者自主运用策略解决问题。④评估。学习任务完成后，要求学习者回忆并汇报学习任务完成的经过，对他们使用策略解决问题的成效

① O'Malley, J. M. & Chamot, A. U. "Learning Strategy Applications with Students of English as a Second Language," *TESOL Quarterly*, 1985, pp. 557－584.

② A. Weden. "How to be a Successful Language Learner Insights and Prescription from L2 Leaners," In A. Weden & J. Rubin (eds.) *Learner Strategies in Language Learning*, Englewood Cliffs: NJ: Prentice Hall, 1987, pp. 103－117.

③ Oxford, R. L. *Language Learning Strategies what Every Teacher Should Know*, New York: Newbury House, 1990.

④ Brown, H. D. *Breaking the Language Barrier*, Intercultural Press Yarmouth ME, 1991.

进行评估,检验其是否达到预期的成效,最后使学习者考虑如何将学到的学习策略应用到相似的语言学习任务中。

第三种是科恩在《学习和运用第二语言的策略》中提出的外语教学模式五步骤:①教师对可能有效的策略予以描述、示范并举例说明;②基于学生自身的经验,从而引出更多使用策略的例子;③引导全班或小组对策略进行讨论;④鼓励学生使用和练习各种策略;⑤以明确或隐含的方式将策略融进学习任务,为学生提供语境化的策略练习。

2. 对语言学习策略培训的反思

有的学者认为第二语言水平能够像母语学习一样,当水平达到一定高度时会自动迁移。因此,在关于语言学习策略培训的理论与实践相结合的研究中,研究者们也在关注这样的问题:策略培训的成效如何?奥克斯福德在研究中指出,潜在的更多具有说服力的结果随着策略训练中一些相关因素的影响而变得不是那么有效。[①] 第一,由于设计上的极度简化,研究者经常选择那些只集中于完成特殊语言技巧的某些策略,而不是多任务、多技巧的大量训练,这种方法不能提供给学习者足够的策略训练;第二,策略训练并不总是在情景中进行。策略的迁移性是任何策略训练项目的一个重要方面,只有在多任务的条件下有效地使用策略,才能证明他们真正从训练中受益。

科恩引用的针对策略培训的批评意见主要有两种:第一种是由凯利曼针对交际策略提出来的。他认为学习者在处理词汇差问题时不应该被教授补偿策略,因为他们在处理第一语言词汇差时已经具备了这种策略。凯利曼解释说由于缺少第二语言的熟练度,或者课堂上的抑制氛围导致了第二语言运用得不是很有效,所以并不是他们没有掌握策略。[②] 第二种更详细的评论是瑞斯－米勒的观点,她举例强调学习者培训的效果并没有适当地以经验为依据进行评价。瑞斯－米勒引用的研究结论证明这种培训不是有效

① Oxford, R. L. *Language Learning Strategies what Every Teacher Should Know*, New York: Newbury House, 1990.

② Kellyman, E. "Compensatory Strategies in Second Language Research: A Critique, a Revision, and Some (non-) Implications for the Classroom," R. Phillipson et al. (eds.) *Foreign/Second Language Pedagogy Research*, 1991, pp. 42 – 61.

的。[①] 而麦克多诺以霍森费尔德的第二语言阅读训练研究、卡雷尔等人的阅读中元认知策略研究以及科恩的语境中阅读词汇学习策略为例，得出如下结论：策略训练与语言熟练度的提高之间的关联是很微弱的，只在某一程度上有影响。[②] 也有学者从第二语言习得的视角，对学习策略培训的有效性提出自己的观点，认为没有肯定的结果证明策略使用与实际语言行为之间有关系，认为不注意是否在给出的情景下使用合适的策略，而是一味地强调策略使用频率是错误的。

总之，三十多年来语言学习策略研究越来越受到学术界的重视，研究的方法从起初的观察总结到调查研究再到如今的教学实验，从学习策略理论对学生整体语言学习的影响到对学习者某一方面的影响；从学习几个有用的语言学习策略到全方位的策略培训；从单纯的理论研究到为第二语言教学实践，培养"学会学习的"学生等，这都为藏汉双语教学及学习策略研究奠定了坚实的理论基础。

第三节　藏汉双语学习研究的心理学基础

一　语言学基础

由于双语教学的特殊性，其理论基础涉及的范围相当广泛，因此关于双语教学理论基础的探讨还只是开始，目前，主要集中在语言学基础、学习理论以及国外相关的双语教育理论诸方面。从多元理论视角来探讨双语教学尚需进一步开展。

应用语言学是双语教学的基础之一。美国语言学家克拉申在20世纪80年代首先提出了第二语言习得的"监控理论"，该理论包含五种假设：①习得—学得假设。②自然顺序假设。③监控假设。④输入假设。⑤情感过滤假设。迄今为止，克拉申的"监控理论"是第二语言习得领域影响最大、综合性最强，但同时也是最具争议的理论。首先，该理论区分了习得与学习过程，为探讨语言习得和第二语言学习的不同特点奠定了基础，尽管二者不是彼此对立、互

---

① Rees-Miller, J. "A Critical Appraisal of Learner Training Theoretical Bases and Teaching Implication," *Tesol Quartly*, 1993, Vol. 27, pp. 679–689.

② 王柳生、张海燕：《第二语言学习策略可教性研究综述》，《哈尔滨学院学报》2006年第10期。

不相干的，但克拉申却将二者截然分开。其次，该理论指出了语言输入的可理解性，并强调应提供略高于学习者目前水平的语言输入，这对二语学习具有重要的指导意义，但不足之处在于该理论将语言输入视为语言习得的唯一途径，过于片面。最后，重视学习者情感因素对第二语言学习的影响，为进一步探讨第二语言学习的动力因素打下了基础，但该理论却没有对语用规则如何习得、何时习得进行解释。

另外，罗德·埃利斯的第二语言习得理论对习得者在习得第二语言的过程中的主观努力、双语教师的专业素养与教学水平之间的关系进行了解释和说明。前述伯纳德·斯波尔斯基的第二语言习得框架结构表明，语言能力的获得不仅与社会语言环境等外界因素有关，而且与双语教师的工作态度、学生的学习态度等有密切的关系，此外还与个体的学习动机、个性特征、个体的学习机会等各种因素息息相关。

影响第二语言学习效果的因素是多方面的，除了语言环境、教学模式、母语和目标语等客观因素影响，还有学习者的学习动机、兴趣等主观因素的影响。近年来，语言认知领域备受关注，许多学者试图论证双语与认知发展的关系。

二 心理学基础

建构主义学习理论，是双语教学的教育心理学基础。建构主义学习理论主要包括知识观、学习观与师生观等。其中，学习观是建构主义学习理论的核心，认为知识不是对现实的纯粹客观的反映，而是人们对客观世界的一种诠释或假设。在建构主义的教学模式下，培训者和双语教师分别由双语教学知识的传播者、灌输者和外界刺激的被动接受者，转变成为教学过程的组织者、指导者、意义建构的帮助者和知识意义的主动建构者。[①] 双语教育遵循建构主义教育思想，充分依据学生应用母语认识事物的能力和经验展开。学生在学习、应用母语的同时，以第二语言或外语为媒介进行第二语言学习，以实现对各学科知识的获得，并在视、听、读、

---

① 李彦丽、李春超：《建构主义理论对双语教师培训的启示》，《长春师范学院学报》2007 年第 5 期。

写、思、行的认知过程中，潜移默化地拓宽学习教学目标语的渠道及应用实践的空间。这种学用融合、用学互动的教学方法，改变了传统教学的"有意识学习语言，却无助于语言提高，甚至妨碍语言习得"的状况，为提升双语能力奠定坚实的理论基础。指导双语教学的建构主义理论的要点是：情境建构观、"学"为中心观、"教""学"互动观和融入习得观。①

三　语言心理学基础

我们生活的世界是一个多民族、多语言的世界，使用两种以上语言进行交际的现象极为普遍。在双语或多语社区中，交往中的人们在两种或两种以上语言间进行转换也就成了非常普遍的社会语言现象。

课堂是师生双方在互相交往中共同建构知识、传承文化的交际场域，课堂话语是实现课堂交往的语言载体和话语机制。在双语情境下，课堂上不同语言的使用、理解、交流、转换等就是课堂话语得以实现和延续的重要手段，也是教师课堂话语的显著特点。藏汉双语教学就是我国西部五省区藏族学校使用藏汉两种语言实施的教学，是我国西部五省区藏族学生接受教育的主要形式。而藏汉双语就是藏族学生学习知识、发展能力的语言媒介，由此，藏汉双语的习得与语言的运用都涉及语言心理学的理论领域。从语言心理学视角探讨藏汉双语教与学的基础是十分必要的，从语言心理学视角研究双语教与学的基础问题，主要是从双语关系、双语习得、双语态度三个方面去寻求理论依据。

（一）双语关系视角

人类的语言非常复杂，语言在交往过程中形成了各种各样的语言关系。语言学对语言关系的研究也很丰富，涉及的概念、范畴很广，其中与双语有关的主要有：母语、第一语言、第二语言、双语、共同语、族际语等。

概略地说，母语就是一个民族自身的语言，又称本族语。如汉语为汉族的母语，藏语为藏族的母语，等等。在西方，单一语言的

---

①　顾赤：《建构主义与双语教学》，《中美英语教学》2007 年第 8 期。

民族对母语往往从逻辑上这样理解："如果我们只能有一个母亲，那我们只能有一种母语。"① 这就隐含着一个判断标准，即如果不是同一母语，那么肯定不是同一民族。这样把语言作为区分民族的一个绝对尺度，显然是不周全的。

我国在民族的识别上，以马克思主义的民族观为指导，把语言作为民族识别的重要依据之一，而非唯一尺度，认为母语是民族特征的一个重要标志，也是民族成员社会化、民族化过程中必须具备的条件之一。因为是从不同的文化背景、社会背景出发，所以西方国家对母语概念的理解与我国有所不同。西方国家对母语的定义都不适合多语社会的实际情况，因为每种定义都有推崇一种语言的倾向，这里没有一种定义考虑要同时掌握并巩固两种语言。如果再研究一下那些把母语解释为"最熟悉的"或"比较经常使用的"语言的国家中的应用情况，我们会注意到，实际上"如何应用"这一术语几乎毫无准确性可言。我国把母语定义为"一个民族的本族语"就是针对我国多民族的国情和各少数民族的实际情况而言的。在此基础上，当一个人从小就不在自己的本族语言环境中长大时，就不一定或不甚懂自己的母语（母语的丢失），却懂得其成长环境中的他族语。这时，他族语成为他的第一语言。在很大程度上，母语是民族成员的第一语言，如有语言的民族聚居区中的民族语言，也有一些特殊情况使母语与第一语言分离。我们把母语以外的语言统称为第二语言。所以，最基本的双语理解是母语与第二语言，如果丧失或丢失了母语，则第一语言与第二语言构成了其双语。如散居在汉族地区的一些藏族成员，他们不懂也不用藏语而常用汉语，其双语常常和汉族成员一样为汉语与外语。可见，我国的双语主要是指民族自身的母语与第二语言（汉语）的双语。在民族语言里同一民族共同使用的语言可称为共同语，第二语言（汉语）则可称为族际语。以上对母语、第一语言、第二语言、双语、共同语、族际语的理解是建立在我国的实际情况基础上的，是符合科学的认识规律的。特别要强调的是理解母语与第二语言的关系，即双语关系，是从语言心理学角度研究双语教学的一个前提。我国少数民族各自的母语，

---

① 王鉴、李介：《双语教学的心理语言学研讨》，《少数民族教育研究论集》，2000，第 201～206 页。

相当于多元文化教育背景下"多数人中的少数民族语言",它是从语言学意义上判断一个民族是否少数民族的标准。而汉语在我国各民族语言中的地位相当于操不同语言的人之间进行相互交流的一种媒介语言——联系语言。二者的关系十分密切,从语言学的角度可做如下理解。

第一,少数民族的母语是多数人中的少数民族语言。从世界范围看,几乎每一个主权国家,不论原则上实行多语言或单一语言制度,都会面临有关少数民族及其语言与教育方面的政策问题。

第二,汉语是一种通用的联系语言。由于汉语的特殊地位和作用,它成为各少数民族相互交往时共同使用的一种族际语,也是我国的普通话。其作用与影响正在逐步扩大,汉语不仅在广大民族成员的日常生活中被广泛使用,而且在学校教育的课程中与民族语言同时出现,双语教学就不可避免地应运而生了。

第三,在民族聚居区,只懂民族语文不懂汉语文的人仍占多数或大多数,但在民族杂居区,懂汉语文的人越来越多,这种现象十分正常。我们今后坚持双语教学的任务就是提倡民族语文与汉语文的兼懂兼通。民族语文工作者的当务之急是:全面展开民族语和汉语的对比研究;总结民族语和汉语相互对译的经验,将之提升到理论的高度;编写适应不同需要的相互对译的手册、带解释的优秀译作的示范文典、实用方便的对比语法以及双向对照的词汇和词典。①

(二)双语习得视角

双语的习得是指我国少数民族儿童对母语的习得与对汉语的习得。在该界定之下,双语教学则专指民族语文与汉语文的学习及教学语文的选择。儿童习得语言的能力是奇妙的,无论多么抽象复杂的语言,无论文化背景、语言环境如何,每一个儿童都能容易、迅速地掌握。与儿童相比,绝大多数成年人学习语言则要经过一个漫长的甚至是艰难的过程,而且学习十几年后,有些人仍未能达到流利的水平。从语言习得的结果来看,儿童习得语言一定能达到与母语完全一致的水平,而绝大多数成人学习语言在未达到与目的语相一致的程度时便会停滞不前,用塞林克的话说即"语言僵化了"。后

---

① 喻世长:《走民族语和汉语兼懂兼通的路,促进少数民族语言的稳步发展》,《民族语文》1994 年第 2 期。

来，布朗、杜雷和伯尔特、贝利等人也对儿童与成人两种语言的习得进行了对比研究。① 大多数儿童达到入学年龄之后，进入某学校的某班级，此时他们所讲的语言都是他周围环境中人讲的语言，对民族儿童来说，当然是其民族自身的母语。儿童母语的习得是儿童习得其他语言和进行文化学习的基础，语言心理学的理论对此有较深入的研究。传统的语言心理学的代表人物乔姆斯基认为，在人类所有的语言的深层结构中都存在一种共同的句法规则和语言规律。这些抽象、复杂的语言规则为所有的人类的语言所共有，故为普遍语法。普遍语法存在于人们的头脑中。儿童依靠普遍语法，毫不费力地学会了母语。普遍语法又是通过人类习得语言的特殊能力而发生效益的。这样，由于语言习得的特殊组织和普遍语法的作用，儿童能够顺利地从他们所听到的有限的语言素材中总结、归纳出抽象、复杂的语法规则，他们之所以能够迅速地掌握某一具体的语言是因为他们在很大程度上凭借了普遍语法。学习第二语言时，儿童头脑中的普遍语法是否仍起作用？如果起作用，作用的方式又是如何呢？目前这些问题还没有得到一致、明确的答案，各家争论颇为激烈。现代的语言心理学者在传统的语言心理学理论的基础上，提出了许多新的理论。伦内伯格从人脑生物学的研究出发，认为人的思维机能是有所分工的。左半脑控制语言创造力，如句法结构和逻辑思维，右半脑负责非语言创造力的思维活动，如音乐、美术及欣赏能力、视觉能力和空间思维想象力。伦内伯格认为，如果左脑在青春期，即12岁以后受到损害，便会严重地影响语言能力的发展，特别是写作能力和句法结构的组织能力。在12岁以前，由于脑神经分工还未完成，左右脑分工的思维功能是灵活机动的，所以，在12岁以前左脑受到损害，语言机能则自然地从左脑转移到右脑。基于此，伦内伯格提出了12岁左右为掌握语言的临界期。在此以前，儿童能够毫不费力地学习语言，在此以后，语言学习就变得困难多了。② 罗森斯基则从认知心理学的角度去解释语言的习得，认为儿童的语言习得与一般的认知能力有密切的关系。儿童首先对他周围存在的事物和

---

① 温晓虹：《习得第一语言和第二语言的比较》，《课程·教材·教法》1992年第11期。

② Clark L. Hull. *Principles of Behavior*, New York：Appleton-Century-Crofts，1973，p.7.

事物之间的关系逐步地进行归类、理解、概括，同时，儿童通过认知能力对他所接触的语言素材进行语义分类，总结出语法规则。因此，语言的习得建立在认知发展的基础上，在儿童对周围的世界有所认识的基础上进行。语言能力不是天生的，而是随着幼儿生理、智力、心理的发展、成熟而出现、发展的。语言是通过认知技能对语言素材进行分类、分析、归纳、推理而习得的。[①] 柯伦认为成人学习语言时，会不自觉地有一种心理上的障碍。这是因为人们在学习第一语言时，往往会建立一种以自己的母语为中心的语言习惯。随着母语的流利与完善，每个人的母语习惯也变得越来越巩固。成年人在学习一种与母语截然不同的语言时，他们的母语习惯往往会潜意识地抵制这一语言。而儿童在学习第二语言时，母语的语言习惯还没有完全养成，所以在学习动机、心理、情绪等方面不存在障碍问题。

麦克那梅尔比较了儿童与成人学习语言的环境，提出学习环境和学员所接受的语言素材的不同是造成儿童与成人语言习得不同的一个重要原因。语言心理学领域里关于双语习得的讨论仍在进行，讨论十分注重对第一语言和第二语言、儿童和成人习得语言的相同点和差异问题。从中我们不难为双语教学寻找如下依据。

第一，儿童习得母语和第二语言的心理过程是双语教学最基础的心理依据。儿童在入学前已基本掌握了母语，入学后的一个主要任务在于对民族文字的学习，并使语言与文字相互协调发展。而第二语言的学习在入学以后才开始，在学习第二语言、文字时，儿童的心理过程与他学习母语时有明显的不同，即不同的语言基础、不同的语言习惯、不同的动机，还有不同的语言环境与语言素材。在实施双语教学前和实施过程中都要充分考虑这些因素。

第二，关于引入第二语言学习的最佳时期。目前关于双语教学中何时引入第二语言的学习才是最佳的问题，在理论上的看法和实践中的做法都很不一致。在理论方面，首先是对这一问题的研究明显不足，缺乏科学的实验研究，使这一问题缺乏科学的依据；在实践方面，各地的做法也大相径庭。有的从一年级起，两种语言同时

---

① Edwin R. Guthrie. *The Psychology of Learning*, New York: Harper and Row, 1975, p. 23.

并进；有的从三年级以后加开汉语课程；有的先学汉语，四年级以后再学本族语；有的根本就不开汉语或本族语课程。五花八门的双语教学模式所依据的并不是学生语言能力的发展水平和两种语言本身的特点，而是依据学生家长的要求、学校条件、师资情况、学生的兴趣甚至某些教育行政部门领导的偏好。

第三，对语言心理学理论的继承与发展。语言心理学的一些研究成果可直接借鉴到双语教学的领域中来。如通过儿童与成人语言习得方面的差异研究可以发现，儿童确实在语言习得上有特殊的能力，因此，从小学入学开始学习第二语言的做法是可行的，也是有一定科学依据的；又如儿童学习第二语言时的动机、心理、情绪与学习第一语言时有着明显的不同，因此，在小学阶段加强母语的学习也是有一定的道理的。

第四，凡是有语言文字的少数民族应该提倡学习本族语言，应在基本上掌握了本族语言文字的基础上再学习汉语。语言心理学的成果表明，儿童对语言的学习与语言的习得不同，它也需以已有的知识经验为基础，在原有的认知结构基础之上，经过积极主动的同化和顺应逐渐地掌握新的语言系统。儿童熟练的母语则是认知结构中同化新语言的最好工具，尤其是在学习第二语言的初期，从母语到第二语言有一个心译过程，熟练的母语是从心译到直接利用第二语言思维的最好工具。两种语言之间尽管也存在干扰，但从许多语言心理学研究和双语教学的经验来看，互相促进的作用大于互相干扰的作用。[1]

（三）双语态度视角

双语态度是指在双语环境和双语接触中，双语人对某种语言的价值评价及行为倾向，它包含认识、情感和意向三种成分。认识成分是对某种语言的认识和理解以及积极的赞成或消极的反对；情感成分是指对语言的感情，如喜欢或厌恶、尊重或轻视等；意向成分则是对该语言的行为倾向或选择。双语态度中的语言价值评价不同于语言自身的价值，也不同于对语言的科学认识。双语教学的现实运行和政策指导，必然伴随语言使用者和他人对语言的态度与评价。因此，语言心理学可以提供给我们一个新的视角。

---

① 万明钢、童长江：《论跨文化心理学研究与民族教育理论》，《少数民族教育研究论集》，2000，第10～16页。

　　对双语态度的研究比对双语其他方面的研究要少，最基本的研究包括两个方面，一是对双语行为的态度研究，二是单语人对双语以及双语人各方面的态度研究。在许多情境中人们常常用怀疑的、消极的态度来看待双语，双语社会中的成员也常常会感受到单语人对他们的这种消极态度。例如，双语人的家庭常常不鼓励他们的孩子使用与社会大多数人不一样的家庭语言。在西方，关于语言态度的实证研究比较多。著名社会语言学家兰伯特进行了一项"匹配伪装实验"来研究双语人的口语评价。研究的对象或材料是法语－英语双语者。结果表明，以法语为母语的判断者，对讲英语者赞美的评价多于对讲法语者的评价。他由此认为，双语人的态度评价不是对某种语言本身的评价，而是对讲某种语言的人的特征的评价。使用某种语言的人被纳入了某个社会群体，人们往往根据这个语言群体的社会地位来评价群体中的个体。①

　　语言成了社会认同的一种符号。在多语言的社会中，使用某种语言的社会群体权利上的差别，反映在语言的多样性和对语言多样性的态度上，"语言态度的研究之所以重要，因为它是反映群体间相互关系的一条重要线索，在表现和决定这种关系中扮演重要角色"②。社会语言学家艾姆达于1986年研究了约鲁巴语（西部非洲的一种语言）、英语双语人对混合的约鲁巴语、英语口语的态度，他的研究显示了人们对讲纯粹的约鲁巴语和英语的人给予了较高的评价，而对混杂使用两种语言的人给予了消极的评价。在英国政府的支持下，艾姆达于1986年还对英国社会中讲旁遮普语、英语的双语人的语言态度进行了大规模的调查。结果表明，在多文化、多语言的社会中，双语人大都是少数民族或亚文化群体的成员，语言的态度问题涉及双语人对母语与传统文化关系的认识，语言与文化认同等方面的问题。几乎所有的双语人都认为语言与文化有着密切的联系，没有语言，就不能保持文化。许多人都举出了美国黑人的例子，认为他们因失去了自己的母语而失去了对

①　王鉴、李介：《双语教学的语言心理学研讨》，《少数民族双语教育论集》，2000，第201～206页。
②　万明钢：《双语态度及其研究策略》，《少数民族双语教育论集》，2000，第223～227页。

自己文化的认同。也有人认为如果不讲母语，就意味着抛弃了自己的文化，也就不能把自己的文化传递给下一代，他们必将变为西方化的人。总之，西方双语态度的研究成果表明，双语人对自己母语的态度是积极的，对双语的态度也是积极的，前者是为了保存并传递自己民族的文化，后者是为了克服民族中的封闭思想。双语人普遍认为，母语在民族文化中占有重要的地位，应得到保护和发展。我国有关双语态度的研究分散在民族语言学、语言心理学和民族教育理论研究等领域。研究者通过问卷调查法和田野工作法对我国一些民族地区双语人的语言态度问题进行了研究，认为双语人的语言态度集中反映在他们对自己所操的两种语言的态度上，即对待母语的态度和对待第二语言的态度。主要表现有：情感成分起主要作用的维护母语的态度；认识成分起主要作用的放弃母语的态度；认识成分与情感成分同时起作用的对待第二语言的态度，即如果第二语言的社会功能大于母语的社会功能，那么母语团体成员一般对第二语言抱肯定态度。与此同时，大多数人仍然忠实于自己的母语，对母语也持肯定态度，这便是对双语的一种积极、肯定态度。万明钢、王鉴于 1995 年 9 月对藏、汉双语人的态度问题进行了较大规模的问卷调查，取样对象为藏汉双语环境下的成年人（教师、学生家长）132 人，学生 156 人，调查范围涉及家庭、学校、社会的各个方面，才让措也曾对青海黄南、海南、海北、果洛等地区的 104 名藏族教师（包括 17 名小学校长，7 名高中校长，40 名小学教师和 29 名中学教师）进行了"青海高原藏族教师双语态度的调查分析"。[①] 两项研究内容均主要包括对母语的积极与消极态度、对汉语的积极与消极态度、对双语的学习态度、交往环境中的语言选择、对语言在民族特征中的地位认识、课外阅读中两种语文的选择等。前者的结论表明：藏汉双语人对藏语、汉语、双语教学基本都持积极的态度，而且对双语教学的态度方面的积极性更为明显。见表 3 - 3。[②]

[①] 才让措：《青海高原藏族教师双语态度的调查分析》，《青海师范大学学报》2002 年第 3 期。

[②] 万明钢、王鉴：《藏族双语人双语态度的调查研究》，《心理学报》1997 年第 3 期。

表 3 – 3　藏汉双语人语言态度问题调查统计

调查对象	人数	态度的内容及其选择											
		藏语态度		汉语态度		交往中的语言选择			双语态度		民族特征认识		
		积极	消极	积极	消极	藏语	汉语	双语	积极	消极	宗教	语言	服饰
学生	156	6	1	2	1	4	0	1	3	2	23	126	7
教师、学生家长	132	5	2	2	1	3	1	1	4	1	11	106	15

注：表中的数值为平均值。①

　　后者的结果表明：藏族教师对母语的态度是集认识、责任、情感于一体的一种肯定态度；藏族双语教师对汉语持积极肯定的理性态度；藏族双语教师对双语教学持积极肯定的态度，但对目前双语教学现状并不满意，他们认为加大教师队伍建设的力度是关键，因为双语师资的质量影响了双语学习和藏族基础教育的发展，要改善双语教学的效果，必须搞好双语师资队伍的建设和藏汉双语课程的建构。②

　　上述研究均表明，第一，双语态度是双语人对两种语言及关系的价值评价。主要倾向为维护母语、发展双语。因而双语教学要从母语开始，逐步向双语教育过渡，处理好双语与双文的关系、双语文课程的关系以及主要教学语文和辅助教学语文的关系等方面的问题。③ 第二，双语态度既是我们制定双语政策的重要依据，又是现实中双语教学运行的基础之一。第三，个体间双语态度的差异是受各种社会因素综合作用的结果。主要包括：社会发展的差异、文化背景、人口数量、年龄、性别、职业、团体的聚合与松散、文化程度、居住环境等。因此，语言态度是一种复杂的语言心理现象，我们只有从语言学、心理学、社会学、民族学等各个方面对人们的语言态度进行更加深入的研究，才能更好地落实党的民族语文政策，制定语言规划，发展双语教学，促进各民族的繁荣发展。第四，双语教学虽然受双语人语言态度的影响，但双语教学不能被语言态度左右。

---

① 王鉴、李介：《双语教学的语言心理学研讨》，《西北师大学报》1996 年第 5 期。
② 才让措：《青海高原藏族教师双语态度的调查分析》，《青海师范大学学报》2002年第 3 期。
③ 王鉴、李介：《双语教学的语言心理学研讨》，《西北师大学报》1996 年第 5 期。

因为双语教学中要注重科学的原理和方法，而双语人的语言态度中尽管有对语言的价值认识，但并非语言自身的价值认识，而且语言态度中情感的成分、意向成分与科学的原理、方法并不一致，在有的情况下甚至是违背科学发展规律的。①

---

① 王鉴、李介：《双语教学的语言心理学研讨》，《西北师大学报》1996 年第 5 期。

第四章　藏族学生生理和心理发展特点

教育的发展必须与学生身心发展特点相适应，这是一条基本的教育规律。从教育生态学的观点看，学生的生理与心理环境，受教育者内在的生态环境的制约。由此，了解和研究藏族学生身心发展特点，对于提高教育教学质量意义重大。

第一节　藏族学生生理发展的主要特点

一　研究藏族学生身心发展特点的重要意义

藏族儿童与其他各族儿童一样，无论在生理上或心理上，儿童时期都是一个迅速成长的时期。他们从出生起，在社会生活条件和教育条件的影响下，经过儿童时期的成长，到青年时期以后，出现了令人惊异的质的变化：从一个柔弱、不识不知的个体，发展成为一个具有一定思想观点、知识经验和劳动能力的、独立的社会成员。

针对藏族儿童，我们应怎样来理解和说明这个发展过程的实质呢？它的根本原因是什么呢？其中有没有客观规律存在？如果有，支配这个发展过程的基本规律是什么？这是摆在民族教育者面前的一个新课题。

教育肩负着历史的重任，要想高质量地完成这一使命，作为民族地区教育工作者，必须懂得教育规律，懂得儿童身心发展的规律。研究和探索有效的藏汉双语教学模式，离不开研究和探索藏族学生的身心发展规律。

二　藏族学生生长发育的共同性及特殊性

我国于1985年和1991年对29个省、自治区、直辖市的7～22岁包括藏族学生在内的17个少数民族的学生以及7～18岁的中小学生进行了检测，结果表明，藏族学生与汉族及其他少数民族学生一样，其身高、体重、胸围、肩宽、骨盆宽等各项指标的均值均随年龄增长而增加，虽各项指标的均值年间增长的速度和幅度与各民族并不完全一致，但是增长的趋势极为相似，表现出了相似的年龄发展特点，其增长的速度和幅度与汉族及其他各民族学生具有共性。[①]但由于藏族学生的生理遗传素质不同，生存的生态环境不同以及社会生活条件、文化传统、受教育程度不同，其在生长发育过程中，也具有各自的特殊性，表现出与其他民族、地区的差别。

（一）身体形态发育的年龄特点

与汉族及其他民族学生相比，藏族学生在身体形态发育上表现出以下特点。

（1）有一个匀速增长阶段：藏族学生在各项形态指标的年增长速度及各年间发展的总体趋势方面与其他民族学生极为相近，增长幅度的年差范围较小；男生均为7～11岁，女生均为7～9岁，表现出匀速增长的趋势。

（2）有一个快速增长阶段：在个体生长发育的全过程中，有一个生长发展速度最快、增长幅度最大的重要时期。在这一阶段，藏族学生各项形态指标的增长值与其他民族学生同样具有较大幅度的增长，且呈现突增的趋势。但在身高突增的高峰年龄方面，男生为14岁（汉族男生为12岁），女生为12岁（汉族女生为10～12岁），普遍较汉族学生晚。

（3）有一个缓慢增长阶段：这个阶段各项形态指标先后呈现增长速度减慢、年增长值减少的缓慢增长的趋势。藏族学生和其他民族学生表现出了较高的一致性，男生为14～18岁的5年或15～18岁的4年，女生为13～18岁的6年。

（4）有一个稳定增长阶段：在这一阶段，男生身高年增长值维持在0.5～2厘米，体重年增长值维持在1～3千克的水平上，女生则略低于这一水平。

（二）身体形态发育的性别特点

藏族学生的身体形态发育，在年龄上有与其他民族相同的阶段

---

① 郭福昌：《中国少数民族教育重大理论问题研究》，云南人民出版社，1997。

性生长特点和规律，但也存在发育早晚和增长速度快慢的性别差异。从 6 项身体形态指标的增长阶段，特别是快速（突增）阶段的开始年龄来看，藏族女生的发育早于男生，表现出与其他民族共同的性别差异；只是突增的时间女生比男生早 3 年（汉族、回族、蒙古族女生比男生早 2 年）。

从突增的高峰年龄来看，女生的突增高峰年龄一般都处于突增期的结束阶段，而男生的突增高峰年龄都处于突增期的开始或中期阶段。据调研资料显示，藏族学生突增高峰年龄均比内地其他地区晚。[①] 研究表明，藏族学生与其他民族学生共同的发展规律不仅表现为具有同样的"女早男晚，男生后来居上"的性别特点，而且男女学生形态发育也表现出两次交叉，但藏族学生第一次交叉是在 9～11 岁年龄段（整体 8～12 岁年龄段），第二次交叉是在 15～16 岁年龄段（整体 13～16 岁年龄段），发育相对较晚。据西藏自治区学生体质与健康调研组的调查，藏族学生生长发育水平偏低，青春期较晚。通过对 7～17 岁藏族学生 20 多年有关资料的分析，笔者发现，藏族学生"历年的身高、体重、坐高的均值均低于平原或较低海拔地区"[②]。"从资料看，藏族男女生各年龄组的体重、青春期之前的身高、坐高及青春发育期间的胸围均值均明显落后于同期全国城乡的水平。青春期后的身高、坐高仍低于内地城市均值，但接近并逐渐超过全国乡村同龄男女生的水平。"[③]

（三）身体机能发育的年龄和性别特点

（1）脉搏。其频率随年龄的增长而下降。1991 年检测的数据显示，藏族男生 11～12 岁、女生 14 岁时脉搏频率下降幅度最大，每分钟降低幅度超过 2 次。从性别差异看，男生脉搏下降幅度较大，但到 18 岁时，女生的脉搏高于男生。

（2）血压（收缩压）。其增长均值随年龄的增长而逐年升高。藏族女生在 12 岁前低于男生，13～16 岁高于男生，17 岁后男生又高于女生。增长的年龄和性别趋势与其他民族一致，性别比较的结果呈现前高、中低、后高的"马鞍形"特点。收缩压年增长值的高峰年

---

① 吴德刚：《西藏教育研究》，高等教育出版社，2009，第 208 页。

② 吴德刚：《西藏教育研究》，高等教育出版社，2009，第 208 页。

③ 吴德刚：《西藏教育研究》，高等教育出版社，2009，第 208 页。

龄，藏族男生在 14～15 岁，女生在 13～14 岁；收缩压增幅的高峰年龄女生早于男生 2～3 年，具有与其他民族共同的年龄和性别特征。

（3）肺活量。学生肺活量的年龄均值随年龄的增长而增加，平均年增值男生高于女生，不同年龄组肺活量的增值也是男生高于女生；男生突增的高峰年龄出现在 12～14 岁，女生突增的高峰年龄出现在 10～12 岁，且女生的突增年龄早于男生 1～2 年。总之，在肺活量上，藏族学生也具有与其他民族学生一致的年龄和性别特征。

（四）身体素质发育的共同性别和年龄特征

1985 年的检测结果表明，在 50 米跑、立定跳远、立位体前屈和 50 米 ×8 往返跑四项素质指标中，男生的均值随年龄增长而增加，7～15 岁增加较快，女生 7～12 岁提高较快；四项指标的性别比较显示，除立位体前屈一项女生优于男生外，其他三项指标在 13 岁前性别差距较小，13 岁后差距明加大，男生优于女生，差异非常显著。

（五）性成熟的年龄和性别特征

据 1991 年检测结果，藏族女生性成熟的年龄早于男生 1～2 年，这一特征与其他民族学生的发展具有一致性。在男生首次遗精和女生月经初潮的检测中，抽查藏族男生 791 人，结果显示，男生首次遗精的平均年龄为 14.68 岁（早于汉族男生）；抽查女生共 994 人，结果显示，女生月经初潮的平均年龄为 13.73 岁（晚于汉族女生 13.63 岁的结果）。据 1980 年战文慧等人的调查，拉萨藏族女生月经初潮年龄为 14.71 岁，1985 年用概率单位回归法计算藏族女生半数月经初潮年龄为 13.63 岁，和内地同期资料相比明显推迟。[①] 这表明，藏族少年儿童生长发育水平低于内地平原或较低海拔地区，青春期较晚。

但据西藏地区 20 多年有关资料的分析，与身高、体重不同，藏族学生的胸围与全国同期合并数据相比，除 12～16 岁男生和 11～13 岁女生以外大多都超过全国平均值。1982 年刘俊仁等人的调查表明，高原藏族儿童胸围/身高比值大，胸廓形态显得丰满。因此，藏族学生具有身材细长、胸廓丰满、腿相对长于躯干的体型特征。[②]

---

① 吴德刚：《西藏教育研究》，高等教育出版社，2009，第 208 页。
② 吴德刚：《西藏教育研究》，高等教育出版社，2009，第 209 页。

三　影响藏族学生生长发育的因素

造成藏族学生与汉族及其他民族学生之间生长发育水平差异的原因是极为复杂的。

（一）高原低氧影响藏族学生生长发育

藏族是长期居住在高海拔地区的最大人群，其生长发育必然受高原缺氧这一因素的影响。国际生物学计划的高山人类适应研究指出："3000 米以上的高山环境，对人类生理的影响主要是低气压减少了空气中的潜氧压，血红蛋白减少了氧的携带量，组织内氧压降低，造成缺氧，还有其他对人有影响的高山因素，如寒冷、空气湿度降低和强的紫外线，但是缺氧最为重要。"[1] 王宏运等人的研究表明，在高原居住时间越长，营养缺乏越严重。营养供给不足，加之缺氧状态机体营养代谢紊乱，致使人体体质下降、肌消瘦、营养缺乏等，进而导致机体免疫力下降，患病率增高。[2] 李建华对高原地区的骨龄进行研究的结果表明，因受到高寒、低压、缺氧和生活条件的影响，高原青少年骨龄发育迟于平原地区。[3] 杨青敏在青海高原 9个不同海拔高度地区及西安、北京、大连等地的研究表明：随海拔高度增加，低出生体重儿的出生率增加；青海高原不同海拔高度地区新生儿平均出生体重低于平原地区，青海高原不同海拔高度地区新生儿平均出生体重间有显著性差异；海拔高度与新生儿平均出生体重之间呈直线负相关，大气压力与新生儿平均出生体重之间有明显的直线正相关；高原吸氧组孕妇所产新生儿平均出生体重明显高于非吸氧组。[4] 对西藏那曲地区（海拔 4447 米）中小学生体格发育调查结果显示，那曲藏族中小学生男女各年龄组形态指标平均数既低于全国九市城区（1975 年），也低于拉萨藏区（1982 年），这也符合高原地区人群体格发育低于低海拔地区，且海拔越高差距越人

---

① 吴德刚：《西藏教育研究》，高等教育出版社，2009，第 210 页。

② 王宏运等：《高原低氧环境对人体生长发育和营养状况的影响》，《西北国防医学杂志》2008 年第 4 期。

③ 李建华：《高原青少年上肢骨骨龄与生长的相关性研究》，《青海医学院学报》2002 年第 3 期。

④ 杨青敏：《高原地区缺氧及孕妇吸氧对新生儿出生体重影响的研究》，《中华护理杂志》1999 年第 10 期。

的规律。①

（二）营养不良或结构不合理影响藏族学生生长发育

微量元素是人体保持健康所不可或缺的重要元素，对于正处于生长发育阶段的儿童来说更加重要。微量元素对儿童的骨骼发育、智力发育、细胞免疫、新陈代谢等各个方面都发挥着非常重要的作用。饮食搭配不当及儿童的不良饮食习惯所导致的微量元素缺乏、不足、摄入过量都会不同程度地影响儿童的生长健康。②

中国预防医学科学院营养与食品卫生研究所的常素英指出：生长期的儿童对营养缺乏尤为敏感，发展中国家约 1/3 的儿童因能量和营养素摄入不足而导致智力和体格发育受到不良影响。儿童的能量和营养素摄入不足的重要原因是食物缺乏。不恰当的食物摄入是儿童能量和营养素摄入不足的一个重要决定因素。对营养不良的儿童，首先应保证足够的能量摄入，以增加儿童的体重。蛋白质的摄入是决定身高增长的一个重要因素，蛋白质缺乏而能量充足的膳食会导致皮褶厚度增加、体重增加，但是儿童的身高不增长。而同时补充能量和蛋白质，儿童的身高则增长明显，因此补充能量和蛋白质，对儿童的生长发育很重要，同时应注意其他营养素的平衡摄入。体内缺乏任何一种必需营养素，都会影响儿童的正常生长发育。③ 党少农、谢红等人于 2002～2003 年对青海地区 1920 户家庭、西藏地区 1655 对母子进行儿童营养状况的分析表明，儿童营养状况可通过其生长发育来反映，由于营养不良，儿童的身高和体重均低于其年龄段应该达到的标准。青海农村 3 岁以下儿童中，存在较严重的营养问题。④ 西藏地区 3 岁以下儿童整体营养状况较差，以身长减低为突出表现，这是长期的慢性营养不良。生长迟缓、低体重和消瘦的总患病率分别为 39.0%、23.7%、5.6%，农村高于城市，牧区高于农区。海拔是影响该地区儿童体格发育的重要因素，对生长的影响

---

① 吴德刚：《西藏教育研究》，高等教育出版社，2009，第 211 页。
② 格桑曲珍、白玛康卓：《浅谈微量元素对儿童生长健康的影响》，《西藏大学学报》2008 年第 2 期。
③ 常素英：《儿童生长发育的影响因素及分析方法》，《国外医学》（卫生学分册）1997 年第 1 期。
④ 谢红等：《青海省贫困县农村 3 岁以下儿童营养状况分析》，《中国儿童保健杂志》2003 年第 6 期。

尤为明显。西藏地区 3 岁以下儿童的整体营养状况差，中重度营养不良的患病率高。[①] 可见，营养是儿童青少年正常发育的必要保证，在高原地区这一因素尤为重要。

（三）体育锻炼影响藏族学生生长发育

体育运动可以促进身体的发育和体质的增强。本书所涉及的对象主要是中小学生，他们参加体育锻炼的机会主要由学校提供。而青藏牧区由于历史等因素，经济和文化水平相对滞后，学校对体育运动的改革及创新不足；中小学校体育师资、运动场地和运动器材严重不足；体育活动的形式单一，放任自流现象严重；学生自觉锻炼的意识不强，加之课业负担较重，挤占体育课现象时有发生；等等。从某种意义上讲，这也是影响藏族学生生长发育的因素之一。

除此之外，社会经济的发展是影响儿童生长发育的直接因素；喂养和母亲的照料是儿童生长发育水平提高的关键因素，其可以加速也可以抵消经济发展的积极作用[②]；膳食的干预是进一步促进藏族儿童身高发育的要素；同时，母亲文化程度的提高和家庭环境的改善，也是儿童营养同步改善的重要因素。

第二节　藏族学生心理发展的主要特点

教育因为人而存在，人的需要才是教育的基本内容，教育的核心问题归根结底是把人培养成什么样的人。生命不仅是全面的、和谐的，而且是自主的、自由的。马克思自由自觉活动的类本质思想，柏格森（H. Bergson）的生命冲动思想，兰德曼的人为文化创造者的思想，都彰显着人之为人的生命灵动。教育只有关注生命的完整，凸显生命的灵动，张扬社会人的个性，才能称其为灵动生命的教育。而灵动藏族学生生命的教育，其首要特征就是要求给予者高度尊重藏族学生，遵循他们身心发展的基本规律。

---

① 党少农等：《西藏地区 3 岁以下儿童营养状况分析》，《中国公共卫生》2002 年第 7 期。

② 陈春明等：《中国儿童营养状况 15 年变化分析——中国儿童生长发育主要影响因素的变化》，《卫生研究》2006 年第 6 期。

一　藏族学生心理发展研究概况

对于藏族学生的心理特点的研究，主要是从王骧业等人于1979年在青海藏族牧区进行的"8～11岁藏汉儿童数学概念稳定性和灵活性的对比研究"和张嘉玮于1980年在西藏地区进行的"藏族和汉族儿童类比推理过程中思维发展特点的比较"研究开始的，这些研究开创了藏族儿童心理研究的新纪元。此后所进行的一系列研究，如王骧业"青海高原9岁与11岁多民族儿童记忆的比较研究"，陆士杰"青海高原9－15岁多民族儿童发散思维的比较研究"，李洪元"青海高原多民族儿童数列概念和数的组成能力的比较研究"，陆士杰、李洪元"5－11岁藏汉学生长度概念的稳定性研究"，王骧业"青海高原各民族儿童概念组合分类的比较研究""青海高原各族儿童人格特征的比较研究"，洪建中"8－12岁汉、藏儿童类概念发展的实验研究"，刘重庆"青海高原9～15岁民族儿童类比推理和逻辑推理的比较研究"，陆士杰"青海高原9～15岁多民族儿童发散思维的比较研究"，万明钢等人"双语教学模式与藏族学生智力、学业成绩关系研究"，邢强等人"藏族儿童智力发展水平的文化生态学研究"，才让措"同仁地区9岁、11岁藏汉儿童记忆特点初探""青海牧区藏族儿童语言与思维能力的发展研究"等为藏族儿童心理研究积累了宝贵的经验。

二　藏族学生认知发展特点

认知是人们获得知识或应用知识的过程，或信息加工的过程。是人认识外界事物，对作用于人的感觉器官的外界事物进行信息加工的过程。这是人最基本的心理过程，与知识、智力等人类在自然界中生存的问题相关，人类能够征服和改造自然、认知大千世界的千变万化，这都与人的感觉、知觉、记忆和思维分不开。人脑接受外界输入的信息，经过头脑的加工处理，转换成内在的心理活动，再进而支配人的行为，这个过程就是信息加工的过程，也就是认知过程。人们可以对宇宙、人生、社会进行思考，可以将过去、现在、未来纳入自己的精神世界，这些都依靠人们灵活的认知系统，人类也由此成了"万物之灵"。

（一）藏族学生感知、观察发展特点

我国心理学工作者对藏族学生的认知发展研究主要是从记忆、思维、语言等的比较研究中展开的。许多教育工作者的研究结果表明，藏族学生在感知、观察等方面表现出与其他民族学生共同的特点。

在教师指导下，随着年龄的不断增长，知识经验的不断丰富，藏族学生知觉的有意性、目的性明显发展，能集中精力完成学习或劳动任务；知觉的选择性逐步提高，能从对象中快速分出需要感知的东西；知觉的精确性也有了明显的发展，能够对周围事物、所学习的字词、所见到的图形等细节内容进行精确感知，辨别出它们之间的细微差别。洪建中对青海牧区 8～12 岁藏族儿童的研究表明，藏族儿童在图片观察上表现出了对图片观察分类成绩随年龄增长而不断发展的趋势。①

（二）藏族学生记忆发展特点

记忆是重要的心理机能，也是学习的基本要素。如果离开记忆，就谈不上经验，就不可能有心理发展。作为一种基本的心理过程，记忆和其他心理活动密切联系。在知觉中，人过去的经验有重要的作用，但如果没有记忆的参与，人就不能分辨和确认周围的事物，而且在解决复杂问题时，由记忆提供的知识经验起着更大的作用。

在藏族学生的心理发展中，记忆同样有着重要的作用。我们要发展藏族儿童各种动作机能，如行走、奔跑及各种劳动能力，就必须保存动作的经验；要发展藏族儿童的语言及思维能力，也必须保存词和概念等，没有记忆，藏族学生也就没有经验的积累，更谈不上心理的发展。

另外，个人某种能力的出现，一种习惯的养成，一种良好的行为方式和人格特征的培养，都是以记忆活动为前提的。记忆联结人的心理活动的过去和现在，是人们学习、工作和生活的基本机能。藏族学生只有凭借记忆，才能获得知识和技能，不断增长自己的才干。那么，藏族学生的记忆表现出怎样的特点？又该如何针对他们的特点因材施教呢？藏族学生的记忆特点可概括为以下几方面。

---

① 洪建中：《8－12 岁汉、藏儿童类概念发展的实验研究》，载王骧业、程庆麟主编《青海民族儿童心理发展研究》，青海人民出版社，1991，第 209 页。

1. 藏族学生记忆发展

从记忆的发展而言，藏族儿童进入学校后，他们把学习当作一种有目的的任务，并使自己的记忆服从于这个任务。因此，他们的有意记忆逐渐超过无意记忆，而且，记忆的各项能力均呈现随年龄增长而不断发展的趋势，见表4-1。

表4-1　青海藏族学生记忆测查成绩统计①

组别	年龄	人数	记忆速度	图片回忆	记忆广度			联想记忆			总成绩
					顺背	倒背	合计	有意义	无意义	合计	
藏族牧区A(黄南地区)	9	20	1.57±0.73	6.75±3.61	5.00	3.20	8.20±1.11	10.00	3.75	12.75±6.97	29.00±7.97
	11	20	2.55±0.70	10.75±3.59	5.05	3.55	8.50±1.14	13.45	6.85	20.35±5.74	41.50±7.83
藏族牧区B(海北地区)	9	20	1.90±0.87	8.00±3.20	4.10	2.70	6.80±1.24	4.65	2.95	7.70±5.34	24.45±8.99
	11	20	3.01±0.92	10.85±3.40	4.65	3.30	7.95±1.39	7.05	3.85	11.10±4.23	32.91±6.72

表4-1的结果表明，藏族学生在记忆速度、图片回忆、记忆广度、联想记忆等方面都表现出不同的年龄特征。

在记忆速度上，两个地区藏族学生的成绩均随年龄增长呈上升趋势；均分比较结果表明，黄南地区9岁组为1.57，11岁组为2.55，海北地区9岁组为1.90，11岁组为3.01，两组学生11岁组记忆速度发展较快。图片回忆两个组成绩均显示11岁组优于9岁组；联想记忆，无论有意义联想或无意义联想均表现出与上述相同的趋势；而记忆广度的发展虽然顺背成绩优于倒背成绩，但年龄差异不明显，两个年龄组基本平衡。这种特点在两个地区的测查中都可以看到，在同一地区汉族学生的测查中也可以看到。由此可见，记忆广度（顺背和倒背）水平在学生心理发展中具有与记忆速度、联想记忆等不同的发展趋势，但在短期内（1~2年）的发展趋势并不明显。

---

① 才让措、贺海顺：《青海同仁：门源地区9岁与11岁藏汉儿童记忆发展研究》，载王襄业、程庆麟主编《青海民族儿童心理发展研究》，青海人民出版社，1991，第97~110页。

2. 藏族学生记忆的年级比较

从记忆的年级比较而言，在记忆速度方面，藏族学生 2 年级到 3 年级发展平稳，从 3 年级到 5 年级发展速度加快，表现出低年级慢、高年级快的特点。与同一地区汉族学生低年级快、高年级慢的结果相反。

在图片回忆方面，藏族学生成绩显现出两个跳跃阶段，即 3 年级和 5 年级，成绩提高的幅度特别大，但在 3~4 年级阶段，成绩曲线呈平稳状；与同一地区汉族学生相比，从 3~4 年级开始形成了藏族高、汉族低的剪刀差趋势。这表明，藏族学生由于生活特点所致，对生动、具体事物的形象记忆能力优于汉族学生。

在联想记忆方面，藏族学生的成绩随年级逐步上升，并在 3 年级和 5 年级表现出两个跳跃的发展阶段，但在联想记忆总成绩方面，汉族学生优于藏族学生。

联想记忆是用 12 对有意义联系和无意义联系的语词为自变量进行测验的，由于藏汉语词所涵盖意义的差异，如"动物"一词，汉族学生在言语交际及书面语使用中表达的意义固定，使用频率高；而藏族学生在使用时还要根据所说明动物的特点进行具体分类，如"家畜""野生动物"等，在"野生动物"中又要分为"（食肉）动物"和"（食草）动物"等，笼统使用"动物"（藏语）概念时，藏族小学生头脑中的表象特别抽象。可见，不同民族的语言涵盖的范围不同，学生在把握和了解时需经历一定的过程。比如，对于汉族儿童而言，掌握"动物"概念要早于"野生动物"概念，而藏族儿童掌握"野生动物"概念却要早于"动物"概念。由此，按照某一文化习俗去解读不同文化类属群体的心理特点，可能会出现不同的结果。所以，这一结果也带给我们这样的启示：跨文化研究，尤其是以语词作为自变量进行心理规律的探究性研究中，不仅要关注、发现不同文化背景下人们心理发展的特点，更要关注研究思路及研究方法的跨文化特点。否则，我们付诸努力而获得的"成果"将是违背规律的。如在使用联想记忆研究的自变量时，要将汉语语词（工具）翻译为藏语语词（工具），而且进行文化习俗或文化适应的考察及变通，如前述藏汉族学生对"动物"概念的学习及把握时间的差异，在一个更为广阔的空间进行更为严谨的选择，这样研究的

105

结果才更具说服力。

3. 藏族学生记忆方式

从记忆方式而言，在我们测验的两个地区均表现出藏族学生较少受到识记方法方面的教育训练，结果见表 4 - 2。

表 4 - 2　藏族学生记忆方式统计①

地区	年龄（岁）	分类及部分分类	无规则乱记	横向顺序	纵向顺序
藏族牧区 A	9	3	10	7	0
	0	10	3	14	3
藏族牧区 B	9	6	4	10	0
	10	0	8	12	0

由表 4 - 2 可见，藏族学生运用分类识记或部分分类识记的人数都非常有限，而盲目、机械、无规则乱记的人数较多。比较而言，无规则乱记的藏族学生多于汉族学生，分类及部分分类识记的藏族学生少于汉族学生。可见，在记忆方法的科学性、灵活性方面，藏族学生表现出依赖性、盲目性、易受暗示性的特点。

4. 藏族学生记忆总体发展

从记忆的总成绩而言，两个地区均表现出明显的年龄差异，即 9 岁阶段起点很低，低于当地汉族学生，到 11 岁上升幅度加快，这种趋势甚至超过了当地汉族 11 岁儿童的水平。原因如下，与藏族学生入学前的准备不足有关，牧区藏族学生基本没有接受早期教育的条件，家长不具备对孩子进行学前教育的理念及知识，孩子上学之前除自由玩耍外，基本没有学习的任务，家庭及周围环境又不能提供丰富的环境及条件刺激，影响了藏族学生包括记忆在内的各种能力的发展。但是，进入学校之后，在教育教学影响下，到 11 岁阶段，藏族学生记忆迅速发展。由此可见，藏族学生心理的发展与教育教学的影响是分不开的。而且，目前，对于藏族教育而言，与其改变家庭及周围环境，倒不如改善办学条件、提高教育教学质量、注重藏族学前教育到高等教育的体系化建设更为现实，只有如此，才能

————————

① 王襄业、程庆麟主编《青海民族儿童心理发展研究》，青海人民出版社，1991，第 95 ~ 110 页。

在真正意义上促进藏族学生的心理发展。

（三）藏族学生思维发展特点

小学时期是学生思维发展的一个重大转折时期。藏族学生，从进入小学起，就开始进行正规的学习，系统地掌握人类关于自然和社会的知识经验，自觉地服从和执行集体的行为规范。在学习过程中，藏族学生的有意性和抽象概括性也随之获得发展。

新的学习活动、集体活动等对藏族小学生提出了新的要求，从而引起他们思维的发展，这和学生已达到的原有心理结构、思维水平之间产生矛盾，成为藏族小学生思维发展的动力。在教育影响下，这些矛盾的不断产生和解决，就推动他们的思维不断向前发展。

1. 藏族学生数列概念发展特点

数列概念是数学概念的重要组成部分之一。学生要掌握数列概念，不但要懂得每个数的结构，而且要懂得整个系列的结构以及每个数在一系列数中的位置及其与相邻数的关系。而对数正确地分解和组合是形成数列概念的重要标志。研究者通过上述两个方面来研究藏族学生数列概念发展的特点，结果如下。

（1）藏族9~13岁学生在数列概念和数的分解、组合能力上表现出迅速发展的特点，然而，13岁以后，略呈下降趋势。[1]

（2）在掌握数列概念和数的分解、组合能力的发展速度上，藏族学生起点很低，均分为1.6，但11岁时均分为5.7，13岁时达8.10，发展速度呈直线上升的趋势，这表明，9~13岁是藏族学生数列概念和数的分解、组合能力发展的加速期，特别是13岁是藏族学生数列概念及数的组合能力发展的一个关键转折年龄。[2]

（3）藏族学生数学概念稳定性和灵活性的发展是随年龄增长和知识经验的积累而逐步提高的。比较而言，发展的速度存在差异，8~9岁藏族学生成绩高于汉族学生，之后，发展速度缓慢，到10~11岁，成绩低于汉族学生。同样，陆上杰对5~10岁藏族学生长度概念的稳定性研究的结果表明，前期藏族学生与汉族学生无显著差

---

[1] 王骧业、程庆麟主编《青海民族儿童心理发展研究》，青海人民出版社，1991，第148页。

[2] 李洪元：《青海高原多民族儿童数列概念和数的组成能力的比较研究》，载王骧业、程庆麟主编《青海民族儿童心理发展研究》，青海人民出版社，1991，第152页。

异，但到 10～11 岁后，藏族学生成绩明显落后于汉族学生，而且，同样表现出发展速度前快后慢的趋势，尤其到了高年级、高年龄段成绩呈下降趋势。

（4）藏族学生数学概念稳定性和灵活性的发展是在直接认知和间接认知的相互作用中实现的。藏族学生在掌握数学概念"守恒"的过程中，表现出四种不同水平的思维操作特点：第一，通过单纯数数和动作还原达到"守恒"水平，处于这一水平的学生要通过设计的操作才能达到概念的"守恒"。如要通过实际的点数或将弄弯了的一根保险丝重新弄直进行比较以后，才能确定是否"一样多"或"一样长"。第二，通过形象推理达到"守恒"水平，处于这一水平的学生通过语言唤起具体表象，在表象联想的基础上，做出判断。第三，通过直接推理达到"守恒"水平，处于这一水平的学生在运用语言直接肯定"本来一样多"或"本来一样长"等前提的基础上，几乎不经过中间环节，直接做出判断，这种推理虽有抽象的成分，但更多的是直接联想，是由形象思维到抽象思维的一种过渡。第四，通过运算推理达到"守恒"水平，处于这一水平的学生已经形成可逆性的运演思维，达到了抽象逻辑思维的水平；但比较而言，处在第四个水平的学生人数有限，只占 16.25%。[①]

（5）藏族学生数学概念稳定性和灵活性的发展顺序为数量、面积、长度、体积，汉族学生为数量、面积、体积、长度，藏汉学生在后两项成绩排列的顺序上有所差别。

2. 藏族学生分类能力发展特点

分类能力是人类的一种基本认知能力，分类活动几乎渗透到人的所有认知活动之中。分类能力是对已有概念进行系统化时不可缺少的能力，是根据对象间的共同点和差异点，将对象区分为不同种类的能力。分类是以比较为基础的，通过比较识别出事物之间的共同点和差异点，然后根据共同点将事物归结为较大的类，根据差异点将事物划分为较小的类，从而将事物区分为具有一定从属关系的不同等级的系统。研究者在对藏族学生进行分类能力的研究时采用图形、卡片材料作为变量，对颜色、图形、数量三个变量进行组合分类，根据

---

① 王骧业、程庆麟主编《青海民族儿童心理发展研究》，青海人民出版社，1991。

词所反映的事物属性和词汇之间内在的逻辑意义考察藏族学生的分类能力。

（1）在11岁组以前，藏族学生图形概念组合分类能力优于语词概念组合分类能力，具体表现在两个方面：第一，图形概念组合分类成绩高于语词概念组合分类。第二，图形概念组合分类能力的形成和发展较早；9岁组的成绩大大高于语词概念的分类成绩，到11岁组以后，其发展趋于平缓和渐进。

（2）语词概念组合分类能力发展较晚，9岁组的起点很低，但随着年龄增长和受教育程度的加深，在13～15岁为加速发展期；而且13岁组以后，语词概念和图形概念的组合分类能力差距就逐步缩小。发展的总趋势表现出由具体形象概念分类能力占优势向抽象逻辑概念分类能力占优势过渡。

洪建中对8～12岁藏汉儿童进行类概念发展研究的结果表明，藏族8～12岁学生类概念的发展过程是从一维分类到二维分类，从事物的外部特征到功用特征再达到概念水平；从使用多标准到使用准确的标准；从不能进行组合分析的再分类到一次、多次的组合分析的再分类。由此，藏族学生类概念的发展经历了从简单到复杂、从具体到抽象、从恪守某一原则到形成灵活系统的基本过程，具体表现在：藏族学生在对熟悉物的图片分类中，主要是以颜色和功能作为分类的依据，而且，说不出分类依据的人也较多。根据洪建中的研究，在分类材料中倾向于"功能/概念"组合的选择人数为：8岁占55%，10岁占50%，12岁占90%，由此，在总趋势中，年龄发展的特征不明显。

在以颜色等为依据的分类中，藏族学生的"功能/概念"组合成绩最好，分别为：8岁33.33%，10岁45%，12岁66.67%，平均48.33%，比较而言，优于同地区汉族学生的成绩，而且表现出明显的年龄特征。

藏族学生的分类活动经历了一个从感知特征到功用，再到概念的发展过程，但概念的成绩非常低，这表明，类概念发展的抽象水平较差。

3. 藏族学生推理能力发展特点

思维是认知心理活动的核心问题，类比推理和逻辑推理是思维发展的标志之一。我国心理学工作者对汉族儿童类比推理和逻辑推理的发展曾进行过一些研究，但总的来说，对学生思维推理能力发展研究的资料有限，对跨文化的思维研究，特别是对藏族学生思维研究发展的资料更为少见。这可能是由于对藏族学生类比推理和逻辑推理的研究具有极大的局限性。我们对刘重庆的研究数据的分析发现，不同的语言变量是藏族学生类比推理和逻辑推理差异的主要因素，见表 4-3。

表 4-3　藏族学生藏汉双语测验结果比较①

语言变量	思维推理	9 岁（20 人）	11 岁（20 人）	13 岁（20 人）	15 岁（20 人）
汉语	类比推理	6.9 ± 2.71	5.0 ± 3.08	7.4 ± 3.95	6.2 ± 2.59
藏语		6.1 ± 2.79	6.9 ± 2.63	8.3 ± 4.12	8.5 ± 4.1
汉语	逻辑推理	4.0 ± 2.25	3.0 ± 1.78	6.8 ± 3.21	5.6 ± 2.70
藏语		3.9 ± 2.10	3.7 ± 2.27	8.4 ± 5.05	9 ± 6.14

由表 4-3 可见，如果采用汉语为变量，两组成绩均表现出 11 岁组低于 9 岁组，15 岁组低于 13 岁组的趋势；但采用藏语为变量，测验的结果是除 11 岁组的逻辑推理外，均随年级的增长而呈逐渐发展的趋势。与汉族学生相比，藏族学生成绩较低，我们可以从藏族学生心理发展的规律进行实际、客观的测量并分析。由此可见，语言因素对学生的思维推理能力具有重要影响，思维离不开语言，语言影响思维。同时，带给我们的启示依然是研究思路和研究方法的多元化是进行民族学生心理特点研究的重中之重。

4. 藏族学生发散思维能力发展特点

发散思维又称求异思维，是指从一个目标出发，沿着各种不同的途径、方向去探求多种答案的思维形式。发散思维是大脑在思维时呈现的一种扩散状态的思维模式，它表现为思维视野广阔，思维呈现多维发散状，与聚合思维相对。发散思维最早是由美国心理学家吉尔福特提出的。按他的看法，发散思维是创造性思维的最主要的特点，是测定创造力的主要标志之一。一般认为测量发散思维的

---

① 刘重庆：《青海高原 9~15 岁民族儿童类比推理和逻辑推理的比较研究》，载王骧业、程庆麟主编《青海民族儿童心理发展研究》，青海人民出版社，1991，第 230 页。

指标主要有 3 个：①流畅性，指在尽可能短的时间内生成并表达出尽可能多的思维观念以及较快地适应、消化新的概念。反映的是发散思维的速度和数量特征。②变通性，指克服人们头脑中某种自己设置的僵化的思维框架，按照某一新的方向来思索问题的过程。需要借助横向类比、跨域转化、触类旁通，使发散思维沿着不同的方面和方向扩散，表现出极其丰富的多样性和多面性。③独创性，指人们在发散思维中做出不同寻常的异于他人的新奇反应的能力。独创性是发散思维的最高目标。藏族学生发散思维表现出如下特点：①对藏族学生采用藏汉双语测验的结果表明，以藏语为变量的各年龄组成绩均明显高于以汉语为变量的测查成绩；②发散思维水平呈现明显的年龄特点，即 9 岁组成绩高于 11 岁组，13 岁组成绩高于 15 岁组，这种"低年龄段高和高年龄段低"的状况在藏族学生心理能力发展中多有表现，究竟是什么原因导致的，有待进一步研究；③发散思维能力在整个小学阶段发展显弱。

第三节　藏族学生人格与心理健康发展特点

一　藏族学生人格发展特点

（一）人格特征的概念及意义

"人格"一词在生活中有多种含义。有道德上的人格，它指一个人的品德和操守；有法律意义上的人格，它指享有法律地位的人；有文学意义上的人格，它指人物心理的独特性和典型性。在心理学领域，由于心理学家各自的研究取向不同，对人格的看法也有很大差异。我们认为，人格是构成一个人的思想、情感及行为的特有统合模式，这个独特模式包含了一个人区别于他人的、稳定而统一的心理品质。

人格也称个性，是人的特点的一种组织或是与社会行为有关的心理特质的总和。较多的心理学家认为，人格是个性心理特征的统一，这些特征决定人的外显行为和内隐行为，并使其与他人的行为有稳定的差异。

人总是会自觉或不自觉地评价他人或自己的人格特点，如内向、外向，沉稳、冲动，热情、冷漠等。心理学家对人格的测量是从个体差异的评定开始的。很多人格测验以特质论作为理论基础，强调测量行为深层次下的心理特质。所谓特质，就是个人独特的相对稳定的心理结构，它决定个人与环境相互作用的特殊的行为方式和思维方式，是通过外在行为表现出来的。

人格测验分为投射性测验和客观性测验。客观性测验通常是用精心编制的一系列问题调查表，让被试者按照一定的要求选择符合实际情况的答案。对于测验的结果一般可以参照常模做出解释。艾森克人格问卷（EPQ）为广泛使用的人格问卷之一。其各量表的具体含义为：E 分（内外向）高表示人格外向，往往好交际、健谈，渴望寻求刺激和冒险，回答问题不假思索，乐观，好动。分数低则表示人格内向，表现安静，不喜过多交往，富于内省，不喜欢刺激、冒险，偏保守，情绪比较稳定。N 分（内外向）高表现为情绪不稳定，常表现出高焦虑、忧心忡忡，易激动，对各种刺激反应强烈，易感情用事。与此相反，分数低的人，情绪反应缓慢且轻微，容易平静，善于自控，稳重，性情温和，不易焦虑。P 分为精神质，并非指精神病，它在所有人身上都存在，只是程度不同而已。具有突出精神质的人性情孤僻，对他人不关心，缺乏同情心，常表现出攻击性。如果是儿童，则表现为古怪、孤僻，对同伴和动物缺乏同情心，不关心人等。L 分（掩饰分），测定被试者的掩饰、假托或自身隐蔽性，或者测定其社会性朴实幼稚的水平。L 分与其他量表的功能有联系，但它本身代表一种稳定的人格功能。

艾森克人格问卷已在许多国家被广泛应用，获得了较确定的信度和效度。中国心理学家龚耀先和陈仲庚先后修订了艾森克人格问卷的中文版。

（二）藏族小学生人格特征的发展趋势

王骧业等人采用艾森克人格问卷（EPQ）对青海藏族学生人格特征研究的结果显示：藏族学生 E 分低，内向情绪稳定性人格占优势；性别比较结果为，男生 P 分高于女生，女生 L 分和 N 分高于男生，但均无显著的差异；与艾森克常模相比，女生 N 分低于艾森克常模，男生 L 分和 P 分均高于艾森克常模，而 E 分低于艾森克常模。人格类型分布的特点表明，藏族男生中，居第 1 位的是内向、情绪平衡型，占 35%，第 2 位是中间型，占 27.5%，第 3 位是内向、情绪稳定型，占10％；女生中居第1位的是内向、情绪平衡型和内外向平衡、情绪不稳定型，占20％，第2位是中间型，占17.5％。可见，藏族男生中内向和情绪稳定的占大多数，女生具有内向和情绪稳定的倾向。从人格类型分布的曲线图来看，藏族学生趋于偏态分布，而且偏于右侧。[①]

（三）藏族中学生人格发展特点

对青海藏族高中生人格特征的研究显示，藏族高中生的人格特征倾向于外向、热情、乐群、直率，有敢作敢为的精神，处事老练与缺乏自信共存，较易激动、焦虑。将藏族学生的人格特征与同地区汉族学生进行比较的结果表明：藏汉族学生的人格特征与地区经济教育文化条件之间具有一定的相关性，如在海东地区（农业区），经济文化教育条件相对较好，藏汉族学生的人格特征基本趋于一致；在海南地区（农牧结合区），经济文化教育条件较为滞后，藏汉族学生受本民族文化的影响较多，由此，藏汉族学生的差异性大于共同性；而在果洛地区（牧业区），相对于前两者，经济文化教育条件更为滞后，而且藏族占全州总人口的88.06％，在文化相互渗透的环境中，藏汉族学生又主要受藏族文化的影响较大，由此，两个民族学生的人格特征又表现出共同性大于差异性的特点。可见，同是藏族学生，由于地域、文化环境、生活及生产方式等的不同，其人格特征也表现出不同的特点，可以肯定，在共同的文化背景和特定的社会历史条件下，学生能够形成稳定的、习惯化了的行为方式。

二　藏族学生心理健康发展特点

随着社会的不断发展与进步，人们已越来越清晰地认识到心理健康在人们正常学习、工作和生活中的重要意义。藏族中学生身心发展正处于从不成熟向成熟的过渡时期，他们的身心发展很容易受环境因素的影响，可塑性很强。

青藏高原平均海拔在3000米以上，有着独特的自然环境，生态条件差，缺氧和高寒现象严重，经济、文化和教育条件相对滞后。

---

① 王骧业、程庆麟主编《青海民族儿童心理发展研究》，青海人民出版社，1991，第346页。

在这一特殊环境下成长的藏族中学生，在日益增长的社会心理压力的作用下，必然会遇到各种困难和挫折，他们的心理会出现这样或那样的问题。

（一）藏族中学生心理健康总体水平

张建华等对南通西藏民族中学生进行研究的结果显示，有10.83%的藏族中学生存在一定程度的心理问题，且心理问题集中于强迫症状、人际关系、敌对、抑郁、焦虑等方面，反映了青春期中学生心理问题的共性。青春期是青少年生理发育和心理发展急剧变化的时期，易出现心理卫生问题，如抑郁、退缩、焦虑、强迫等。比较而言，藏族中学生各因子分普遍高于汉族学生，其中初中组在人际关系、抑郁、精神病性、躯体化、焦虑、恐怖因子中的差异显著，高中组在躯体化、敌对、精神病性、抑郁、焦虑、恐怖因子中的差异显著。[①]

就生活事件中各因子应激强度的绝对值来看，藏族学生中学习压力、人际关系、受惩罚因子最为突出，其中初中组藏族学生的各因子分值均显著高于汉族学生，而在高中组，仅在学习压力、健康适应、丧失因子分值方面高于汉族学生，其他3个因子分值则无显著差异。可见，随着年级的不断增长，藏汉族学生的压力源越来越趋于一致。

随着年龄的增长，藏族中学生各因子分逐渐增加，高年级学生比低年级学生在强迫症状、人际关系敏感、敌对、抑郁、焦虑因子上的得分显著增加。

总之，藏族中学生在 SCL－90 各因子分 ≥ 3 检出率总体为3.33%～9.58%，陈仁军的研究表明，检出率排前四位的依次为强迫、人际关系敏感、抑郁、偏执；贾晓波研究认为，藏族中学生的心理问题集中表现在学习适应和交往适应方面；初中 1～2 年级是藏族中学生心理问题最为突出且集中的时期，这一现象与他们不够成熟以及适应能力较低有关，这在他们面对生活环境发生重大变化而自己还来不及做出有效调整的最初一段时间表现明显。由此应将初中阶段作为开展心理健康教育的重点学段加以安排，其中应特别注

---

① 张建华等：《藏汉族中学生心理健康调查的对照研究》，《中国行为医学科学》2005 年第 5 期。

意加强入学后的适应教育。[1]

（二）藏族中学生心理健康发展的性别比较

藏族中学生在 SCL－90 各因子分 ≥3 检出率方面女生均高于男生。检出率排前四位的依次为强迫、人际关系敏感、抑郁、偏执；其中，男生为人际关系敏感、偏执、其他、强迫，女生为抑郁、强迫、人际关系敏感、敌对。[2] 从统计结果看，藏族中学生心理问题的性别差异在总体上未达到显著水平，在各分项上也只有考试焦虑和情绪问题两项达到了极其显著水平，其他各项均未见明显差异。

对于有明显症状的项目分析表明，在一些具体问题上，男、女学生的反应存在明显的差别，在多数问题上女生比率高于男生，比如因考试焦虑影响正常发挥的，男生为 45.67%，女生为 54.70%；在情绪问题上，有明显抑郁症状的，男生为 11.40%，女生为 37.60%；在自我观念方面，常常感到自卑的，男生为 12.28%，女生为 19.66%；认为自己脑子笨，怎么努力也不行的，男生为 14.92%，女生为 23.92%。而存在问题的比率男生明显高于女生，比如在学习问题上，认为学习是一件令人厌烦的事，男生为 46.49%，女生为 36.75%；上课管不住自己总有小动作的，男生为 31.58%，女生为 17.94%；在师生关系上，有时因为不喜欢某个老师而不愿上课的，男生为 15.79%，女生为 8.55%。[3] 可见，藏族中学生心理问题的产生原因及其表现形式存在一定的性别差异。

在关注学生藏汉双语能力发展方面，首先应关注学生的心理健康教育问题，其中，针对不同性别学生采用不同策略的教育更为重要。

（三）藏族学生心理健康与自我意识的发展

林崇光的研究表明，藏族男生及女生自我意识水平较低，其中藏族男生的焦虑因子分和幸福与满足因子分明显低于汉族男生，这说明藏族男生对自己的情绪评价较差，更容易出现焦虑、抑郁、愤怒等不良情绪；藏族女生的躯体外貌因子分及智力、学校情况因子

---

[1] 贾晓波等：《231 名藏族中学生心理健康状况的调查研究》，《民族教育研究》2000 年第 1 期。

[2] 陈仁军：《青藏高原汉藏回族中学生心理健康比较研究》，载何波主编《民族教育专论》，甘肃文化出版社，2005，第 244～261 页。

[3] 贾晓波等：《231 名藏族中学生心理健康状况的调查研究》，《民族教育研究》2000 年第 1 期。

分与汉族女生相比明显低下，这表明藏族女生对自己的外貌不满意或对自己的外貌要求较高，她们同时认为自己不如别人聪明等，自我评价过低，这与她们在学习上有许多困难或学习负担过重有关。

藏族学生的发展是教学的根本指向。学生发展的内涵是不断变化的，它随着时代、社会以及人发展的需要而发生改变。随着研究的不断深入、拓展，知识与学生发展的外在关联的观念已发生变化，当下，我们从存在论（生存论）的角度来研究、探讨知识、真理的问题，发现知识不再只是人的认识问题，而且是人的存在问题。知识融于人的存在过程，确证人的存在，在不同的层面上改变人的存在，促进人的生成。这就是知识与学生发展的更深层次的内在关联。为了促进并实现学生的发展，必须遵循藏族学生的身心发展规律。

第五章 青海藏汉双语教学发展状况

第一节 青海藏汉双语教学发展状况

青海牧区地处青藏高原腹地,是除西藏以外全国最大的藏族聚居区。青海藏区同其他藏区在历史、文化、经济、社会等方面有许多相似之处,共同的地域、共同的民族、共同的语言、共同的宗教信仰,使其形成了一个密不可分的特殊经济文化圈。因此,以青海牧区为背景,分析双语教学的现状及发展趋势,对于提高藏汉双语教学策略的有效性具有指导意义。

自新中国成立以来,青海省的双语教学发展大致经历了起步(20世纪50年代至60年代)、反复("文化大革命"期间)、恢复发展(80年代至90年代)和逐步规范(2000年以后)四个阶段。新中国成立后,在党的政策指引和各级政府的支持下,青海双语教学先后在藏族聚居区的小学和六州民族师范学校实施,从20世纪50年代开始国家陆续编写了一批藏文教材、培养了一批藏语文教师,为双语教学的发展奠定了基础。自党的十一届三中全会以来,曾在"文化大革命"中被各种错误思潮干扰和冲击的双语教学工作重新得到重视。1979年8月青海省教育厅《关于加强少数民族地区医学教学的意见》和1981年1月青海省委、省政府《关于加强民族教育工作的意见》都明确规定在以少数民族学生为主的学校实行双语教学,并制定了双语教学的基本原则,为全省民族中小学双语教学提供了政策依据和指导方针,使双语教学在青海民族地区得到恢复和发展。

为了研究和探索科学的双语教学模式,加快双语教学发展,自20世纪90年代以来,广大民族教育理论工作者针对双语教学中遇到的问题进行了多方位、多角度、多层次的调查研究，认真总结历史经验，深入分析现状，广泛听取意见，研究政策，制定措施，在部分地区进行了双语教学基本模式和强化汉语的教学实验，不断改进、加强青海双语教学工作。在此基础上，2003年研究制定了《青海省教育厅关于加强和改进民族中小学双语教学工作的指导意见》，对规范双语教学的基本模式、双语教师队伍建设、教材选用、双语教学与升学考试制度的衔接、双语教学督导评估等提出了明确要求；特别强调了在民族中小学积极开展汉语教学、强化汉语训练、帮助学生过好语言关。与此同时，在利用视听教材进行汉语教学，推行汉语水平等级考试，双语教学与中考、高考制度的衔接等方面进行了积极的探索和尝试，不断加强对双语教学工作的指导。经过多年的实践，逐步走出了一条实事求是、因地制宜、依从母语、遵循儿童认知规律以及语言和思维转换规律的双语教学模式，并使双语教学模式逐步趋于稳定和完善，使青海的双语教学进入不断规范、健康稳步发展的轨道。

双语教学作为基础教育的支柱体系，其发展的不平衡，实质上反映的是青海牧区基础教育发展的不平衡。这种不平衡是造成多种双语教学类型产生的重要原因。

一 教学模式和学校分布

在双语教学恢复发展的十几年中，青海各地曾实行过"单科加授""中小学分段""语言过渡""文理分离""学生分流"等不同模式。经过不断研究、实践和总结，自2000年以来，青海省的双语教学逐步规范为两种基本模式，即以藏语教学为主、单科加授汉语文（通称"一类模式"）和以汉语授课为主、单科加授藏语文（通称"二类模式"）。采用何种模式，省内不做统一规定，由基层教育行政部门或学校根据当地语言环境和群众意愿、学生的语言习惯和语言基础、师资力量及其他方面自行选择和确定。

青海省实行双语教学的中小学主要分布在六个民族自治州。除海西州有少量中小学实行蒙汉双语教学外，其余全部实行藏汉双语教学。截至2011年，全省民族中小学900所（小学782所，中学118所），在校学生32.9万人（小学生22.6万人，初中生7.9万人，高中生 2.4 万人）；其中藏族学校 522 所（小学 446 所，中学 58 所，高中 18 所），在校学生 22 万人（小学生 14.6 万人，中学生 7.4 万人），占 66.87%。从总体上看，黄南州、果洛州、海南州大部分地区，海北州、海西州的纯牧业县缺乏汉语环境，小学生入学时基本没有汉语基础，学校不具备汉语教学条件，目前中小学教学以"一类模式"为主；海北州、海西州的大部分地区和海东地区循化县、化隆县有一定的汉语环境，部分地区通行民、汉两种语言，中小学教学以"二类模式"为主。

二 课程设置和课时计划

"一类模式"中小学执行"五省区"（藏、青、川、甘、滇，下同）协调性教学计划，除自编的"藏语文""汉语"和"信息技术"以外，其他学科均使用以"人教版"汉文教材为蓝本的翻译（藏文）教材，"汉语"以外的其他课程用藏语教学；"二类模式"中小学执行国家统一的教学计划，除了加授"藏语文"，其他如课程设置、课时计划、教材、教学用语均与普通中小学完全相同。根据统一的教学计划，小学至高中的课时总量为 10562 课时，其中国家课程 9450 课时，地方课程 799 课时，校本课程 313 课时；"一类模式"学校义务教育阶段"藏语文"总课时 1845 课时、"汉语"总课时 1425 课时；"二类模式"学校"汉语"总课时 1845 课时、"藏语文"总课时 1425 课时。

三 汉语课程教材选用

青海藏族基础教育目前主要选用三种类型教材，即普通学校《语文》教材、五省区《语文》教材和由人民教育出版社出版的《汉语》（专供藏区使用）教材。为适应青海双语教学汉语口语教学的需要，青海民族教材编译中心又出版了一套《会话》教材。

《汉语》（专供藏区使用）教材能根据课程标准的要求，将知识、能力、练习、助学、学法等内容汇聚起来，将学习内容组成一个有机的整体，适合学生第二语言能力的发展。教材在内容选择、结构组织、活动安排、文字撰写、插图使用等方面符合学生的心理特点和认知发展规律，让学生学习经典文献，并增加识字量。为凸显第二语言学习及发展的需求，教材的每个单元集汉语会话、结构、特点、语法等的知识性、趣味性为一体，加强学生对第二语言的理解、体会及运用，调动了学生的学习兴趣。同时，为巩固和拓展汉语知识及语言能力，安排了由易到难、由浅入深、形式多样、任务适量，并极富可操作性的综合练习，这样有利于实现第二语言教学目标，有利于转变学与教的方式，在强化学生对第二语言的感知和知识发生过程的同时，能引导学生主动建构新知识，促使其思维及问题解决能力的发展。

《会话》教材遵循第二语言教学的基本规律，坚持功能、结构、文化相结合的原则，以逐步培养和提高藏族学生汉语口语能力为目的；同时，力求既抓住汉语自身的特点，又考虑藏汉语言的区别，增强了教材的科学性；既反映丰富多彩的社会生活和文化，又体现藏族的生产和生活实际，增强了教材的实用性；既关注教材的总体风格，又照顾到不同年龄段学生的认知特点，增强了教材的趣味性。

目前，青海大多数藏族学校汉语课主要选用《汉语》和《会话》，但也有部分学校选用普通学校《语文》教材。除此之外，部分学校在初三和高三阶段还使用中国少数民族汉语水平等级考试（MHK）教材。

四　双语教师队伍建设

2000 年以前，小学双语教师主要由六州民族师范学校培养和培训，中学双语教师由青海师范大学、青海民族学院和青海民族师范专科学校培养和培训。各院校坚持"面向牧区、面向基层、面向少数民族"的办学方向，以"双语兼同、一专多能、适应民族中小学双语教学"为培养目标，为民族地区培养输送了大批双语教师。2000 年六州民族师范学校停止招生；2001 年原青海民族师范专科学校被并入青海师范大学，整合组建了青海师范大学民族师范学院；青海高等师范专科学校被并入青海民族学院。此后，中小学双语教师的培养和骨干教师的培训主要由两所高校承担。两所高校在教学中坚持以藏汉双语教育为特色，注重把双语能力的培养贯穿于教学全过程中，达到了"强化汉文，精化藏文"的双语教学目标，不仅解决了本省双语教师的需求，也解决了四川、甘肃、云南等省区的双语师资问题，为整个藏区的教育事业发展做出了贡献。

五 少数民族汉语教学

为了加强"一类模式"中小学汉语教学，进入 21 世纪以来，各地采取了一些新的措施。一是调整了民族中小学汉语教学计划，将民族小学汉语课起始年级由小学三年级提前到一年级，课时由原来的每周四至五课时增加到六至八课时。二是在人民教育出版社的支持下，编写了适应藏区学生的新的《汉语》教材，新教材增加了语言训练内容，突出了语言的"工具性"特点，取得了较好的教学效果。三是部分地区采用修订后的《汉语会话》录音教材，开设汉语会话课，强化第二语言教学，同时采用译制的"双语"版《汉字宫》视频教材，培养学生学汉语的兴趣，对学生的语言训练和识字教学起到了积极作用。四是在初中、高中和高校分别推行了少数民族汉语水平等级（MHK）二、三级考试，并将考试结果分别与中考、高考挂钩，鼓励少数民族学生加强汉语学习。

综上所述，青海双语教学模式总体稳定，学校分布相对集中，双语教学的强化力度越来越大，但在课程设置、教材选用、资源开发、教师培训方面仍需要改革。

第二节 存在的问题及对策

一 青海藏族基础教育双语教学存在的问题

从现状看，基础教育双语教学在外部条件、内部制度、教育观念、队伍素质等方面存在诸多问题。

（一）对双语教学的认识不统一

文化传统是指一个国家、一个民族世代沿袭下来的具有悠久历史的文化特质或文化模式。研究表明，藏族传统文化对藏民族个体文化人格心理的模塑作用十分强大，它使藏族人的生活方式、习俗、价值取向、情感特征等都有其内在的规定性。通过对藏族地区文化背景的分析，我们认为藏族基础教育双语教学与社区因素、学校因素、家庭因素之间具有一定的关系，人们对双语教学有不同认识。学校因素主要包括双语模式和语言环境；社区因素包括农区、牧区、农牧混杂区和城镇，主要反映为不同社区人们提供给孩子的社会文化资本，也就是说不同社区对孩子受教育的期望不同，因而对他们接触主流文化的认可也不一样。在城镇，学生在生活习惯、喜好等方面大都认可主流文化，接近主流文化；牧区学生在学校由于接触到主流文化，因而在家庭和社区中会不由自主地表现出一些主流文化所认可的行为，但这些行为往往不会得到本社区、家庭的赞同，这使学生对自己所接受的文化教育产生彷徨心态，从而不利于学业成绩的提高。

目前，学校、社区、家庭对学生的双语能力的发展问题所持的观点各有差异，这都不同程度地影响和决定着个人对双语教学的不同态度，这对双语教学的发展具有深刻影响。

（二）师生汉语水平低

青海省纯牧区乡和乡以下学校基本没有汉语言环境，学生基本没有汉语基础，无论学校、家庭、社会以及人与人之间的交流都局限于母语。通过对藏族学生比例较高的海南、黄南、果洛、玉树四州的调查，笔者发现，教学和日常生活中有汉语言障碍的小学生占71.6%，其中黄南州、果洛州和玉树州分别为88%、82%和78%；初中生占48%，其中果洛州、玉树州分别为76%和63%；高中生占27%，其中玉树州为51%。另外，教师队伍的整体素质特别是汉语水平也是制约藏区中小学教学质量提高的致命"瓶颈"。

（三）教师队伍结构不合理

通过对规模较大、师资力量相对较好的5所民族中学（尖扎、同仁、共和、兴海4所县民族中学和黄南州民族中学）专任教师（438人，不含代课教师）结构的分析可以看出，双语师资队伍总的特点是：藏族比例高、学历层次高、职称结构总体好于全省平均水平，队伍年轻化；但专业化结构严重失调，有知识水平和教学经验、适应课程改革要求的骨干教师极少。

民族结构：藏族377人，占86%；其他民族61人，占14%，平时的交流语言基本上是藏语（见图5-1）。双语教学中小学相对集中的海南、黄南、果洛、玉树四州（以下简称"四州"）专任教师中藏族占 66.6%，其中黄南州和玉树州分别是 84% 和 87%。

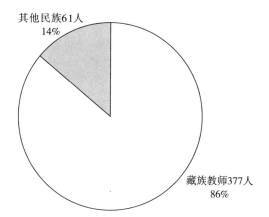

图 5－1　青海民族学校教师的民族结构

学历结构：具有本科以上（含本科）学历的 215 人，占 51%；专科学历的 210 人，占 49%（见图 5－2）。其中民族院校毕业的占 95% 以上；原州民族师范学校毕业，通过成人教育渠道取得学历和"文化大革命"中推荐上大学的占到一半以上。

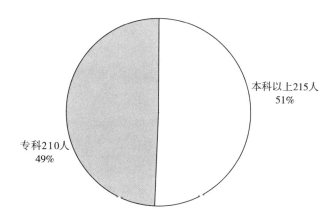

图 5－2　青海民族学校教师的学历结构

专业结构：藏语文专业的 175 人，占 40%；汉语文专业的 59 人，占 13.5%；数理化生 4 个专业的 123 人，占 28%；其他专业的 81 人，占 18.5%（见图 5－3）。基层中小学普遍反映，双语理科教师不足；汉语、政治、历史、生物和音体美教师奇缺；新聘用的特岗教师不懂民族语言，与学生交流、课堂教学都比较困难。

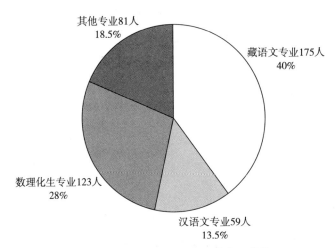

图 5-3 青海民族学校教师的专业结构

年龄结构：20 世纪 60 年代出生的 166 人，占 39%；70 年代出生的 223 人，占 52%；80 年代出生的 39 人，占 9%（见图 5-4）。平均年龄不到 40 岁，有些县的教师平均年龄只有 34 岁。有经验的中年教师特别是骨干教师缺乏，断层问题比较普遍。

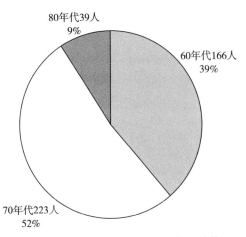

图 5-4 青海民族学校教师的年龄结构

职称结构：具有副高及以上职称的 100 人，占 24%，比全省平均水平高出 11 个百分点；中级职称的 221 人，占 53%，比全省平均水平高出 4 个百分点；初级职称的 94 人，占 23%，比全省平均水平低10 个百分点（见图 5-5）。

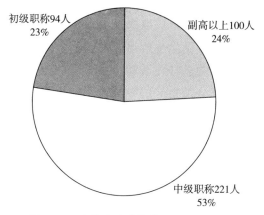

初级职称94人
23%

副高以上100人
24%

中级职称221人
53%

图 5－5　青海民族学校教师的职称结构

（四）课程、教材和教学用语问题多

教学是一项科学性、规律性很强的活动，这一活动应建立在学生、课程量、学习时间三者之间合理的对应关系之上；学习效率则应建立在学生自身条件、教材内容、教学用语三者之间科学的对应关系之上。调研中发现，这种对应关系不科学、不合理，存在以下三大矛盾。

1. 学习任务与学习时间之间的矛盾

根据现行的课程计划，小学六年要学习 12 门课程，初中三年要学习 15 门课程。少数民族学生在学习中遇到两个问题，一是要用50% 左右的时间去学习语言类（汉语、藏语文、英语）课程，其中藏语文一门课程就要占去总课时的 20％ 左右；二是在自然学科的学习中既要对教材内容进行必要的翻译，又要掌握知识点，还要通过思维转换理解消化，学生学习掌握知识的时间十分有限，在规定的时间内难以完成教学任务。

2. 教材内容与教学对象之间的矛盾

教材本身也有"不适应""不符合"的问题：一是教材内容与学生的生活环境、成长经历、接触的事物差距较大，学生对教材内容的认知水平和理解能力十分有限，难以实现教学目标；二是藏文教材的编写方法基本套用了汉文教材的结构和模式，没有充分体现藏文自身的特点和规律，学生要用汉文的特点和规律去学习藏文，尽管下了很大功夫但收效甚微。

125

3. 教学用语与语言基础之间的矛盾

①教材选择和教学用语应取决于当地语言环境、语言习惯和学生的语言基础；②应遵循学生的语言转换、思维转换和知识转换规律；③应有配套完善的教材体系和结构合理的师资队伍；④应形成学生自愿选择、学校分类指导的办学机制和招生办法。但是，一些地区和学校对语言的"工具"功能和"载体"功能缺乏正确认识，忽视学生的认知规律和客观条件，从而导致了教材选择和教学用语的盲目性和随意性，不考虑当地语言环境和学生的语言基础，大面积选用全国统编的汉文教材，汉语读、藏语讲，大部分时间花在翻译教材内容上，老师教得累、学生学得苦，一课时的教学任务需要两三个课时去完成，结果是知识也没学好，技能也没掌握。

除此之外，受传统教育的影响，藏族学生"重文轻理"的观念历来比较严重，致使结构失衡的问题十分突出，还有学前教育严重滞后、双语教学资源（远程视频教材）缺乏、教学理念和教学方法落后以及投入不足、研究不深、指导不力等方面的问题。

二 改进和加强青海基础教育双语教学的策略

青海民族教育没有得到解决的难题之一就是少数民族学生的汉语水平长期在一个很低的水平徘徊。解决了这个难题，双语教学的质量就会上一个台阶，就会为实现民族教育全面协调可持续发展奠定良好的基础。

（一）把握规律，体现发展理念

遵循少年儿童的认知规律、学习第二语言规律和语言发展规律；正确认识和处理好"双语"关系，强调语言的"工具性"，真正发挥好语言的功能。

（二）创新理念，强调以人为本

双语教学模式的核心是教学语言选择问题，因此要淡化"模式"观念，强化"语言"观念。语言和教材的选择要有利于儿童和青少年的知识积累，有利于培养学习兴趣、激发求知欲望、满足学生需求，从而达到较好的教学效果。

（三）转变方式，增强双语训练的可操作性

青海长期以来采用的"加强双语教学"模式比较笼统、比较模糊，它的概念、内容、重点、方式都不是很清楚，缺乏可操作性。应该把过去的这种方式转变为学习掌握学科知识和学习掌握语言机能"两手抓"的模式，强调语言训练的可操作性。

1. 大力开展汉语会话教学

汉语会话教学从学前教育抓起，在学前教育及义务教育前三年把汉语会话教学作为重点，将汉语会话教学延伸至小学高年级和初中。

（1）建立完整的学前教育制度，包括教师队伍建设、教材建设、课程设置、教学计划、教学目标等。

（2）设立分阶段汉语会话教学目标、语言技能训练模式和评价体系，建立四级教研网络，加强双语教学研究。

（3）适当调整小学课程设置和教学计划，增加汉语和汉语会话课时。

（4）培训教师，提高其普通话水平，使其掌握先进的汉语会话教学理念与教学方法。

2. 全面推行汉语水平等级考试

以汉语水平等级考试为手段，全面提高少数民族师生的汉语水平。

（1）在小学、初中、高中分别实行汉语水平一、二、三级考试，并与中考、高考挂钩。

（2）对少数民族教师实行汉语水平等级考试和普通话测试，并逐步以合理的方式与资格准入、职称、岗位评聘挂钩。

3. 加强教师培训，提高教师素质

通过各种渠道加强教师的培训、提高教师素质是青海今后一个时期的重任。

（四）开发学习策略，促使学生学会学习

学习策略是指学习者在学习活动中有效学习的规则、方法、技巧等。它既可以是内隐的规则系统，也可以是外显的程序与步骤。学习策略是鉴别学习者会不会学习的标志，是衡量个体学习能力的重要尺度，是决定学习效果的主要因素之一。埃德加·富尔在《学会生存》一书中说："未来的文盲不再是不识字的人，而是没有学会学习的人。"

　　受传统观念及教育范式的影响，教师很少关注学生的学习策略，这影响了学生的发展。然而，培养学生的学习策略极为重要。民族地区学校可以本着"不同的人应有各自不同的学习策略，针对不同的内容采用不同的学习策略，每个人的学习策略都是多元的"这样一种理念。教师必须具有将学生的学习策略作为校本课程的因素去开发和利用的意识和能力。尽可能地创造条件，让学生在有限的时间内掌握可让其终身受用的科学、高效的学习方法。学生一旦掌握并生成自己的学习策略，学习就会变成一个积极的、主动的求索过程。

　　总之，在新的时期，双语教学应按照"把握发展规律，创新发展理念，转变发展方式，破解发展难题，实现又好又快发展"的总体要求，坚持实事求是，遵循教育规律，加快改进和改革双语教学，努力使双语教学迈上一个新的台阶。

第六章 藏汉双语学习与发展

第一节 藏族学生藏汉双语能力及发展

心理和语言的关系是十分密切的，人的心理活动大部分需要依靠语言来完成，语言的使用就是一种心理活动。藏族学生的语言，主要是指他们在生活、学习等各种场合所使用的语言，包括母语（藏语）与第二语言，本书所界定的语言主要指藏语和汉语。研究藏族学生的语言，就是通过探索他们的语言发展规律，进一步进行其心理发展规律的研究。

双语，是一个世界性的术语。有关双语的定义和分类很多，并且仍不断出现新的定义和分类，但新提出的定义和分类未必比旧定义和分类在理论上有所进展，因此，对双语的定义不做赘述，但关于双语的范围我们有必要明确。麦基认为："双语不仅必须包括使用两种语言，还必须包括使用多种语言。所以，我们认为双语现象就是同一个体交替地使用两种或两种以上的语言。"[①] 另一位学者温克里的定义也与此大致相同，他认为："我们把那种交替地运用两种语言的实践叫作双语现象，把从事这种实践的个人叫作双语人。除非另有特别说明，所有关于双语现象的论述都适用于多语现象，即交替地使用三种或更多的语言。"[②] 可见，双语现象这个术语不一定只限于两种语言，还包括讲三种或更多语言的情况，因为"讲两种语言和讲三种语言（或更多语言）之间没有什么重大差别，但讲两种语言和讲单一语言之间可能存在本质的差别"[③]。基于这一

---

① 何兴：《双语教学课程设计与模式全书》，中国教育出版社，2006，第3~5页。
② 何兴：《双语教学课程设计与模式全书》，中国教育出版社，2006，第3~5页。
③ 何兴：《双语教学课程设计与模式全书》，中国教育出版社，2006，第3~5页。

理论，本章对藏族儿童青少年藏汉双语学习及发展规律加以探讨。

一　研究背景及目的

自20世纪初始以来，众多学者对双语能力发展研究给予了极大关注。当时的研究主要有两类：一是详细的儿童个案记录或称儿童传记；二是通过测试成绩来比较双语和单语儿童的发展，得出了同时双语人（同时学习）比继时（先后学习）双语人更有优势的结论。[①] 到20世纪60年代，出现了以语言获得的一般理论模型为基础的双语发展研究。其中，荣加特的结论认为：在一个双语家庭里，孩子的发展是全面的、和谐的；利奥波德认为：无论是语言发展还是总体发展，早期双语经验对孩子的发展具有积极的影响。[②] 之后，在认知发展研究中研究者也肯定了双语的积极作用。如研究得出的结论如下：双语者的发散思维优于单语者，双语者比单语者具有更强的元语言意识和元语言能力，双语者在认知的多个层面表现出更多的优势，特别在形成概念方面更为突出等。[③]

20世纪60年代以后，国内的研究也认为双语能促进儿童认知能力（如认知灵活性、创造性、元语言意识）的发展，双语儿童具有更高水平的元语言意识，双语学习能促进儿童认知功能的发展，而且这种促进是跨领域的。[④] 还有的研究认为，双语双文的发展在一定程度上有利于学生成就动机、认识兴趣、学习热情、学习毅力等非智力因素的发展，这种积极作用在四、五年级表现得较为突出等。[⑤]

青海藏汉双语教学研究同样取得了如下成果：第一，学生通过母语获取知识，不仅方便了学校的教育教学工作，而且发挥了母语的社会功能，同时也有利于学生的发展。然而，从培养跨世纪藏族人才的角度而言，藏族学生仅学习母语是不够的，因此，语言的多

---

① 何兴：《双语教学课程设计与模式全书》，中国教育出版社，2006，第31~50、214~220页。

② 何兴：《双语教学课程设计与模式全书》，中国教育出版社，2006，第31~50、214~220页。

③ 胡明勇：《双语与认知发展研究述评》，《三峡大学学报》2008年第6期。

④ 苟娜：《双语与认知发展关系研究现状》，《保健医学研究与实践》2009年第1期。

⑤ 陈宝国：《双语双文教学促进小学生智力、非智力因素发展的研究》，《心理科学》2004年第1期。

元化更有利于藏族学生的发展。① 第二，从 1993 年至 1999 年，青海在同仁地区实施了为期 6 年的藏汉双语教学改革实验，总结出：在促进藏族儿童思维等能力的发展方面，双语比单语更有优势；"以母语为先导，汉语口语优先，为读写打好基础，双语共同发展"的教学模式是促进藏族学生提高学业成绩及认知水平的有效模式；藏族小学生第二语言发展表现出了"起点快，中期缓慢，后期回升"的阶段性发展趋势；研究还表明，只要教学模式及方法得当，就能有效促进藏族学生藏汉双语能力的发展等②，这为青海藏族儿童的教育及发展提供了有力依据。第三，藏汉双语教育政策研究在青海也取得了卓著成果。有学者认为藏汉双语教育政策内容是极其丰富的，根据各因素的文化归属类型，基本可以分为三种元素丛：一是具有西方文化特征的教育元素丛，二是具有本民族文化特征的教育元素丛，三是具有主体民族文化特征的教育元素丛。这三种教育元素丛代表着所属文化的力量，在双语教育政策框架内相互依存、相互颉颃而存在，构成了双语教育政策容纳多元文化的特色。尽管在双语教育政策的构建中，受到民族经济社会发展需要的制约，双语教育政策的内容是有所侧重的，但是，综观民族教育的改革与发展，追求教育内容的和谐共处，促进双语教育政策的最大效能的发挥，是双语教育政策构建的基本前提。③ 第四，青海省从幼儿教育到大学教育均已构建起较为完善的双语教学体系，这都有力地推动着藏汉双语教学的可持续发展。

目前，在藏族教育中，逐步规范并已达成共识的双语教学模式主要有两种，即"一类模式"和"二类模式"。前者以藏语授课为主、单科加授汉语文，后者以汉语授课为主、单科加授藏语文（部分地区尚有"三类模式"，即双语各半）。至 2012 年，青海城镇及以上地区中小学均设有两种模式的教学班，学生可根据自己的双语能力选择不同模式的班级。而在牧区学校，由于小学生入学时没有汉语基础，学校所设立的基本都是一类模式。学生处在哪种环境，习

① 才让措：《藏汉双语教学研究》，《青海民族研究》1999 年第 2 期。
② 才让措：《青海省同仁地区藏族小学生藏汉双语教学实验研究报告》，《中国藏学》2000 年第 3 期。
③ 何波：《藏汉双语教育政策的基本内涵》，《青海师范大学学报》2010 年第 6 期。

得了哪种语言，进入小学时就会选择哪种语言的教学模式，同时这也奠定了其今后语言发展的趋向。调研表明，在藏族地区通过一类模式接受教育的学生达 60.17%。[①] 深入这一模式后发现，教学尚存在许多困难，其中双语教学的困难较为突出。而藏汉双语教学研究，从某种意义上讲，就是为了探索解决这个困难的方法。因此，高质量地提高学生的双语能力，是双语教学研究所关注的核心问题，其最终目的是促使学生获得全面发展。

藏族学生藏汉双语发展有其特殊性，需要动态地分析和探索他们双语发展的能力及规律。双语策略研究强调的是在真实的环境中进行研究，以保证研究结果具有较高的生态学效度和应用价值。[②] 从生态学观点看，个体是在真实的环境中成长的，学生的语言发展不是一个孤立的系统，要受到环境中多种因素的影响，而这些因素相互作用、相互影响，构成了复杂而完整的系统。在对这个系统研究时必须深入构成这个系统的真实环境中进行客观的分析，才能保证研究的信度，提高研究的效度，提高研究结果的适用性和推广性。基于此，本研究立足于"一类模式"的藏汉双语教学情境，将藏族学生的双语定位在"以藏语为母语，以汉语为第二语言"的范畴中，以小学、初中、高中学生为对象，采用以双语测验为主，辅以听课、访谈、调研等方式，深入牧区教学第一线，以生态化的理念对藏族学生藏汉双语能力及发展现状进行测验分析，探索并总结其发展的特点、规律及影响因素，为藏族学生的双语发展、为藏汉双语教学及研究的发展提供依据。

二 研究对象、内容及方法

（一）研究对象

研究对象选自青海省境内共和、同仁、贵南、贵德等地区 9 所牧区学校，共 568 名藏族中小学生。涉及小学低（1～5 年级）、初中（1～2 年级）、高中（1～2 年级）九个年级，将他们分为四个学段进行分析，即小低（1～3 年级）、小中高（4～5 年级）、初中、高中四个学段；每个学段人数为 60 名、188 名、140 名、180 名（见

---

① 王振岭：《青藏牧区教育跨越式发展研究》，青海人民出版社，2010，第 163 页。
② 董奇：《心理与教育研究方法》，北京师范大学出版社，2004，第 49 页。

图6-1）。他们的第一语言均为藏语，汉语为第二语言；在校所接受的教育均为一类模式。

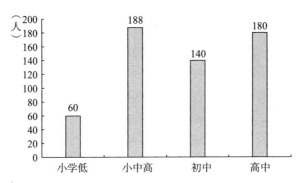

图 6 - 1　藏族学生藏汉双语能力测验年级分布

（二）研究内容、方法及数据管理

1. 内容

藏汉双语能力：包括双语句子理解、听力操作、阅读判断、看图写作四个维度。

双语语词思维能力：包括双语词推理和双语词联想两个维度。

2. 方法

分别采用藏汉两种语言形式，进行团体施测，并辅以问卷调研、访谈、听课等方式完成。由于两种语言试卷的题数、类型、难易度均对应，测验采用 ABBA 式以抵消顺序效应。在信度分析方面，汉语测验 a 系数为 0.79，藏语测验 a 系数为 0.70，藏汉双语测验 a 系数为0.82，测验具有较好的信度。全部数据均采用 SPSS 16.0 进行分析。

三　研究结果

（一）藏族中小学生双语能力发展状况

关于四个学段学生藏汉双语能力测验结果，见表6-1。

表 6 - 1　青海藏族中小学生藏汉双语能力测验比较

学段	人数	语言	总成绩 （M±SD）	听力 （M±SD）	句子理解 （M±SD）	阅读 （M±SD）	写作 （M±SD）
小学低	60	藏	63.04±14.24	14.37±4.85	9.75±2.93	7.83±2.91	12.89±3.21
		汉	22.40±24.06	3.07±3.86	5.03±5.85	4.13±4.54	4.47±4.94

学段	人数	语言	总成绩 （M±SD）	听力 （M±SD）	句子理解 （M±SD）	阅读 （M±SD）	写作 （M±SD）
小学中高	188	藏	73.51±13.08	16.99±4.52	11.48±2.27	9.96±2.15	15.65±6.25
		汉	61.06±14.72	11.87±4.72	12.44±2.60	10.48±2.50	10.75±5.62
初中	140	藏	76.68±14.15	15.24±5.40	12.50±1.97	10.24±2.41	15.63±7.74
		汉	64.77±14.97	12.84±5.03	12.11±2.59	10.64±2.25	12.87±4.91
高中	180	藏	94.03±13.20	17.79±4.60	12.96±1.51	11.16±1.57	21.86±6.03
		汉	86.40±13.12	15.89±4.89	13.64±1.01	11.30±1.78	17.20±4.12
总均分	568	藏	79.69±17.06	16.54±4.95	12.02±2.29	10.19±2.35	17.32±6.93
		汉	65.92±24.14	12.45±5.99	11.95±3.72	10.11±3.29	12.65±6.25

1. 藏语能力发展现状

表 6 - 1 显示，藏族学生藏语能力的发展总趋势为：起点高，速度平稳，随着年级的增高而不断上升。

对藏语总成绩进行多元方差分析显示：第一，年级主效应对模型的贡献大。$Wilks' \lambda = 0.503$ 中，$F_{年级}（3，568）= 111.11$，$p < 0.001$，表明年级差异明显。从初入小学一个较高的起点开始，到初中均呈平稳上升的趋势，而高中成绩提升更为明显，表现出质的飞跃，可以认为，高中是藏语发展的高峰期之一。第二，性别主效应男生 $M = 79.97$，女生 $M = 79.38$，$t = 0.41$，$p = 0.68$，这表明，藏语能力在性别上无显著差异。

将藏语成绩按句子理解、听力操作、阅读判断、看图写作四个维度进行分析表明：小学各项能力起点较高，上升较快；初中句子理解显著高于小学，但阅读和写作与小学中高年级的差异不显著，听力低于小学中高年级；高中除句子理解与初中相比达临界水平外（$p = 0.058$），其余成绩均显著高于其他学段（$p < 0.001$）。从学生藏语发展的速度而言，高中最为明显，小学居中，初中缓慢。初中生藏语总分如果不含思维成绩，则低于小学中高年级（$M_{小中高} = 54.08$，$M_{初} = 53.61$），初中学生藏语能力的纵向发展并未表现出更多优势，成绩提高的速度相对缓慢。

2. 汉语能力发展现状

藏族学生汉语能力的发展总趋势为：起点低，提升速度快，随着年级的增高而不断发展。

对汉语总成绩进行多元方差分析显示：年级、性别主效应以及年级和性别的交互作用效应对模型均具有一定的贡献，其中年级主效应贡献最大，$Wilks'\ \lambda = 0.314$，$F_{年级}$（3，568）= 216.71，$p < 0.001$。这表明，第一，随着年级的增高，汉语能力越来越强；小学中高年级为发展的快速期。第二，性别特征明显，汉语各项成绩女生高于男生（男生 M = 63.15，女生 M = 69.03，$t = -2.92$，$p < 0.01$），且差异显著。

将汉语成绩按句子理解、听力操作、阅读判断、看图写作四个维度进行分析表明：学生初入小学时起点很低，二年级时总分也只有 22.40 分，但到小学中高年级已达 61.06 分，四项能力的发展均很明显。初中总体呈上升趋势，但与小学相比，听力和阅读差异不显著，句子理解低于小学中高年级，总成绩提升的幅度比前一阶段小，而且汉语纵向发展变化不明显；高中各项成绩的提升幅度大，汉语能力有了进一步提高；从学生汉语发展的速度而言，小学最为明显，其后为高中和初中。

3. 藏汉双语发展特点及相互作用

藏族学生两种语言及思维发展趋势见图 6 - 2。

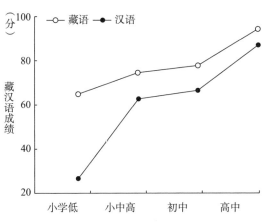

图 6 - 2　藏族学生藏汉双语测验比较

从图 6 - 2 可见，藏族学生的双语发展既具有共性规律，也具有个性特点。前者表现为总体发展趋势具有一致性，均随年级的增高而不断发展。所不同的是藏语起点高、汉语起点低，但汉语能力的提升速度很快。四个维度的分析显示，两种语言在听力和看图写作上的差异显著，而阅读和理解能力的差异不显著。发展速度由快而慢的年级顺序在藏语上为高中、小学、初中，汉语为小学、高中、初中。

在相互作用上，两种语言间的相互作用各不相同。在藏语对汉语的作用中，年级因素能解释测验成绩总变异的50.4%，控制了年级效应之后，藏语成绩能解释另外52.6%的变异，F（7，560）= 77.40，$p < 0.001$。在汉语对藏语的作用中，年级因素能解释测验成绩总变异的34.5%，控制了年级效应之后，汉语成绩能解释另外36.6%的变异，F（7，566）= 46.24，$p < 0.001$。这表明，学生的藏语能力及认知方式对汉语学习的影响作用更大，从策略及方法上对汉语学习具有积极的迁移作用，但对汉语的发音方式及语序规则的学习具有负迁移作用。

（二）藏族中小学生双语思维能力比较

藏族学生双语思维能力结果见表6-2。

表6-2　青海藏族中小学生藏汉双语思维能力测验比较

学段	人数	语言	语言总成绩（M±SD）	语词推理（M±SD）	语词联想（M±SD）
小学低	60	藏	63.04 ± 14.24	10.40 ± 6.05	7.80 ± 2.90
		汉	22.40 ± 24.06	4.23 ± 4.80	1.47 ± 2.29
小学中高	188	藏	73.51 ± 13.08	10.76 ± 4.36	8.67 ± 5.81
		汉	61.06 ± 14.72	11.91 ± 3.92	3.61 ± 3.90
初中	140	藏	76.68 ± 14.15	11.52 ± 3.97	11.55 ± 7.27
		汉	64.77 ± 14.97	10.47 ± 4.55	5.84 ± 4.90
高中	180	藏	94.03 ± 13.20	13.22 ± 3.50	17.27 ± 10.24
		汉	86.40 ± 13.12	14.47 ± 3.97	13.91 ± 7.93
总均分	568	藏	79.69 ± 17.06	11.69 ± 4.35	12.01 ± 8.51
		汉	65.92 ± 24.14	11.56 ± 5.12	7.20 ± 7.33

表6-2显示，学生藏汉双语思维推理的总体差异不显著，$t = 0.49$，$p = 0.62$。从发展过程看，在初入小学的起始阶段，藏语推理起点很高，年级间斜率较小；汉语推理起点较低，年级间起伏较大（初中有所下降）。总而言之，在思维推理水平方面，高中之前藏语高于汉语，而高中之后汉语高于藏语。研究还发现，以单

语为变量考察藏汉双语思维推理，二者共享效应小。以双语为变量考察藏汉双语思维推理，则二者共享效应明显。这表明，学生双语水平越高，两种语言的思维推理水平越高。由此可以认为，双语思维推理既依赖于语言，又独立于语言，并高于语言。

表6-2显示，在双语词联想结果方面藏语水平远高于汉语水平，两者差异非常显著，$t = 12.31$，$p < 0.001$，但两种语言联想均呈不断向上的发展趋势，且到高中上升速度加快。这表明，语词思维联想受语言因素的影响更大。比较而言，年级和性别差异各有特色，其一，藏语词推理的年级特点表现出两级水平，即小学（含低、中高年级）和初中为一级水平，高中为更高一级水平。汉语词推理按年级分三级水平，但初中成绩低于小学。其二，在藏语词推理的性别特点方面，男生水平稍高于女生，但差异不显著，在汉语词推理方面女生水平高于男生，差异显著。女生在汉语词推理方面更占优势。

四 研究分析

通过分析学生语言获得的过程我们发现，其母语是通过课堂及与人交往而习得的；而汉语是在习得母语的基础上，主要通过学校课堂习得。由于藏族学生藏汉两种语言学习及使用的起点、空间及频率不同，双语能力发展既具有普遍性，也有个别性。

（一）藏族学生藏汉双语发展的共同特性

双语是后天习得的，虽然两种语言习得的时间和阶段并不一致，两种语言发展的进程并不均衡，但仍表现出一些共性趋势：第一，藏汉双语能力的发展具有一致性，遵循由低向高、由形象到抽象的规律。第二，两种语言的年级差异均很明显，表现出随年级的增高，内容越来越丰富、能力越来越强。第三，虽阶段不同，但两种语言均具有发展的"加速期"，表现出小学、高中提升速度加快，初中相对缓慢的特点。第四，两种语言能力的起点差距较大，但随着年级的增高，差距随之减小。第五，两种语言的语词思维水平也是遵循由形象到抽象的逻辑规则而发展的。在语词及概念测验中，学生对形象词汇的把握优于抽象词汇，而对于抽象词汇的把握在高中阶段最佳。在语词与图形判断中，对正确肯定词汇的反应最快，正确否定较慢，而错误肯定和错误否定居中。在语词联想思维中，虽藏语成绩优于汉语成绩，但其规律依然遵循由低向高的趋势发展。

藏族学生双语发展的这些共性，主要与其文化、环境、教育等背景有关。学生受藏文化及中华民族文化的影响，在接受教育的理念、教学体系及内容、形式、方法等方面均有许多共通的特点。在生理、心理、智力等方面形成了共性的心理机制。加之，语言的学习，不论属于哪种类型，都不是一个单纯的对外来刺激做出反应的被动过程，而是遵循一种共同的内在规律而发展的主动过程。因此藏族学生在藏汉双语发展过程中表现出了共性。

（二）藏族学生藏汉双语发展的个性特点

1. 双语发展的民族性

综观藏族学生双语发展水平，是以藏民族及其共同体为主体而形成和发展起来的，因此，具有特殊性，即民族性。这也是藏族学生藏汉双语发展水平的属性之一，与其他民族或群体的双语发展具有一定差异。研究不同民族或群体的双语发展水平时，既要关注语言发展的共性规律，还要关注双语发展的个性规律，即民族性。

2. 双语发展的心理性

（1）双语习得的起点不同。

入学之时，藏族学生已能用藏语完整地表达意思，对现象及心理不但能够系统地讲述，而且能大胆而自然、生动而有感情地进行描述，这为书面语言的学习奠定了基础。而汉语是入学之后开始学习的，比藏语晚学五六年。由于两种语言的发展起点不同，表现出了不同的特点，即藏语的习得过程是经过小学的稳定上升、初中的多元拓展，到高中表现出量和质的突变。而汉语的习得过程是经初学至小学高年级的快速发展，初中的稳定发展，到高中又进入新的快速发展期。

（2）双语发展的敏感期不同。

藏族学生双语发展具有敏感期，但敏感阶段各不相同。所谓敏感期，指的是儿童发展最快速的时期，在敏感期，儿童对外界的刺激特别敏感，容易接收外界的资信，如果家长或教育者能适时给予大量刺激，加上儿童自身的潜能，各方面能力将会快速提高。已有的研究认为，学生藏语前期的敏感期应在学前阶段，但对应于汉语加以探讨后，我们看到，藏语敏感期为 15 岁，汉语敏感期为 12 岁。其次，汉语从初学，到二年级的 22.40 分，再到中高年级的 61.06 分，表现出提升快、效果明显的特点。从年级和年龄分析，初学之后的 5~6 年、12 岁左右为第二语言发展的敏感期。这个结论与我们之前在同仁地区双语实验中发现的结果具有一致性。然而，同仁实验班在三年级所表现出的"快速发展"结果并未得到验证，这主要与学习及教学策略有关。

（3）双语接触的频率不同。

学习者获得的语言环境等对语言发展的影响不同。如汉语是在学校的班级授课下在规定的时间并且按教师组织的内容和方式进行的，语言环境及条件均不及藏语丰富。加之，从语言习得的充分条件而言，语言接触频率也是语言发展的先决条件。藏族学生双语接触的频率不同，对双语发展的巩固效率也各不相同。由于环境及条件的影响，藏族学生双语能力表现出一定独特性。

（4）双语发展的心理条件不同。

学生的情感、性格等心理因素，决定了其所达到的语言能力的高度。如学习汉语时，需要具备译码能力、语法敏感能力、归纳类推能力和联想记忆能力等，这都比藏语学习复杂。学生的学习还受不同心理条件的影响，比如，学生掌握藏语语音的过程经历了自发地发出"非语言的声音"，进而自发地发出"近似于语言的声音"，并由此向"藏语语音系统"分化与发展。学生"自发地""无意识地""分阶段"[①] 地完成了对藏语语音的掌握；而对于汉语的语音不能"自发地""无意识"地获得和掌握，而且，学生发音器官的活动已趋向藏语，形成相应的"定式"。由于这些心理条件的不同，学习两种语言的能力具有差异。

3. 双语发展的跨文化性

藏族学生的双语发展水平是受多元文化及教育影响的结果，因此，还具有跨文化性。

（三）藏汉双语的相互作用

研究表明，藏语对汉语影响的贡献更大。学生首先习得了母语

---

① 王魁京：《第二语言学习理论研究》，北京师范大学出版社，1998，第 39~47 页。

（藏语），掌握了母语规律，形成了特有的认知规律、学习风格及学习策略等，这种"熟练的母语则是认知结构中同化新语言的最好工具，尤其是在第二语言学习的初期，从母语到第二语言有一个心译过程，熟练的母语是从心译到直接利用第二语言思维的最好工具"①。也因此，学生在学习和发展汉语的过程中迁移了许多藏语学习中的有效成分。比如，通过小学 5 年的学习，汉语成绩达到 61.06 分（藏语 73.51 分），两者间差距从初期的 40.64 分缩小到 12.45 分。这既是双语教学的成就，也是语言习得策略迁移所致。当然，两种语言之间也存在干扰，如对汉语语音及语序规则的把握受藏语语音习惯及语序规则的影响较大。但从总体而言，相互促进的作用大于相互干扰的作用。

（四）藏汉双语与认知能力的相互关系

考查双语人的认知特点时可以发现，"这方面的测验很多，如语言和非语言的智力测验、语言创造性测验、发散思维测验"② 等。受此理论的影响，在探索藏族学生的双语认知特点及优势时，本研究采用了语词类比测验、发散思维（语词联想）等形式及内容，结果如下。

其一，以双语成绩为自变量，将其分为优、良、差三个等级，以双语思维推理和联想为因变量进行分析可以发现，两种语言的思维任务均随语言等级的提高而发展。无论藏语还是汉语，学生语言成绩高者，思维成绩也高，反之亦然。这表明，语言与思维既互为促进，又相互制约。学生学习藏汉双语，发展藏汉双语，对其思维及认知能力具有积极的促进作用。其二，虽然高中之前学生的藏语词推理成绩高于汉语词推理成绩，高中之后汉语词推理成绩高于藏语词推理成绩，但总体差异不显著。对此，有两种理论可以解释。①依存假说理论。在探索双语人的两种语言编码之间的关系以及语言组织和语言处理的心理机制问题上，依存假说认为两种语言编码合用着一个心理机制。③ ②思想库模式理论。"该模式视大脑为思想库，在这个思想库中，尽管第一语言和第二语言的知识和技能总是

---

① 王鉴、李介：《双语教学的语言心理学研讨》，《西北师大学报》1996 年第 5 期。
② 余强：《双语教育的心理学基础》，江苏教育出版社，2002，第 33 页。
③ 余强：《双语教育的心理学基础》，江苏教育出版社，2002，第 33 页。

保持各自的特征，但是两种语言的表现取决于大脑中共同的语言能力。"而且"无论双语者使用何种语言，贯穿听说读写过程的思想均出自同一个思想源"，"两种语言共同刺激了思想库的成长发育"。①藏汉双语均为学生思维的工具，而学生思维又需要借助双语的储存和传递；双语能力的发展既可为其提供丰富的认知材料，又能不断充实、丰富思维的成果。由此，重视双语学习，也就是重视学生的认知发展。③思维联想不仅需要丰富的词汇，还需要思维的组织，二者水平匹配，才能有效完成任务。在本研究中藏族学生的藏语与思维能力达到了匹配的水平，所以在藏语发散思维中，学生显得灵活，想象力丰富；但汉语能力无法与思维匹配的学生的成绩很低。由于两种语言共同刺激着思想库的成长发育，有效完成语词思维任务，与脑中所储存的信息和所积累的语词的丰富性有着直接的关系，因此，努力提高学生的汉语能力，也是促进其思维发展的有效保证。思维一方面独立于语言，影响语言，另一方面又受语言的影响；语词或言语可以巩固思维的结果，是思维的载体，掌握双语对于发展藏族学生的认知能力是不可或缺的；而且，语言形式和认知功能之间的相互作用既影响着学生语言的发展，也影响着学生认知的发展。总之，语言影响认知方式，影响认知的途径和过程，影响认知策略，还影响认知结果；反之相反，二者相辅相成。

（五）藏语能力发展的潜力尚未被充分挖掘

我们发现，相对于汉语能力，学生的藏语能力发展水平较高，但如果用汉语能力的发展速度来预测学生的藏语水平，则发现其发展结果并不理想。尤其从质性视角分析后发现，学生在藏语推理、发散思维以及分析问题、解决问题等方面的优势并不很突出。这既制约了学生藏语能力的发展，也制约了汉语能力的发展，最主要的是制约了学生解决问题能力的发展。

（六）初中生藏汉双语的发展分析

研究发现，初中学生藏汉双语发展优势均不明显，这是由此年龄阶段学生强烈的交往需求所致。处在童年期向青年期过渡阶段的学生随着身体发育的成熟，主要表现出了"半幼稚和半成熟，独立

---

① 王斌华：《双语教育与双语教学》，上海教育出版社，2003，第50~51页。

性和依赖性，自觉性和冲动性等各种矛盾相互交错"[①] 的特点。在学习上，虽然他们能意识到学习的重要性，但实际上由于和同龄人广泛交往，学习却因此而受到影响。[②] 他们认为上课不仅是学习活动，更是和同学、老师交往的活动，而且这个活动充满了许多有意义的行为、评价和体验。这在某种程度上既可分散学生对学习所投注的精力，也可导致他们对学习的态度从负责到冷淡，对掌握教材知识的方法，从善于独立思考和理解到缺乏独立性而逐字逐句地背诵。在学习的兴趣上，从对某一知识领域有明显的兴趣和爱好到几乎完全缺乏认知和兴趣等。本课题组对藏族学生双语能力的测验采用如下方式：由课题组 2～3 位成员和当地学校教师共同进入各班级进行。对于新的测试方式、新的测试内容及新面孔，他们好奇、兴奋、躁动，长时间难以集中精力，而测试需要集中精力，结果在规定的时间内他们两种语言测试成绩均不理想。语言或学习不是独立的系统，其发展要同时受到学生不同阶段心理年龄特点的影响，对此，应引起特别的关注。

五　建议

第一，进一步分析上述研究结果，并将此付诸实践；充分利用各种资源及力量，加强教学改革；为藏族学生双语能力的可持续发展奠定基础。

第二，加强藏汉双语校本行动的研究，以藏族教师为研究主体，以藏族学校为研究基地，以藏族学生为研究对象，通过校本行动构建藏汉双语教学理论体系，以凸显藏族学校的特色，促进藏族学生的发展。提供新的教与学的理论及方法依据，力争使藏汉双语教学及研究取得可持续发展。

第三，努力使双语教学研究从一元转向多元。容纳一切规则、方案和标准，以一种宏观、系统的理念，对藏汉双语教学的特点及规律进行全方位探索。这样一方面可深入不同的文化以及这些文化的多元化层面，探讨不同文化背景和亚文化背景与双语教学

---

① 章志光：《心理学》，人民教育出版社，2006，第 507～509 页。

② A. B. 彼得罗夫斯基主编《年龄与教育心理学》，彭聘龄等译，北京师范大学出版社，1980，第 159 页。

和学生心理之间交流互动的关系。如在藏族地区，可以比较纯牧区、半农半牧区、农业区和城镇等不同地域文化背景下学校藏汉双语教学及学生双语发展现状，进行社会人文环境与学生情感、态度、价值观之间关系的探讨等。另一方面可以探索两个规律，即藏汉双语教学的基本规律和藏族学生双语学习及发展过程的心理规律，这样既能为藏族学生的双语发展提供依据，也可将双语教学研究推广到更深的层面。笔者通过对共性的把握、对差异的分析，对学生心理、社会、文化以及双语学习间的相关探讨，力求以整体、系统的理念进行藏汉双语教学研究，从现状调研分析、实践探索到构建理论体系都紧紧围绕这一点以促使藏族学生的全面发展。

第四，关注藏汉双语研究方法的创新。以新的课程及理论为指导，引入主位与客位研究范式，采用内隐共享、质性分析，特别是深入藏族牧区进行课堂实验等方式，不断创新并积累藏汉双语教学及研究的成果，促使藏汉双语教学研究可持续发展。

第二节　藏族学生汉语学习能力及影响因素

一　研究背景及目的

语言本质上是社会现象，但就心理学而言，是个体现象。语言能力是人脑中形成的能够按照本族规则把声音和意义联系起来的能力，即一个人使用语言的能力，也称语言知识。这种能力或知识的运用牵涉许多因素，特别是心理因素。而"心理语言学正是关注个体的语言理解、语言产生和语言习得过程的学科"[1]。由此，藏族学生第二语言（汉语）能力研究是青海教育及心理研究的特色课题。随着人们对双语学习目的、意义及功能的不断认识，双语学习规律的探讨又成为心理语言学关注的热点问题。一方面对提高双语教学效率，进一步发展藏族学生的语言及心理发展起到指导作用；另一方面还可为民族教育及经济、社会的发展提供高素质人才，同时为藏汉双语教学研究积累资料。

---

[1]　桂诗春：《新编心理语言学》，上海外语教育出版社，2000，第3页。

　　青海民族双语研究，主要集中在双语教育政策、双语教学模式、双语教学态度等宏观或整体层面，并取得了较好的研究成果。但从心理学视角深入探讨藏族学生第二语言（汉语）听说读写能力及规律的研究尚显不足。汉语作为藏族学生的第二语言，在青海已有悠久的历史及丰硕的研究成果，发展到今天，藏族学生汉语能力现状如何？其听说读写能力的发展是否具有规律？语言能力与听说读写间是否相关？其汉语与语词思维能力存在怎样的联系？基于这样的思考，本节对藏族中小学生的汉语能力进行了纵向的、较为系统的实验研究探索。

二　研究方法

（一）研究对象

　　研究对象选自青海省境内的塔秀寄校、倒淌河寄校、黑马河寄校、环湖寄校、共和第二民族寄校、共和民中、同仁民中、海南藏中、贵南民中等地区 12 所牧区中小学校，共 763 名藏族中小学生。其中男生 383 名（占 50.2%），女生 380 名（占 49.8%）；涉及小学三（90 人）、四（60 人）、五（117 人）、六（113 人）年级，初一（90 人）、初二（108 人），高一（95 人）、高二（90 人）八个年级。被试第一语言均为母语（藏语），汉语为第二语言；学生在校所接受的教育均为一类模式（藏语为主模式），见图 6 - 3。

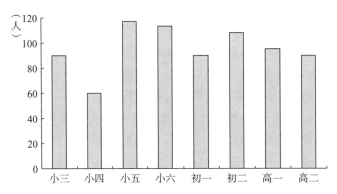

图 6 - 3　参加测验学生年级人数统计

（二）研究设计

　　采用 3（小学、初中和高中）×4（听说读写）×2（语词推理和语词联想）混合实验方式。其中组间变量为年级段；组内变量为汉语言技能（听说读写）和语词思维能力（语词推理和语词联想）。

1. 实验任务（包括语言能力和思维能力两部分）

（1）语言能力：包括听、说、读、写。

听（听力操作）：书面向学生呈现一些符号、字母或图形，并由主试分别向学生发出指令，要求学生操作，例如，"请在三角形的右上角画一圆圈，中间写个30"等。共5个问题11项任务，由易到难排列，每项2分。

说（句子理解与运用）：由主试提出一些问题，并呈现这些问题，让学生回答，例如，"你家有几间房？""在学习的课程中，你最喜欢哪一门？"等，共7个问题，由易到难排列，每个问题2分，时间与主试同步。

读（阅读与运用）：书面呈现一些句子及图形，让学生判断二者是否匹配，例如，"三角形不在等号的下面"等，共6项，每项正确得2分，时间与主试同步。

写（语词联写和看图说话）：语词联写。给学生一些启动词，例如，"夏天、三角形"等，要求学生写出更多的关联词；看图写话，题材、字数均不限。按完整性、通顺度及修饰语等进行评分；最高分不限，时间为20分钟。

（2）思维能力：包括语词推理和语词联想两部分。

语词推理：根据例子中成对语词的关系（共5种关系，功用、对比、从属、并列、因果关系），对备择的语词进行类比推理（共40对语词），选出与例题关系相同的一对语词。共10题，每题2分，时间与主试同步。

语词联想：对"水""草原"概念进行发散式联想，每联想出一个概念得1分，并按概念类别加分。最高分不限，计分时间为5分钟。

2. 数据管理

研究采用平衡方式对学生的藏汉双语能力进行测验，全部数据均采用SPSS 16.0进行管理。本书只分析了藏族学生的汉语能力。

三　研究结果

（一）藏族学生汉语水平及语词思维能力的发展

藏族学生汉语各项能力及语词思维测验任务中的成绩见表6-3~

表 6 – 9。

表 6 – 3　藏族学生汉语测验总成绩的年级比较

年级	人数	M ± SD	F	多重比较
小学	380	53.79 ± 20.19		
初中	198	64.77 ± 14.97	214.43***	小 < 初 < 高
高中	185	86.40 ± 13.12		
合计	763	63.41 ± 22.29		

*** $p < 0.001$，** $p < 0.01$，* $p < 0.05$。

由表 6 – 3 可见，藏族学生汉语总成绩的年级效应显著，表现为年级越高，汉语成绩也越高，标准差也在逐级减小，年级间差异显著。

表 6 – 4　藏族学生汉语听力测验成绩的年级比较

年级	人数	M ± SD	F	多重比较
小学	380	9.87 ± 5.49		
初中	198	12.84 ± 5.03	87.01***	小 < 初 < 高
高中	185	15.89 ± 4.89		
合计	763	11.82 ± 5.83		

*** $p < 0.001$，** $p < 0.01$，* $p < 0.05$。

由表 6 – 4 可见，藏族学生汉语听力成绩的年级效应仍显著，表现为年级越高，汉语听力成绩也越高，标准差也在逐级减小，年级间差异显著。

表 6 – 5　藏族学生汉语看图写话（说）测验成绩的年级比较

年级	人数	M ± SD	F	多重比较
小学	380	11.11 ± 4.04		
初中	198	12.11 ± 2.59	37.91***	小 < 初 < 高
高中	185	13.64 ± 1.01		
合计	763	11.88 ± 3.47		

*** $p < 0.001$，** $p < 0.01$，* $p < 0.05$。

由表 6 – 5 可见，藏族学生汉语看图写话（说）能力的年级效应显著，表现为年级越高，成绩也越高，标准差仍在逐级减小，年级间差异显著。

表 6 - 6   藏族学生汉语阅读测验成绩的年级比较

年级	人数	M ± SD	F	多重比较
小学	380	9.49 ± 3.56		
初中	198	10.64 ± 2.25	25.85 ***	小 < 初 < 高
高中	185	11.30 ± 1.78		
合计	763	10.12 ± 3.11		

*** $p < 0.001$, ** $p < 0.01$, * $p < 0.05$。

由表 6 - 6 可见，藏族学生汉语阅读成绩的年级效应仍然显著，同样表现为年级越高，成绩越高，标准差仍在逐级减小，年级间差异显著。小学低于平均分，初高中高于平均分。

表 6 - 7   藏族学生汉语写作测验成绩的年级比较

年级	人数	M ± SD	F	多重比较
小学	380	9.12 ± 5.82		
初中	198	12.87 ± 4.91	153.55 ***	小 < 初 < 高
高中	185	17.20 ± 4.12		
合计	763	11.69 ± 3.12		

*** $p < 0.001$, ** $p < 0.01$, * $p < 0.05$。

由表 6 - 7 可见，藏族学生汉语写作成绩的年级效应显著，表现为年级越高，汉语成绩也越高，标准差逐级减小，年级间差异显著。与平均分相比，小学低于平均分，初高中高于平均分。

表 6 - 8   藏族学生汉语语词推理的年级比较

年级	人数	M ± SD	F	多重比较
小学	380	10.70 ± 4.79		
初中	198	10.47 ± 4.55	48.39 ***	小 > 初 < 高
高中	185	14.47 ± 3.97		
合计	763	11.54 ± 4.84		

*** $p < 0.001$, ** $p < 0.01$, * $p < 0.05$。

表 6 - 9　藏族学生汉语语词联想的年级比较

年级	人数	M ± SD	F	多重比较
小学	380	3.50 ± 3.94		
初中	198	5.84 ± 4.90		
高中	185	13.91 ± 7.93	248.44 ***	小 < 初 < 高
合计	763	6.36 ± 6.80		

*** $p < 0.001$, ** $p < 0.01$, * $p < 0.05$。

　　由表 6 - 8 和表 6 - 9 可见,高中的发展快于小学和初中。与平均分相比,小学、初中均低于平均分,高中高于平均分。

　　分析表明,年级在汉语水平及语词思维测验上的主效应显著,三个年级段之间的差异均达显著水平,表现为随着年级的升高,汉语水平发展明显,*Wilks' λ* = 0.504,F(5,757) = 61.47,$p < 0.001$。这表明,藏族学生汉语水平表现出高中优于初中,初中优于小学的发展趋势。进一步分析显示,听说读写技能的年级主效应差异显著($p < 0.001$),仍表现出随年级升高而明显发展的趋势;在听说读写四项技能中,成绩由高到低的顺序为:写、听、说、读。

　　将全体的汉语水平测验成绩作为标准分进行分析的结果显示,小学各项成绩均低于标准分,差异显著($p < 0.001$)。初中各项成绩均高于标准分,但只有"写"的技能达到显著水平;高中听说读写四项技能均高于标准分,差异显著($p < 0.001$)。这表明进入初中后,藏族学生汉语水平的各项技能不断发展,特别是"写"的技能更为突出。到高中阶段,听说读写技能表现出质的飞跃。

　　看图写话最高 12 分,最低 0 分,均分小学为 1.12,初中 1.78,高中 3.14。虽总体水平显弱,但依然呈现随年级的升高而不断发展的趋势,而且高中与小学、初中差异较大。

　　将全体学生的藏语水平测验成绩作为标准分,对汉语水平进行分析的结果显示,三个年级段各项成绩均低于藏语测验成绩,差异达显著水平。这表明学生的藏语水平无论在哪个年级段均高于汉语水平。

　　语词思维能力包括语词推理和语词联想两部分,语词推理能力从总体而言,小学和初中没有差异,高中与前两个阶段差异显著。

语词联想能力依然显示出随年级段的上升而不断向上的趋势，而且三者间差异非常显著（$p < 0.001$）。就语词联想类别而言，在规定的5分钟内，小学生联想到17类语词，初中生29类语词，高中生138类语词；高中生远远多于小学生和初中生。这表明，汉语能力的提高，增强了学生语词思维的速度和广度，高中生尤其突出。

（二）相关分析

通过计算各个变量之间的相关和控制了年龄因素之后的偏相关后进行分析可以发现，学生汉语听说读写与汉语水平、语词推理及语词联想间关系的结果如下（见表6-10）。

表6-10　藏族学生汉语听说读写与语词能力的相关

测验	听	说	读	写	汉语水平	语词推理	语词联想
年级	.36***	.26***	.21***	.56***	.63***	.26***	.64***
听	–	.38***	.24***	.42***	.69***	.37***	.28***
说	.32***	–	.31***	.49***	.63***	.41***	.27***
读	.18***	.27***	–	.25***	.45***	.36***	.17***
写	.28***	.42***	.16***	–	.80***	.32***	.53***
汉语水平	.63***	.62***	.42***	.70***	–	.61***	.73***
语词推理	.31***	.37***	.32***	.21***	.62***	–	.26***
语词联想	.06	.14***	.04	.27***	.54***	.13**	–

*** $p < 0.001$，** $p < 0.01$，* $p < 0.05$。

分析显示，在控制了年龄因素之后，听说读写测验和汉语水平、语词推理间的相关数值虽略有下降，但仍具显著相关。语词联想的相关除听和读以外，汉语听说读写技能与汉语水平间相关显著（$r_{写} = 0.70$、$r_{听} = 0.63$、$r_{说} = 0.62$、$r_{读} = 0.42$，$p < 0.001$）。听说读写技能与语词推理间显著相关，而与语词联想达显著相关的只有说写技能。汉语水平与语词推理、语词联想间显著相关（$r_{推理} = 0.62$、$r_{联想} = 0.54$，$p < 0.001$），这表明语言与思维互相影响、互相促进。

将藏语总成绩和汉语总成绩进行相关分析的结果为$r = 0.47$，$p < 0.001$。这显示，藏汉双语成绩具有相关关系，两种语言学习可互相促进。

（三）回归分析

为了探讨听说读写在藏族学生汉语水平、语词推理、语词联想发展中的作用，本研究以汉语测验总成绩、语词推理、语词联想为因变量，进行回归分析。为了控制年级效应，回归分析分两步进行，第一步先加入年级变量，第二步再将听、说、读、写任务放入回归方程，结果见表6-11。

表6-11　听说读写能力对学生汉语测验的回归分析

测验项目	汉语成绩				语词推理				语词联想			
	ΔR^2	ΔF	β	t	ΔR^2	ΔF	β	t	ΔR^2	ΔF	β	t
1. 年级	0.404	517.42***	0.67	26.79***	0.066	54.77***	0.36	11.49***	0.405	519.05***	0.53	18.44***
2. 听	0.879	1106.78***	0.32	22.29***	0.266	56.29***	0.19	5.30***	0.445	122.97***	-0.02	-0.52
说			0.20	13.21***			0.24	6.42***			0.03	0.82
读			0.17	12.46***			0.22	6.48***			-.003	-0.12
写			0.41	24.22***			0.03	0.73			0.24	6.58***

*** $p < 0.001$, ** $p < 0.01$, * $p < 0.05$。

分析显示，年级因素能解释测验成绩总变异的40.4%，而在控制了年级效应之后，听说读写任务一共能解释另外87.9%的变异，$F(5,757)=1106.78$，$p<0.001$，这表明，听说读写能力是藏族学生汉语水平重要的解释变量。对语词推理和语词联想测验的分析也显示，听说读写任务能分别解释总变异的26.6%和44.5%（语词推理：$F(5，757)=56.29$，$p<0.001$；语词联想：$F(5，757)=122.97$，$p<0.001$），大于年级因素6.6%和40.5%的解释作用。这表明，藏族学生的听说读写成绩能有效预测其汉语水平及语词思维能力。

四　研究分析

（一）藏族中小学生汉语能力发展规律

藏族学生汉语（第二语言）发展表现出如下规律。

第一，汉语水平的发展是随汉语听说读写能力的发展而发展的。研究显示，听说读写能力能有效预测藏族学生的汉语水平，二者具有线性关系；听说读写技能是汉语水平发展的基础；要想提高藏族学生的汉语水平，必须奠定其良好的听说读写基础；只有听说读写基础扎实，才能保证汉语能力的有效发展。

第二，遵循了由低向高的发展规律。其表现趋势为随年龄或年级的提高而逐步发展。测验表明，小学、初中、高中成绩差异非常显著，高中高于初中，初中高于小学，而且高中各项成绩明显高于初中及小学。就年级和性别比较而言，以汉语水平及语词思维测验成绩为因变量，以年级、性别为自变量的多元方差分析显示，年级主效应对模型的贡献大，表现出随年级的升高而逐级发展的趋势。而且，听说读写的年级主效应仍显著。这种发展趋势在藏汉双语发展中均具有共性，这表明，藏族学生第二语言发展和第一语言发展具有共性。

第三，发展具有相关性。表现出与前一阶段发展水平相关的规律。小学阶段基础扎实，到初中、高中阶段则发展较快，反之相反。小学基础较差者，到初中乃至高中水平也不理想。

第四，高中阶段发展突出。将小学、初中、高中三个年级段进行比较的结果表明，本研究被试第二语言成绩，小学和初中虽有显著差异，但两者间差距为 10.98，而与高中的差距，小学为 32.61，初中为 21.63，可见，高中为藏族学生第二语言发展的质的飞跃阶段。

通过分析以上规律我们认为，儿童经历语言输入的质量和数量不仅影响母语习得，而且也影响第二语言习得。语言学家哈特等人认为："得到语言输入少的孩子比得到输入多的孩子语言技能低，这种差别如果没有介入的话，就要持续相当一段时间。发育早期缺少良好语言输入的孩子永远赶不上接触了较多的高水平语言输入的同伴。"[1] 可见，输入是语言学习的必要条件。本研究结果也表明，藏族学生汉语发展水平，或与其听说读写相关，或与其早期的基础相关，总之与"输入"具有直接的关系；而且，对城镇部分学生的成绩分析也表明，如果汉语学习初期所达到的语言输入类似于母语输入，那么，其双语能力均很强。然而，在牧区无论是学校教育还是周围环境，均无法实现让儿童有高质量的、良好的汉语输入，因此其汉语成绩显著低于城镇学生。为了改变这种现状，第一，必须重视学生早期的汉语输入，奠定其良好的听说读写及学习基础，使其有良好的学习策略；第二，必须加强学习者主动运用汉语的输出实

---

① 徐平：《第二语言学习者的输出策略：理论与实践》，《吉林师范大学学报》2010年第4期。

践活动；第三，必须关注和改进学校双语教学条件及设施。

（二）读、说能力是影响藏族学生汉语能力的核心因素

听说读写是藏族学生汉语水平发展的基础。其中，听是基础，读是中心，说写是目的。藏族学生汉语听说读写中句子联写能力发展最快，"听"的能力次之，说、阅读和写作能力相对滞后。如果不包含作文能力，则其成绩由高到低的顺序为写、听、说、读，这表明学生汉语写和听的能力相对较高，而说和读的能力较低。将"说"作为变量，与听、读、写的相关均达显著水平，其中与"读"关系最为密切（$r = 0.618$，$p < 0.001$）。目前困扰藏族学生汉语能力的主要因素是"说"不好，而"说"不好的直接原因是没有"读"好。"读""说"能力的滞后影响了学生汉语能力的发展，可见，"读""说"能力是影响藏族学生汉语能力的核心因素。要想让藏族学生学好汉语，必须得让其"说"好汉语，而要说好汉语，还必须"读"好汉语。

"读"是学生由认识到运用语言的关键环节。牧区学校在听说读写能力训练中，对听和写的训练相对较好，但对"读"和"说"的训练关注度较低，尤其对学生专门的阅读训练活动或课程相对较少，教学策略也较单调，加之条件所限，可供学生阅读的双语课外书籍又很少，制约了学生阅读能力的发展。由于阅读有限，学生头脑中的图式就很贫乏，对阅读材料的理解就会受到干扰，这不利于学生对语言的运用。阅读过程是一个心智活动过程，是认知、情感、意志和个性发展的过程，学生通过这些心智过程，可以构成自己的语言能力。

除阅读外，导致学生"说"不好的原因有很多。就年龄而言，是因为越过了口语发展的敏感期。学生学习汉语（第二语言）大多为6岁以后，发音器官基本成形，模仿力有所减弱，这样会影响普通话的标准发音以及对声调的准确把握。

汉语学习和母语学习相比，存在如下心理差异。

母汉双语学习的起点不同使学生产生负迁移现象。学生语言学习初期习得母语，没有前摄抑制的干扰。而汉语学习是在习得母语的基础上进行的。因此，汉语学习常常会迁移母语的知识、经验和思维方式，产生正迁移现象，但两种语言的差异导致学生在发音、

词法、句法、语序等方面出现负迁移现象，这种"第一语言干扰"现象不太容易纠正，这也是汉语学习的难点之一。

母汉双语学习的环境不同使学生产生学习压力。母语学习的环境是随意的、自然的，不受时间、地点的限制，学生能随时随地大量接受和接触语言，而且也能重复，与人交流的心理是平等的，搜索也是自动的，毫无困难；而汉语是在学校课堂中学习的，受时间、地点限制，输出语言的机会很少，交流主要是由教师引导的，心理上不平等，自动性发生较晚，而且当学习或输出语言时，需要借助外部或内部各种信息，甚至需要经过藏汉双语互译，并不断注意、反馈自己说出的语言是否偏离标准等，致使学生学习压力加大。当然这些差异并不是双语言本身的问题，而是学生习得语言的物质环境、社会环境，特别是心理环境的不同给汉语学习带来较大心理压力所致。

母汉双语输入方式的不同使学生学习兴趣不高。母语是在自然情境中学习的，所输入的语言材料都带有密切联系实际、简单、清楚、速度适中、充满感情、伴随丰富的体态语等特点；而汉语是在课堂中学习的，所输入的语言材料是精选的，相对比较呆板，由于不理解，体验不深刻，学生觉得内容远离自己的生活实际，这样就影响了学生的学习兴趣。

母汉双语重复率的不同使学生对语言的记忆效率不高。斯金纳的研究发现，儿童语言习得过程是一个习惯的形成过程，儿童习得语言，一般要经过模仿、练习、成形三个阶段，而且这三个阶段是语言习得的重要组成部分。①虽然人们对行为主义的语言观褒贬不一，但该理论对本研究结果的诠释具有一定意义，即学生的母语习得经历了上述三个阶段。而汉语习得中的练习非常有限，致使模仿和成形之间缺乏有机的联系，降低了重复的概率，由此，影响了学生对汉语的有效巩固（记忆）。

与汉语信息的贫乏有关。一方面，学生因寄宿学校而与外界联系少，接触的汉语信息较为有限。另一方面，在汉语课上，由于听不懂，教师较多采用藏语解释，师生间汉语交流比较有限。比如对

---

① 王斌华：《双语教育与双语教学》，上海教育出版社，2003，第 257 页。

教师的调研显示，师生交流使用藏语的占35%，以藏语为主的占57.7%，以汉语为主的占4.9%，使用汉语的仅占2.4%。这些都不同程度地制约了学生汉语习得及信息的拓展。

与教师的汉语水平有关。在牧区学校承担汉语教学的基本都是藏族教师，其汉语水平或普通话能力相对较低。对汉语课教师的调研显示，认为自己"藏汉双语都好"的只占33.3%，"汉语一般，藏语好"的占36.7%，"藏语一般，汉语好"的占13%，"只懂汉语"的占17%。这虽然不能决定学生的汉语水平，但教师队伍的整体素质特别是汉语水平已成为制约藏区中小学提高教学质量的致命瓶颈。

与学校的课程改革及教学策略有关。学校开设有利于学生双语发展的汉语口语会话、阅读等校本课程较少。研究表明，阅读涉及各种各样的技能，对儿童是一个很大的挑战，包括抽取句子意义的能力、理解一定交流情境中句子的能力、从个别陈述中进行推理的能力以及监控自己理解的能力；还涉及掌握书面语特有的其他技能，包括用眼扫描文本中的句子、抽取字词的视觉特征、在页面上从左到右地阅读以及用某种方法把书面的语言和口头语言联系起来①的能力等都需要有意识地培养训练。在教学策略中，由于早期输入质量不高，影响后期输出；而后期输出中，缺乏多元化的输出训练也是影响学生语言能力发展的重要因素。

（三）语言学习心理品质是激发藏族学生汉语学习的内部动力

语言的发展，需要有自然或创设的语言环境，更需要良好的语言学习心理品质。有心理学者借鉴心理学和社会学研究成果提出情感过滤假说，认为只有大量的可理解性输入的环境并不等于学生就可以学好目标语了，第二语言习得过程还要受许多情感因素的影响，如语言学习兴趣、语言认知策略、语言情感策略等，语言输入必须通过情感过滤才有可能变成语言"吸收"。语言学习动机也是语言学习中的关键因素。语言学习动机越强，语言学习积极性越高，潜能的发挥也越好，语言学习效率也越高。动机和能力变量不同，它易于控制和修改，从而达到提高第二语言学习效率的目的。有人把第二语言学习的动机定义为学习者为获得第二语言能力准备做出的努

---

① D. W. 卡罗尔：《语言心理学》，缪小春等译，华东师范大学出版社，2007，第299页。

力和实现这一目标的愿望；也有观点认为，环境对第二语言成绩的影响是以一个复杂的心理机制为中介，这个心理机制就是动机过程。只有对这个中介过程有较好的理解，才能准确地识别出有关的环境变量，通过操纵这些变量，可以大幅度地提高学习者在第二语言上的语言能力及交流能力。加德纳和兰伯特认为，态度影响动机，动机影响第二语言能力，实用或融合的动机水平是第二语言成绩的最好预测指标。总之，心理学家通过大量研究发现，动机对于个体活动具有激活、引导、维持和调整功能，教师的任务并非增强学习动机本身，而是要发现、激发并保持学生语言学习动机，使学生从事有利于语言学习的活动，发挥好上述动机功能。同时，本研究表明，通过藏族学生的藏语水平可以预测其汉语水平，换言之，藏汉双语学习的心理机制具有相通性；母语或第二语言的学习，与学生学习兴趣、学习动机、认知策略、情感策略、意志行动及个性的形成具有相互作用，这些心理品质均会有意或无意迁移到他们对另一语言的学习中。无论是母语还是第二语言的学习，只要形成不良的心理品质，就会影响另一语言的学习效率。在卡明斯看来，两种语言行为的背后有着一个共同的认知能力。莱蒙等人发现，在母语测试中得高分的学生在两种语言的认知能力测试中也会得高分。卡明斯等人也观察到很多事例，发现儿童将第一语言中获得的认知功能迁移到在学校学习的第二语言中，同样，儿童也会把通过第二语言学会的认知技能迁移到第一语言中。① 因此，关注学生语言能力的同时，也应关注语言学习心理品质的培养。

（四）汉语水平在听说读写和语词思维发展中具有桥梁作用

研究表明，藏族学生听说读写成绩能有效预测其汉语水平及语词思维能力。换言之，藏族学生汉语听说读写发展得好，则汉语能力强，语词推理能力和语词联想能力也强；反之相反。可以说，汉语水平在学生听说读写和语词思维发展中具有桥梁作用。而且，总体上，藏族中小学生语言与思维间的关系是互相影响、互相促进的。

语词推理能力从总体而言，小学和初中没有差异，高中与前两个阶段差异显著。五种关系的类比推理由高到低的顺序为：小学为

---

① 余强：《双语教育的心理学基础》，江苏教育出版社，2002，第89~90页。

功用、对比、因果、从属、并列关系；初中为功用、对比、因果、并列、从属关系；高中为功用、并列、对比和因果、从属关系。语词类推能力具有一定规律，居第一位的均为功用关系，而居最后的小学为并列，高中为从属，初中居两者之中为并列和从属。这表明，学生对语词词义的辨析、理解能力，其一，遵循从易到难的规律；其二，具有年龄特点，初中处于小学向高中过渡阶段，故两种特点兼具，水平也居两个年龄段之中。

在推理任务中，学生既未将汉语语词译为藏语，通过藏语词义或思维来完成汉语推理任务，也没有充分调动有效的心理资源，比如，在例子为"节约－浪费"的对比关系中，很多学生在备选的"认真－细心、认真－成功、认真－踏实、认真－马虎"中选择了"认真－成功"，或许学生没有注意到例子与任务的关系，或许没有利用有效的"记忆"机制，被之前的任务"动力定型"，出现了前摄抑制现象。这表明，学生在没有真正把握第二语言语词的本质意义时，会减少使用解决问题的各种有效策略。尤其是在第二语言学习过程中，如果处在认知的初级阶段，其心理对所认知对象关注度的范围变得狭窄，不能激活、启动或利用更多"心理能量"。当第二语言能力较低时，两种语言间存在相互干扰的现象。卡明斯的阈限学说认为："双语儿童的第一语言和第二语言必须达到一定水平才能在认知发展方面避免消极的影响，并进而有所受益。因此，可能有两个阈限水平：达到了第一阈限水平（较低水平），双语儿童就能在认知发展方面避免负面的影响；达到了第二阈限水平（较高水平），双语儿童就能在认知发展方面表现出优势"[1]。可见，努力让学生的汉语能力达到第二阈限水平，才能对双语发展产生积极影响。

语言间的相互干扰，也是语言接触导致的结果之一。语言接触会发生相互渗透、相互吸收的现象，也会发生相互干扰的现象。分析表明，这种干扰在藏族学生的汉语写作中影响最大。通过对学生的看图写话研究，我们看到，学生的写作几乎是通过汉语形式（汉字），遵循藏语语序写出了藏文化习俗思维结果的内容。这一方面是语言接触中语言借用的现象（这种现象一般出现在第二语言水

---

① 余强：《双语教育的心理学基础》，江苏教育出版社，2002，第8页。

平较低或初级阶段）；另一方面，也表现了思维对语言的反作用。所以，语词或言语不仅可以巩固与表达思维的结果，而且也是思维赖以进行的载体。

五　汉语教学建议

（一）掌握汉语教学中语音的正确发音

语音是语言学习的基础，也是区别两种语言的媒介，所以，语音是整个学习过程中最为重要的一部分。正确的发音是掌握听说读写能力和社交能力的前提。汉族学生在"咿呀学语"时就开始接触汉语的语音，而藏族学生是在学习了藏语言的基础上才接受另一种语言教学。他们首先要掌握正确的发音，以此作为汉语言学习的基础，才能进行第二语言的学习。藏族学生在学习并掌握了本民族语言语音的基础上学习汉语言，不免会受到藏语的影响，所以，在汉语言学习过程中，首先要对藏、汉语的发音进行比较分析，通过两种语言的差异分析进而对汉语言的发音进行学习。

汉语和藏语属于同一个语系——汉藏语系，所以在语言类型上尤其是语音体系中有一些相似的特征，如语音的音节结构形式比较简单；音节大都由元音、辅音构成，每个音节几乎都有声调，元音较多，音节读出来清晰、响亮。藏语是一种拼音文字，属辅音文字型，分辅音字母、元音符号和标点符号三个部分，其中有 30 个辅音字母、4 个元音符号以及 5 个反写字母。辅音是气流在口腔或咽头受到阻碍而形成的音，发音时声带不一定振动，是一种不够清晰、响亮的音素。汉语中有 22 个辅音，其中舌根鼻音只能出现在音节末尾，不能充当声母，其他 21 个辅音都能充当声母，再加上零声母，共 22 个声母。不难看出，除了汉语和藏语同属一个语系外，藏语中还有许多音位是汉语中没有的，汉语的声母系统比藏语的声母系统简单。

元音是组成音节的必要成分。在藏汉语中，由于辅音与元音的组合方式不同，韵母差异较大，其中藏语只包括单韵母和复韵母，而汉语包括单韵母、复韵母以及鼻韵母。

声调是语音最大的一个特征，是指音的高低升降，在藏汉两种语言中，区分两者的声调时，不仅需要根据音的高低，还要根据音的升降变化。声调的音高呈旋律型，或高或低，或升或降，或平或曲。这两种语言既有共同点又有差别，如有几乎相同的高平调、高降调；有明显不同的汉语的高升调与藏语的低升调；在曲折调上，汉语是降升曲折调，藏语是升降曲折调。同时在声调上还存在声音高低的不同，也有长短的不同，等等。

（二）加强双语教学中的语音学习

根据对藏汉两种语言的辅音、元音以及声调的对比分析发现，在学习第二种语言过程中，语音教学是促进汉语学习的关键，所以，声母与韵母的有效教学直接影响着第二语言的学习。

通过对藏、汉两种语言声母的比较发现，两者的声母系统差别较大，故在藏族学生学习汉语过程中，教师应着重矫正学生的唇齿音，藏语中没有唇齿音，如 f 音，要对学生进行准确示范，使其反复练习，这样才能使学生形成较稳定的音节。①

从藏汉两种语言的韵母系统来看，藏语元音系统较汉语元音系统相对简单，所以，在学习过程中，鼻韵母的学习对于学生来说难度较大。汉语中包括 15 个鼻韵母，包括前鼻音韵母和后鼻音韵母，所以在教学过程中要注重韵母的学习。同时要注意舌面单元音和卷舌音的学习，如"儿子""耳朵""快板儿""鸟儿"等。

在双语教学过程中，要确定教学重难点，有针对性地安排教学，将学好汉语拼音作为学习汉语的基础，使其不断进行音节练习，同时掌握语调的变化，学会不同的发音形式，掌握正确运用汉语的技巧。

（三）强化汉字识别教学过程

在藏汉双语教学中，教师发现汉语教育的基础是汉字识字的教学。汉字从最初的甲骨文到现在的形声字，形、音、义三者关联而形成文字系统。藏族学生在学习汉语的过程中，必须掌握汉字的特点，以此作为识别的基础。汉字中形声字最多，其特点为形旁标义、声旁标音等。汉语教师在给学生教识生字时，还应根据汉字的表意特征，形象生动地解析汉字的偏旁部首，并注意与汉字的意义相联系，使学生在想象和娱乐中掌握汉字。如"看"这个眼睛动作可以

---

① 林秀艳：《西藏中小学汉语教学的理论与实践研究》，博士学位论文，中央民族大学，2010。

用不同的字来说明，常见的有"瞪、盯、视、观、瞄"等。如果学生学习并掌握了汉字的特点，就可对汉字进行识别，如分散识字、集中识字、注意识字和字理识字。[①] 藏族学生在汉语学习过程中，其识别语言的能力不仅受汉字特点的影响，还受学习者自身实际语言状况的影响。[②] 在双语教学中，藏族学生的不同生源也会影响其汉语识别的过程。一类是来自纯藏族地区的学生，在学习过程中往往以藏语为主、汉语为辅，导致他们在汉字识别过程中，将汉语转换为藏语完成理解过程；另一类学生来自藏族和汉族杂居地区，从小熟练运用汉语和藏语，在汉字识别过程中，很少有学生进行对译转换，所以，对文字的识别最好，能更好地掌握汉语言文化。

综上所述，藏汉双语教学过程中，教师要不断运用正确的语音加工，对藏语和汉语进行对比，使学生掌握第二语言的特殊性，形成较为稳定的语言模式。同时，要注重年龄层次，随着学生年龄的增长，其认知水平也不断提高，教师在双语教学过程中，不能仅以"藏＋汉模式"或"汉＋藏模式"进行单一教学，应按照学生的认知水平，认识到学生受本民族语言的影响，对学生进行有效教学。如在小学阶段以母语教学为主，汉语教学为辅，使其形成较稳定的母语思维能力；在中学阶段，以两种语言模式穿插教学，解决实际问题，使其形成多元化的思维模式；在高中阶段以汉语言教学为主，使其积极运用汉语思维模式，对母语进行适当调整，开阔学生视野，为其提供广阔的前景和知识储备。只有这种教学模式才能够充分把握汉语渗透的力度，使学生真正掌握所学知识，达到双语发展的目的。

第三节　藏族学生汉语学习策略

关于学习策略，学术界尚未取得一致的看法，语言研究者从不同的角度运用不同的名称对学习策略进行解释，比较流行的有以下三种。

[①]　李彭曦：《多媒体字源识字教学系统在藏汉双语教学中的应用研究》，硕士学位论文，西南大学，2008。

[②]　王大胄：《影响数学藏汉双语教学方式选择的因素浅析》，《牡丹江师范学院学报》（自然科学版）2011年第2期。

1. 查莫特的解释

查莫特认为："学习策略是学生采取的技巧、方法或刻意的行动，其目的是为了提高学习效果和易于回忆语言的形式及内容。"其根据信息处理的理论，把策略分为三类：元认知策略、认知策略和社会/情感策略。元认知策略用于管理、监控、评价认知策略的使用，包括提前准备策略、集中注意策略、选择注意策略、自我管理策略、事先练习策略、自我监控策略、延迟表达策略和自我评价策略；认知策略用于学习语言的活动之中，包括重复策略、利用目标语资源策略、利用身体动作策略、翻译策略、归类策略、记笔记策略、演绎策略、重新组织策略、利用视觉形象策略、利用声音表象策略、利用关键词策略、利用上下文情景策略、拓展策略、迁移策略和推测策略；社会/情感策略是为学习者提供更多接触语言的机会，包括协作策略和提问策略。①

2. 奥克斯福德的解释

奥克斯福德认为："学习策略是学习者为了使语言学习更加成功、更加自主、更加愉快而采取的行为或行动。"其根据策略与语言的关系将策略分为两大类：直接策略和间接策略。直接策略是指直接影响语言学习的策略，包括记忆策略（如建立联系网络、运用形象和声音、认真分析、运用动作）、认知策略（如练习、接受与传送信息、分析与推理、为输入输出信息建立规则）和补偿策略（如猜测、克服说写中语言知识的不足）；间接策略是指间接地影响语言学习的策略，包括元认知策略（如建立学习重点、安排与计划学习、评价学习）、情感策略（如降低焦虑程度、鼓励自己、了解自己的情感状态）和社会策略（如询问问题、与别人合作、同情别人）。②

3. 科恩的解释

科恩认为："学习策略是学习者有意识选择的学习过程和步骤。"他用学习者策略代替学习策略。其根据运用策略的目的，把学习者策略分为两类：学习语言的策略和运用语言的策略。前者指为学习语言而使用的策略，后者指为运用语言而使用的策略。其中学习语

---

① 钟兰凤：《第二语言学习策略研究》，《辽宁教育行政学院学报》2004 年第 3 期。

② 钟兰凤：《第二语言学习策略研究》，《辽宁教育行政学院学报》2004 年第 3 期。

言的策略包括：识别材料（识别需要学习的材料）、区别材料（将要学习的材料与其他材料区分开）、组织材料（将语言材料归纳以便学习）、反复接触材料（重复练习语言材料、有意识记忆、花气力记住语言知识）。运用语言的策略包括：检索策略（为从大脑中提取语言形式而采取的措施）、排练策略（为反复练习语言形式而采取的措施）、掩盖策略（为掩盖自己语言知识的不足而采取的措施）、交际策略（为顺利进行交际活动而采取的措施）。①

从以上三人的解释来看，三者对学习策略的定义大体相似：奥克斯福德的解释与查莫特的解释基本相似，不同的是奥克斯福德认为两类策略之间没有层级关系，它们都在同一平面上运作；而查莫特则主张元认知策略高于其他策略。科恩的分类看上去很清楚，但是对于广大的二语学习者而言，尤其对广大中小学生而言，识别材料、区别材料和组织材料在目前中国的语言环境下是很难实施的；而且对于学习者某个具体的活动，特别在外语学习的环境中，我们很难判断外语学习者是为了学习语言，不是为了应用语言。尽管二语学习策略的定义或名称各不相同，但实验结果已表明，教育学生成为良好学习策略的使用者是可能的。

一　研究背景与目的

本研究期望通过对藏族学生的问卷调查，以了解藏族学生汉语学习策略的使用情况，为藏族学生汉语教与学的进一步研究与实践提供依据。本研究主要探讨如下问题：藏族小学生汉语学习策略的总体使用状况，藏族小学生汉语学习策略使用的性别差异，藏族小学生汉语学习程度与其策略使用的关系，不同汉语学习年限的藏族小学生策略使用的差别，汉语学习兴趣与藏族小学生汉语学习策略使用的关系，汉语能力自我评价与藏族小学生汉语学习策略使用的关系，年龄与藏族小学生汉语学习策略使用的关系。

二　研究方法

（一）研究对象

选取的调查对象全部来自青海省海南藏族自治州共和县的三所

---

① 钟兰凤：《第二语言学习策略研究》，《辽宁教育行政学院学报》2004 年第 3 期。

寄宿制小学，分别为：倒淌河镇中心寄宿制小学、共和县第一民族寄宿制小学、共和县第二民族小学。从这三所寄宿制小学总共选取了360名小学生，在选择的总样本中，男女生各半，各180人；并且，按照汉语学习成绩好、中、差的标准（由各年级各班汉语任课老师根据平时汉语考试成绩好、中、差的标准抽取学生），从每个年级各抽30名学生；其中，倒淌河镇中心寄宿制小学1~3年级的小学生90人，共和县第一民族寄宿制小学1~6年级的小学生180人，共和县第二民族小学4~6年级的小学生90人。无效问卷58份，有效问卷302份，被试全部为藏族小学生，第一语言均为藏语。

（二）研究工具

奥克斯福德编制的语言学习策略量表能比较全面细致地调查学习者的学习背景及学习策略使用的具体情况，是"一个极有价值的诊断工具（a valuable diagnostic tool）"[①]。到目前为止，在第二语言学习策略研究领域，SILL量表是被研究者最广泛使用的量表。

SILL量表是奥克斯福德根据其语言学习策略分类系统制定的。其将学习策略分为直接策略和间接策略两大类，直接策略又包括记忆策略、认知策略、补偿策略三小类；间接策略又包括元认知策略、情感策略、社会策略三小类，因此该量表共包括六个分量表。

本研究采用SILL（Version 5.1）量表，该量表由80个项目组成，由被试根据自己的实际做法，按照里克特（Likert-type）量表分为五级（1表示从来或几乎不这样做，5表示经常或几乎都这么做）评价每一项陈述符合自己的程度。由于本研究的被试是藏族小学生，其认知思维的发展程度相较成人有一定的差距，且原量表包含项目过多，让小学生针对这么多项目进行自我评价，一则会比较吃力；二则可能会使得被试对测量项目失去耐心，产生焦躁情绪，不配合调查研究的进行；另外，SILL原量表的一些项目不符合藏族小学生汉语学习策略的实际，若照搬原量表的项目内容，研究将丧失其原有的意义。

为使量表更适合藏族学生，一方面，本研究在不改变原测试目的的前提下对量表进行了调整与修改。最终修改后的量表仍然由6

---

① 吴勇毅：《不同环境下的外国人汉语学习策略研究》，博士学位论文，上海师范大学，2007。

个分量表组成（共36个项目），分别测量6类语言学习策略：①社会策略，5个项目；②情感策略，5个项目；③元认知策略，6个项目；④补偿策略，5个项目；⑤记忆策略，5个项目；⑥认知策略，10个项目。另一方面，SILL测量问卷除了包含测试学习策略使用状况的量表项目部分，还包括针对被试语言学习背景的调查问卷，在研究设计过程中，结合藏族学生的实际特别是研究目的，本研究对背景调查部分进行了适度调整，该部分的问卷题目包括被试的年龄、性别、年级、母语、汉语学习时间等共12个问题。

为了验证调整过后SILL测量问卷的信度，以确保进一步研究的严谨性，按照每个年级男、女生各半的标准，我们从青海省海南藏族自治州共和县第一民族寄宿制小学1～6年级各随机抽出6名学生（共36名学生）进行预测，结果显示，量表的信度系数为0.827，6类学习策略的信度系数在0.705～0.922，这表明该量表具有比较好的信度；在效度方面，6种学习策略的分项与总项之间的相关显著，这说明本土化后的SILL量表具有较好的信度和效度。本研究全部数据均采用SPSS16.0软件进行处理。

三 研究结果

按照奥克斯福德提出的方法，每个策略平均值的大小表示了被试使用该策略的频率，具体见表6-12。

表6-12 学习策略评价标准

策略	平均值	评价
学习策略	1.0～1.4	从不使用该策略
	1.5～2.4	很少使用该策略
	2.5～3.4	有时使用该策略
	3.5～4.4	经常使用该策略
	4.5～5.0	总是使用该策略

（一）藏族学生汉语学习策略总体状况

对藏族小学生六大学习策略使用情况进行描述性统计分析，并绘制直方图，结果见表6-13、图6-4。

表 6 – 13　藏族学生汉语学习策略总体状况

项目	社会策略	情感策略	元认知策略	补偿策略	记忆策略	认知策略
人数	300	302	301	301	301	301
均数	2.68	2.58	3.36	3.12	3.11	3.07
标准差	1.23	1.02	0.72	0.71	0.81	0.85

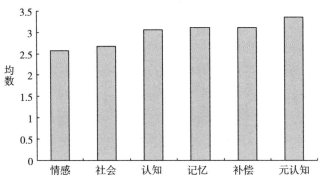

图 6 – 4　藏族学生汉语学习策略总体状况

从表 6 – 13 和图 6 – 4 的数据可以看出，在整体上平均分数最高的学习策略是元认知策略，其次是补偿策略、记忆策略、认知策略和社会策略，平均分数最低的是情感策略。对比奥克斯福德的标准我们可以看出，总体而言，藏族小学生普遍使用过所有的策略，各策略因子的平均分值均处于"有时使用该策略"的水平，使用的频率范围也比较平均，但是频率值普遍不高；相对而言，元认知策略是较常使用的策略。

（二）藏族学生汉语学习策略使用的性别比较

本研究对藏族小学生汉语学习策略选择和使用的状况进行了性别比较，结果见表 6 – 14。

表 6 – 14　藏族学生汉语学习策略的性别比较

项目	性别	人数	M ± SD	t	p
社会策略	男	147	2.66 ± 1.20	0.232	0.817
	女	153	2.70 ± 1.25		
情感策略	男	148	2.59 ± 1.05	− 0.207	0.836
	女	154	2.57 ± 1.00		
元认知策略	男	148	3.33 ± 0.75	0.599	0.549
	女	153	3.38 ± 0.70		

续表

项目	性别	人数	M ± SD	t	p
补偿策略	男	148	3.09 ± 0.72	0.862	0.389
	女	153	3.16 ± 0.70		
记忆策略	男	148	2.96 ± 0.84	2.989	0.003
	女	153	3.24 ± 0.76		
认知策略	男	147	2.91 ± 0.95	3.357	0.001
	女	154	3.23 ± 0.70		

统计结果表明，藏族小学生汉语学习策略在社会策略（$p = 0.817$）、情感策略（$p = 0.836$）、元认知策略（$p = 0.549$）、补偿策略（$p = 0.389$）方面不存在性别差异（p 值均大于 0.05），而记忆策略（$p = 0.003$）和认知策略（$p = 0.001$）的使用存在显著的性别差异（p 值均小于 0.05），这表明女生在记忆和认知策略上的选择与使用频率高于男生。

（三）藏族学生汉语学习程度与策略使用状况

为了了解藏族小学生汉语学习成绩与策略使用之间的关系，我们在抽取被试时以汉语文考试成绩作为参照标准，在男女性别对等的情况下，分别抽取学习程度好、学习程度中等和学习程度差三个水平的学生，以这三种学习程度作为变量，将策略选择和使用的均值作为因变量，进行方差分析，结果如表 6 - 15 所示。

表 6 - 15　藏族学生汉语学习程度的学习策略比较

学习策略	学习程度	人数	M ± SD	F	p
社会策略	程度好	66	3.45 ± 0.82	0.827	0.439
	程度中等	77	3.29 ± 0.85		
	程度差	68	3.30 ± 0.67		
情感策略	程度好	67	3.04 ± 0.84	1.439	0.240
	程度中等	77	3.19 ± 0.77		
	程度差	68	2.97 ± 0.81		
元认知策略	程度好	67	3.73 ± 0.62	4.242 *	0.016
	程度中等	77	3.68 ± 0.66		
	程度差	67	3.43 ± 0.67		

学习策略	学习程度	人数	M ± SD	F	p
补偿策略	程度好	67	3.32 ± 0.68		
	程度中等	77	3.28 ± 0.71	0.099	0.906
	程度差	67	3.29 ± 0.83		
记忆策略	程度好	67	3.28 ± 0.77		
	程度中等	76	3.33 ± 0.79	0.133	0.875
	程度差	68	3.27 ± 0.71		
认知策略	程度好	66	3.44 ± 0.65		
	程度中等	77	3.46 ± 0.62	0.015	0.985
	程度差	68	3.45 ± .54		

$^{***} p < 0.001$，$^{**} p < 0.01$，$^{*} p < 0.05$。

表 6 - 15 说明，在对藏族小学生的学习策略表现在汉语学习程度的不同水平上进行方差分析后可以发现，不同汉语学习程度的藏族小学生在元认知策略使用上存在统计学意义上的显著性差异（$p = 0.016$）。为进一步考察不同学习程度的元认知策略使用差异情况，笔者进行事后检验分析，结果见表 6 - 16。

表 6 - 16　不同学习程度的元认知策略使用差异的事后检验（LSD）

汉语学习程度		M ± SD	p
汉语学习程度好	汉语学习程度中等	0.052 ± 0.108	0.632
	汉语学习程度差	0.303 ± 0.112 *	0.007
汉语学习程度中等	汉语学习程度好	− 0.052 ± 0.108	0.632
	汉语学习程度差	0.251 ± 0.108 *	0.021
汉语学习程度差	汉语学习程度好	− 0.303 ± 0.112 *	0.007
	汉语学习程度中等	− 0.251 ± 0.108 *	0.021

$^{***} p < 0.001$，$^{**} p < 0.01$，$^{*} p < 0.05$。

从表 6 - 16 可以看出：汉语学习成绩好的学生与汉语学习成绩差的学生在元认知策略的运用上具有非常显著的差异（$p = 0.007$），这说明汉语学习成绩好的学生相对于汉语学习成绩差的学生较多使用元认知策略；汉语学习成绩中等的学生与汉语学习成绩差的学生在元认知策略使用上也具有明显的差异（$p = 0.021$），这说明汉语学习成绩中等的学生较之于汉语学习成绩差的学生也具有元认知策略使用上的优势表现。

（四）汉语学习年限与策略使用的关系

为了了解藏族小学生汉语学习策略使用是否会随着汉语学习年限的增加而有所变化，笔者用 SPSS16.0 软件对录入数据进行描述性统计分析，得出图 6-5。

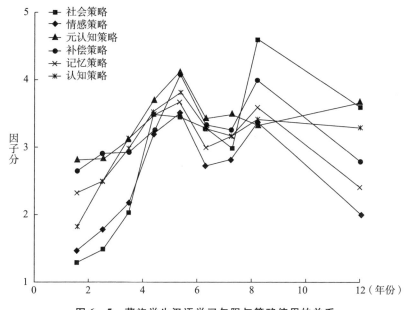

图 6-5　藏族学生汉语学习年限与策略使用的关系

图 6-5 的横坐标轴以汉语学习年限作为自变量，纵坐标轴以各策略因子的均值作为因变量，可以观察到，六种策略的使用频率随汉语学习年限的增加变化一致；但从总体趋势来看，除元认知策略和认知策略以外，其他四种学习策略的使用频率均值随着年限的增加反而趋于整体下降。在汉语学习的最初 4~5 年，策略使用的频率随着学习年限的增加而增加；在随后的 4~5 年开始下降；学习年限在第 6~8 年时，6 种策略使用的频率均值都开始回升，其中社会策略的使用在这个时期超过其他策略的使用频率，达到最大值，这表明学习年限在 6~8 年时，藏族小学生学习策略的使用频率普遍提高，并且在这个过程中，社会策略的使用频率

最高。

（五）汉语学习兴趣与策略使用的关系

动机对学习策略的影响一直是第二语言学习策略研究的热点问题之一，动机可以分为"内在动机"和"外在动机"。内在动机是指学习者自己认识到学习意义和兴趣而去自觉学习的动机，这种动机来自学习者自身。具有内在动机的汉语学习者会在日常生活中碰到人、物、事时，不由自主地用汉语表达出来。所谓外在动机，是指学习者为了得到奖励而学习的动机，如为了得到老师表扬或是为了避免老师和家长的批评、惩罚等。可见，内在动机以从活动中得到乐趣和满足感为目的，外在动机则主要是为了获得奖赏或躲避惩罚。我国学者文秋芳也将学习动机分为两个部分：①语言学习的动力；②努力程度。第二语言学习的原因虽然多种多样，但不外乎两类：一是表层的物质刺激，例如文凭、好工作、高工资等；二是深层的非物质刺激，例如兴趣、增加知识等。前者被称为表层动力，后者被称为深层动力。从逻辑上讲，表层动力没有深层动力有持久性，因为表层的刺激有一定的限度，它需要依附外在物质条件才能产生，也随物质条件的消失而消失；而深层的非物质刺激是个人满足感和愉悦感的实现，受自发的内在动力驱动。从心理学的角度来看，深层动力源于对所学东西的浓厚兴趣。① 因此，学习兴趣是学习者内在动机的重要组成因素。

在本研究中，汉语学习兴趣是否会影响小学生学习策略选择和使用？影响表现在哪些方面？我们以小学生对汉语的学习兴趣作为自变量，以策略的使用频率作为因变量进行分析。有一点需要说明，为保持测试的客观性，问卷中选项的设计是分值越低，则汉语的学习兴趣越强（"非常喜欢"）；反之，汉语的学习兴趣越弱（"讨厌"）。因此，在 p 值小于 0.05 的前提下，若结果为正相关，说明学习兴趣高，该策略的使用频率反而低，反之，则策略的使用频率高。结果见表 6 – 17。

---

① 文秋芳、王立非：《影响外语学习策略系统运行的各种因素评述》，《外语与外语教学》2004 年第 9 期。

表 6 - 17　学习策略因子与学习兴趣间的相关分析结果

学习策略	人数	r	p
社会策略	300	0.187**	0.001
情感策略	302	0.140*	0.015
元认知策略	301	0.131*	0.023
补偿策略	301	-0.030	0.601
记忆策略	301	0.012	0.837
认知策略	301	0.054	0.354

*** $p < 0.001$, ** $p < 0.01$, * $p < 0.05$。

　　表 6 - 17 显示，补偿、记忆、认知策略与学习兴趣没有表现出统计学意义上的显著相关，而社会策略（$r = 0.187$，$p = 0.001$）、情感策略（$r = 0.140$，$p = 0.015$）和元认知策略（$r = 0.131$，$p = 0.023$）与学习兴趣存在显著的正相关。

　　为了更直观地描述和呈现不同策略的选择和使用频率随学习兴趣的强弱变化分布和表现的情况，笔者绘制了图 6 - 6。

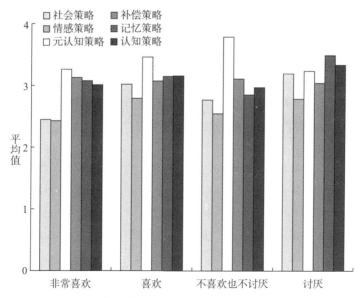

图 6 - 6　藏族学生汉语学习兴趣与策略使用的关系

　　图 6 - 6 显示，社会策略的使用频率均值在汉语学习兴趣的对立

面——"讨厌"这一项上达到最大值，元认知策略在无学习兴趣（"不喜欢也不讨厌"）的区间里达到最大值，情感策略的使用频率均值在对汉语学习兴趣最强——"非常喜欢"的一项上却为最小。

（六）藏族学生汉语能力自我评价与策略使用的关系

为了检验藏族小学生汉语能力自我评价是否与策略的使用存在某种关系，笔者以汉语能力自我评价为自变量，策略的选择和使用情况为因变量，进行相关性分析，在问卷中的实际选项情况是：分值越高，则汉语能力自我评价越低；反之，汉语能力自我评价越高。因此，若结果出现负相关，说明相关性显著，自我评价影响着策略的选择和使用（见表6-18）。

表6-18   汉语水平评定与学习策略的相关

学习策略	n	r	p
社会策略	300	-0.345[**]	0.000
情感策略	302	-0.316[**]	0.000
元认知策略	301	-0.268[**]	0.000
补偿策略	301	-0.243[**]	0.000
记忆策略	301	-0.234[**]	0.000
认知策略	301	-0.344[**]	0.000

[***] $p < 0.001$，[**] $p < 0.01$，[*] $p < 0.05$。

表6-18显示了汉语水平的自我评定与学习策略的使用频率存在负相关，这说明汉语水平的自我评定与各个策略使用间存在显著的相关性。

为了更直观地描述自我评价与策略之间的关系，展示各策略的使用在不同自我评价程度上的表现和分布，笔者绘制了图6-7。

从图6-7可以看出：藏族小学生对自己的汉语能力做出积极评价（"很好"和"好"）的，其对策略的使用频率也随之升高；对自己的汉语能力做出消极评价（"不好"）的，对策略的使用频率也随之降低；对自己的能力评价抱有不置可否态度（"不知道"）的学生在策略的使用频率上也比做出消极自我评价的高。

（七）年龄与策略使用的关系

为了探究藏族小学生年龄与学习策略使用的关系，现以藏族小

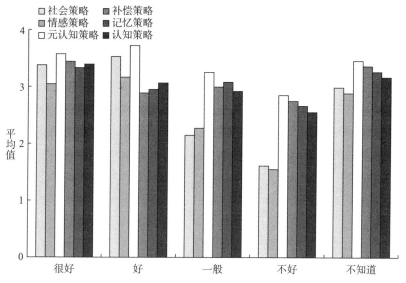

图 6-7　藏族学生汉语学习评价与策略使用的关系

学生年龄为自变量，策略的选择和使用作为因变量进行分析，结果见图 6-8。

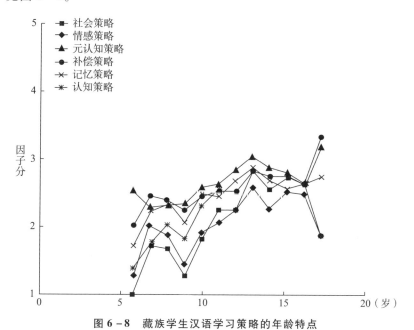

图 6-8　藏族学生汉语学习策略的年龄特点

图 6-8 显示：虽然六种策略的使用频率均值在不同年龄区间忽

高忽低，出现多重波折。但是从总体趋势上来看：除社会策略和情感策略以外，认知、元认知、记忆和补偿策略的选择与使用频率随着年龄的增长而增加。社会策略和情感策略的频率均值在 15 ~ 17 岁的区间段里出现迅速下降的趋势，而补偿策略和元认知策略的使用频率均值增加到最高值且增幅明显。

四　研究分析

（一）藏族学生汉语学习策略分析

研究结果表明，藏族小学生普遍使用过所有的学习策略，但是策略使用频率比较低。这说明藏族小学生在汉语学习中有意或无意地使用各种策略以达到促进汉语学习的目的，但是小学生在语言学习程度、认知发展水平方面由于学习年限少和年龄还比较小，因此对于策略的使用还存在认知方面的局限性。

1. 元认知策略的使用状况及讨论

从六种策略的具体使用状况来看，元认知策略在均值上的表现优于其他策略。元认知策略用于对认知的调控，是学习者用来整合自身语言学习过程的策略，主要包括"专注于某个目标"（指在语言学习过程中，学习者暗示自己集中注意力专心于语言学习的某个目标）、"规划学习目标"及"自我评估"。

本研究的被试全部来自寄宿制民族小学，他们生活和学习在以藏语为基本交际语的语言环境中，汉语学习的主要途径是通过课堂教授，在课堂上老师一般都会要求学生聚精会神地专心听讲，课后认真完成作业；另外，教师也会帮助学生制定一些明确的学习目标，制订学习计划，并给予适当的奖惩。在这种教育方式的影响下，学生对元认知选项的认知度较高。

2. 补偿策略的使用状况及讨论

补偿策略是学习者用来弥补对目标语能力的不足而使用的策略，往往采用猜测或推理的方式实现，学习者若利用补偿策略，那么在语言能力缺乏的情况下，仍然可以了解文意或对话内容。奥克斯福德从语言的听读和说写两方面又把补偿策略进行细分，在听读方面主要是猜测，在说写方面主要是克服目标语语言匮乏，后者又可以分为转向母语、试图得到帮助、使用手势表情、部分或全部回避交际、选择话题、调整语段、创造新词和使用遁词或同义词、近义词等。

相对而言，本研究中被试对补偿策略的使用频率较高。原因在于，藏族小学生在学习听的过程中能根据说话者的表情、语气去判断说话内容的基本感情基调；在学习说的过程中经常通过表情、手势等肢体言语来替代汉语表达中不熟练的词汇；在学习读的过程中通过汉字的偏旁部首、上下文来推测意思；在学习写的过程中用近义词的方式来回避和替代不会或者不熟练的字或词。不管是出于无意识还是有意识，这些方式或者方法的采用都可视为对补偿策略的选择和运用。但是，藏族小学生由于汉语水平有限，尚不能大量采用补偿策略，这与被试的母语学习经验、认知发展的程度都有密切的关系。

3. 记忆策略的使用状况及讨论

记忆策略主要指通过各种方式方法对语言信息进行记忆，学生可以常常使用复习、建立联系网络或理解等方式，例如把生词和表达法记在卡片上、用新学的生词和表达造句或编对话等。

本研究中，被试的记忆策略使用频率仅低于补偿策略，按照奥克斯福德的标准，处于"有时使用该策略"的水平。藏族小学生对该策略的使用也与教师布置的汉语文学习任务有关。笔者在对教师的采访中了解到：教师在课堂上和课外都会给学生布置如反复抄写、背诵生字、词以及用生字、词造句或编对话等各种促使记忆的学习任务，这就在无形中教会学生使用记忆策略，并促使学生开发其他有关记忆策略的方式和方法以完成学习任务。

4. 认知策略的使用状况及讨论

均值低于记忆策略的是认知策略，该策略是为了促进学习者了解并运用目标语，包括对目标语的练习、接收和传发信息。在语言学习过程中，对相关语言知识进行的练习、模仿、归纳、总结、记录等活动都属于认知策略的范畴，因此该策略也是一般意义上人们所认为的学习方法和学习技巧等。通过描述性统计可以看出，藏族小学生认知策略的使用频率并不高。笔者认为是教学中对学生进行学习策略的训练欠缺所致。当然，与学生的年龄也有一定关系。我们有理由相信，随着藏族小学生年龄的不断增长，母语的掌握程度将逐渐加深。在未来的研究中，若能够对中学生或者大学生再做相关实验，可能得出的结果是：随着年龄的增长、年级的增高，学生认知策略的使用频率将有所提高。

5. 社会策略的使用状况及讨论

社会策略在帮助学习者通过与他人的交流来学习、帮助学生建立自信心、提高语言的实际应用能力、增进对目的语文化背景的了解和体会方面有着不可替代的作用。该策略包括学习者主动提出疑惑，请他人帮忙解答、澄清或是指正；与其他学习者成立学习小组，交流对目标语的学习心得；了解与目标语相关的文化，与以目标语为母语的人交往等。

调查结果显示：藏族小学生社会策略的使用处于"有时也使用该策略"的水平，但相对其他策略而言，均值较低。一方面，这是由于藏族小学生学习和生活的环境相对封闭，没有可以运用社会策略学习汉语的有利环境。例如，本问卷的背景调查部分，关于在家说的语言和父母所使用语言的题目中，选择在家说藏语的共296人，占总人数的98%；选择父母使用藏语的为297人，占总人数的98.3%。访谈了解到，被试的家长绝大部分汉语水平都十分有限，这使得本研究的被试即使想提问关于汉语方面的问题，也没有提问的对象。另外，小学生的生活方式比较单一，不是在家就是在学校，本研究被试全部来自民族寄宿制小学，周围的同学和老师也都以藏语交流为主，汉语应用的交际环境非常有限，这就造成了藏族小学生运用社会策略学习汉语的局限性。另一方面，教师的教学观点和方法相对比较陈旧，没有注意引导学生自发地进行语言学习，比如适当地建立汉语学习兴趣小组，组织汉语知识竞答、汉语演讲比赛等活动以促使学生社会策略的使用，增强汉语学习能力，提高学习汉语的积极性。

6. 情感策略的使用状况及讨论

情感策略可以帮助学习者自我调节和控制情绪或态度，保持学习目标语的最佳心理状态。情感策略包括降低紧张焦虑、给自己鼓励和对自我情绪的了解及掌控，学习者积极参与语言学习，增强自信心和培养学习毅力。

调查结果显示：情感策略在六种策略中均值最低。问卷题目中"我会鼓励自己说汉语"一项，有近40%的被试选择"从来或几乎不这样做"；"出现一些错误没什么大不了的，所以我并不在意说汉语时出错"一项，有超过50%的被试不认为"出现一些错误没什么大不了的"。有三方面原因造成这种状况：首先，由于生活和学习的环境所限，被试的藏族小学生缺乏用汉语与他人交流的机会，使用情感策略的机会相对也较少。其次，第二语言初学者在学习过程中更容易遭遇困难和挫折，从而影响语言学习信心的建立，一旦信心动摇，学习者很难再使用情感策略。本研究中，按照中立的语言学观点，藏语和汉语虽然同属于汉藏语系，但是藏语在声调、字形、词汇、语法等方面都与汉语有着很大的不同。在观摩教学过程中，笔者也发现，学习困难使得刚接触汉语学习不久的藏族小学生还很难适应，在学习过程中，他们很容易产生焦虑感、挫败感，导致汉语学习的信心不足。多数学生因为对自己汉语学习的不够自信而变得胆小羞怯，不愿意开口用汉语交流，一旦造成恶性循环，便难以进行自我鼓励，甚至放弃在汉语学习方面的努力，这样更减少了其使用情感策略的机会。最后，在观摩教学、访谈时笔者发现，被试在接受汉语学习的过程中，缺乏适当的被表扬和被鼓励。而只有适当的鼓励和表扬才能帮助学生降低学习的焦虑和挫败感，巩固语言学习的信心。也只有当学生的语言学习成果得到更多积极的评价和认可时，这种外在的鼓励才能潜移默化地被转化为自我鼓励，才能奠定情感策略使用的心理基础。显然，被试使用情感策略的心理基础不是特别牢固。

（二）藏族学生汉语学习策略的性别分析

在第二语言学习策略两性差异的研究成果中，培根于1992年在研究中发现男性多使用翻译策略，女性多使用监控策略；奥布斯丁·高和方凯波在1997年通过研究发现：女性与男性在补偿策略和情感策略的使用方面存在显著性差异，女性的策略使用频率远远高于男性；文秋芳的研究发现女性比男性更多地使用询问的策略来解决困难。另外，奥克斯福德对不同研究对象的多次调查研究揭示了女性在语言学习策略的应用频率上都要高于男性，其中对107个学习日语的高中生（66个女生，41个男生）的策略使用状况的调查研究显示：在认知、社会和情感这三个策略的使用上，女生比男生的动机性更强，使用更频繁；在记忆和元认知策略使用上，男女生虽然没有显著性差异，但是女生的平均数要稍高于男生。截至目前，除了特伦在美国调查 40 岁以上的越南人在学习策略使用时的性别差异结果表明——男性比女性更擅长运用各种学习策略来提高英语技能等少数案例，国内外大多数二语学习策略性别差异研究的结果都表明，女性的策略使用频率普遍高于男性。

藏族小学生汉语学习过程中，女生记忆和认知策略的使用频率高于男生；在其他四种策略的使用频率上，男女生差别不显著。这个结果与大多数第二语言学习策略性别差异的研究结果相吻合，即从整体上考量，女生在策略使用方面的能力要优于男生。本研究中女生记忆和认知策略的使用优势，也恰恰可以解释为什么在语言学习任务完成的成果方面，女生往往比男生有更优异的表现。

本研究在观摩教学现场、随机查阅学生作业、和教师的交流过程中注意到：女生的作业（汉语文作业的形式一般是反复抄写生字、词、造句，或者拟定一个体裁写小短文等）普遍比男生的作业干净、整洁，错误率较低，相对于男生而言，女生更能认真完成作业；从课堂表现来看（如在规定时间内用新字组词，用新词造句子，背诵一段话等），女生更配合教师布置的课堂任务，在完成过程中，也较男生专注。虽然相对于其他策略，记忆策略费时耗力且比较枯燥。

美国国家单性别公共教育协会（National Association for Single Sex Public Education，NASSPE）网站上有一篇题为《关于男孩和女孩学习的差别，我们知道什么?》的文章写道："一直以来，教育心理学家都发现女孩们倾向在课堂上有更高的标准，也更严格地评价自我表现。在所有科目和年龄组，女孩们在学校的表现（以学生成绩作为衡量）也都要比男孩们好。"文中还提道："女孩们比男孩们更在意取悦大人们，比如父母和老师"，而男孩子们源于这方面动机而学习的较少，除非学习材料本身吸引他们。这就可以理解为什么女生为能更好地完成重复识记类的学习任务，而更多地采取如反复朗读、专注模仿等记忆策略和认知策略中相对枯燥的学习方式，即一方面她们更注意严格要求自己，对自己有较高的标准；另一方面也比较在乎家长和老师们的期许，这种动机帮助她们更多地选择记忆策略和认知策略以达到学习目的。

藏族小学生学习汉语，还处于对汉语学习的初级阶段，这个阶段语言学习的特点是对基本的字、词和语法的累积，对记忆策略和认知策略的使用频率要求也较高。因此，今后在教学过程中，教师可根据汉语学习策略使用的性别差异特点，在加授一些简单易学、趣味性强的记忆策略和认知策略的同时，可在班级内适度建立男女生的学习竞争机制，促使男女生更积极地使用各种策略，从而使其提高汉语学习水平。

（三）藏族学生汉语学习策略使用状况分析

学习水平（成绩）一直是第二语言学习策略研究领域被关注的热点。从20世纪80年代初开始，就有研究者通过考察第二语言成绩与策略使用的关系，试图找出与第二语言成绩相关的策略。目前，第二语言学习水平对策略使用存在影响已经得到部分实证数据的支持，但是也有一些研究没有发现学习策略与第二语言成绩有关系。如文秋芳用问卷的方法调查了242名来自全国五所大学二年级英语专业的学生，发现学生使用的形式操练策略和意义操练策略都与他们的英语专业四级考试成绩相关；但是美国学者波黎姿和麦克歌罗蒂在调查37名在美国学习英语的外国学生后发现：这些学生的第二语言成绩与三类策略（即课堂行为、自学行为和交际行为）使用的情况均没有关系。

元认知策略是学习者用来整合自身语言学习过程的策略，主要涉及"有序安排和评价自己的学习"，包括概述和联系已知的材料集中注意力，把注意力集中在特定的细节上，找出语言学习的规律，安排学习（作息表、环境、笔记本），设定目标，确定完成一项语言任务要达到的目的，制订完成语言任务的计划，寻找操练机会，注意错误并且从中学习，评价学习进程等。①

元认知策略对于帮助学习者估计学习的程度和决定如何学习是非常重要的。一般认为，元认知策略和认知策略必须一起发生作用才能达到高效学习语言的目的。认知策略（如画线、口头复述等）是必不可少的，它帮助学习者将新信息与已知信息整合在一起，并且长时存储；但是，如果没有元认知策略对认知策略的监控和指导，没有对学习者在哪种情况下使用哪种策略或改变策略进行指导，那

---

① 吴勇毅：《成功的汉语学习者的学习策略分析》，载赵金铭主编《对外汉语教学的全方位探索——对外汉语研究学术讨论会论文集》，2005。

么他们就很难取得语言学习的优秀成绩。

由此可见，在不同汉语学习程度的藏族小学生之间，尽管其他五种学习策略不存在显著性差异，但元认知策略的差异性还是在一定程度上导致了学习程度的好、中、差之分。这也给今后的汉语教学以启示，即在教学中教授学生多种学习策略的同时，一定不可忽略元认知策略的教学。

（四）汉语学习年限与策略使用的关系

关于第二语言学习年限对策略使用影响的研究成果并不如其他研究多。目前，相关研究成果主要体现在不同年级学生第二语言学习策略使用状况的差异研究方面。相关研究成果如我国学者夏侯富生和吕菲在研究我国小学生英语学习策略年级差异时发现，元认知策略和社会策略的使用频率随着年级的升高而下降；在认知策略方面，低年级学生比高年级学生更喜欢通过汉语注音来记忆单词，低年级学生比高年级学生更不会使用问答学习策略。陈小芬在留学生汉语学习策略研究中发现，随着学习年限的增加，留学生汉语学习策略的使用频率反而下降，她对该结论的解释是随着汉语学习时间的增加，对汉语的了解越多，遇到的问题也相对越少，使用策略就越少；另外，研究结果还表明留学生在汉语学习的初期，补偿策略的使用频率最高。目前，还没有出现我国少数民族学生汉语学习策略与学习年限的相关研究成果。

1. 汉语学习年限≤4年的策略使用状况讨论

在汉语学习最初的4年，学习策略的使用频率都呈现明显的上升趋势。这可以理解为：随着汉语学习年限的延长，汉语知识的不断积累，学生对各策略选择的空间增大，使用的范围也变广，学生在学习的渐进过程中积累越来越多的关于学习的经验、方式和方法。因此，随学习年限的延长，策略被选择和使用频率不断地增加是符合小学生认知发展规律的。

2. 汉语学习年限第4～5年的策略使用状况讨论

策略使用的频率在学习年限第4～5年时开始下降，可能的原因是：随着最初学习语言的新鲜感的消失，学习第二语言的热情也在逐渐减弱，小学生逐渐失去自己学习语言的意愿和原始动力，也不再那么积极地配合老师的教学，在语言学习过程中也就不会关注策略的选择和应用，从而导致了如图 6 - 5 中所显示的学习策略选择和使用频率均值的下降。

3. 汉语学习年限第 6 ~ 8 年的策略使用状况讨论

汉语学习年限为第 6 ~ 8 年时，各学习策略选择和使用的频率均值都出现明显的上升，其中社会策略的增幅最大，成为六种学习策略中被选择和使用频率最高的策略。这包括外部原因和内部原因两个方面：从外部原因来看，属于汉语学习年限第 6 ~ 8 年范围的一般是小学 5 ~ 6 年级的学生群，他们即将面临升学考试，考试的压力和密度较其他年级的学生大。汉语作为一门重要的语言课程，是衡量班级学习成绩、教师工作绩效的一项重要指标。因此，校方和教师也会把压力无形中转移给学生，在这种压力下，学生不得不积极寻求更多的策略以完成增加的学习任务。从内部原因看，一是因为汉语程度的进一步提高，可以运用和选择的学习方式、方法种类增加，学习策略选择和使用的频率也在随之增加；二是汉语言知识的扩充，使得学生能够用汉语进行基本的交际活动，再加之这一时期的学生交际意识的觉醒，交际范围的扩大，让他们也开始更多地尝试使用社会策略来促进语言学习，社会策略被选择和使用的频率也随之增加了；三是处于小学高年级段的学生比低年级的学生语言学习的动机更加明确，对来自外界的期许也更加敏感，在动机和个人成就感的激励下，学生寻求更多的学习策略去满足此种需求，促使了各种学习策略的选择和使用频率普遍提高。

4. 汉语学习年限第 8 ~ 12 年的策略使用状况讨论

社会、补偿、记忆、情感四种策略在第 8 ~ 12 年的使用频率迅速下降，这令人感到非常困惑，因为现有的二语学习策略理论全都无法解释这一反常现象。根据线图的特点，笔者查阅了数据库的所有数据，发现汉语学习年限 8 年以上的只有一个被试符合，她的汉语学习年限恰恰为 12 年，其余被试汉语学习年限最高为 8 年。也就是说图 6 - 6 中，四种学习策略频率均值在学习年限第 8 ~ 12 年区间段迅速下降就是这一样本的数值造成的，因为线图构成一条线，就是两点之间的连接，这个个别案例能在线图中清晰地显示出来。本研究属于大样本研究（共包含 302 个被试的大样本），仅仅一个个别样本无法代表整体的策略使用情况，因此不予以考虑。

至此，我们就可以排除图6-6中显示的表面"误区"，即"从总体趋势来看，除元认知策略和认知策略以外，其他四种学习策略使用的频率均值随着年限的增加反而趋于整体下降"。取而代之的结论是：从总体趋势上看，六种学习策略的选择和使用频率随着汉语学习年限的增加而提高。

（五）藏族学生汉语学习兴趣与学习策略的关系分析

兴趣有直接和间接之分。直接兴趣是指由学习过程本身和知识内容本身直接引起的兴趣，如学生对汉语语言本身感兴趣，或对汉语的字形、成语、汉语所包含的文化底蕴感兴趣。间接兴趣通常由学生对学习活动的认识所决定，举例来说，如果藏族小学生对汉语学习本身并不感兴趣，但如果他们认识到学好汉语对今后的学习、工作和生活所产生的重要意义，也会对学习的结果产生兴趣。兴趣有助于提高认识，认识的深化有助于激发兴趣，这两种兴趣能互相影响，彼此转化。直接兴趣可以帮助学生使学习显得生动有趣，间接兴趣则可以帮助学生增强学习的毅力和恒心。

从兴趣对语言学习产生的激励和促进作用的逻辑来推理，应该是对学习的兴趣越强烈，越会积极学习、探索语言学习策略以促进语言的学习。但为何在本研究中，藏族小学生对汉语的兴趣越强，反而对策略的使用频率越低？其中，社会策略、情感策略和元认知策略，与汉语学习兴趣甚至成反比。

归纳出的可能解释为：对汉语持有直接兴趣的学习者，如果没有间接兴趣的支持，在遇到语言学习的困难时就容易产生沮丧心情，对寻求学习策略帮助语言学习的意识也就逐渐降低。这种循环使得学习者自己给自己一个"错觉"——"我"很喜欢学习汉语，而只是喜欢，但是"我"不知道或者根本没想过怎么做才能学好。本研究中的另外一种情况是：对汉语学习持有间接兴趣的研究对象，虽然对汉语语言本身的学习并没有太大兴趣，但是能够意识到学好汉语能带来的好处，所以要学好汉语的目的性很明确。在这种情况下，间接兴趣也会支持和激励学习者找寻更多的学习方式、方法去学好汉语。

另外，以往的研究证实——不同的动力源会导致不同的学习策略。例如文秋芳在跟踪研究中发现：那些具有深层动力的学生运用依赖母语策略的可能性比那些具有表层动力的学生小，而运用功能操练策略的可能性要大。① 这也许可以视为在本研究中社会、情感、元认知策略和学习兴趣成反比的原因。当然，以上种种解释毕竟是建立在理论推测的基础上，要想弄清楚真正的原因，必须要在今后的工作中对藏族小学生的汉语学习动机进行深层次调查，彻底了解他们汉语学习的表层动机和深层动机。只有这样才能对促进藏族小学生汉语学习策略、教学策略的开发提供有效的线索和切实的依据。

（六）藏族学生汉语能力自我评价与策略使用的关系

作为自我概念的重要内容之一，自我评价指的是对自己的能力、状态和发展趋势的评价性认识。而第二语言能力的自我评价指的是语言学习者对自己语言学习的能力、状态和总体调控能力的评价性认识，反映了语言学习者的学习自信心、对学习状况的总体把握等，这些因素对学习策略的选择和使用有着不可忽视的影响。虽然自我评价已经成为教育学、哲学、心理学、社会心理学、文化学、价值学等多个学科关注的热点，但是在第二语言学习策略研究领域，对第二语言能力自我评价与策略的使用关系还鲜有研究。

如果说第二语言学习过程可以解释为个人根据自己的态度、需要和兴趣，并利用第一语言的知识与经验对与目的语相关的外界刺激做出的主动的、有选择的信息加工过程，那么藏族小学生对汉语学习能力的自我评价其实反映的是他们对汉语学习的态度、信心；当然，也反映了他们汉语学习元认知策略方面的能力——自我评价的能力。

首先，语言学习能力的自我评价是元认知策略运用能力的体现。美国认知心理学家弗拉韦尔认为，元认知指的是"学习者以自身的认知系统为认知对象，对认知过程的自我意识、自我控制、自我评价和自我调节"②。学习者在元认知策略上的优势表现能够指导学习者本人进行创造性的语言学习，也即在语言学习过程中更频繁地采取多样策略以完成对目的语的掌握。毕竟，乔姆斯基早在 20 世纪 50 年代末就已经提出了语言是一种受规律支配的系统，语言学习不是

---

① 文秋芳、王立非：《影响外语学习策略系统运行的各种因素评述》，《外语与外语教学》2004 年第 9 期。
② 沈葆春：《元认知策略与研究生英语写作》，《东北师范大学学报》2009 年第 5 期。

单纯模仿、记忆的过程，而是创造性的活动。这也可以解释为何藏族小学生汉语能力自我评价影响到其他各策略的使用状况。

其次，在二语学习过程中，积极的态度必然使得学习者更加关注寻求语言学习进步的方式、方法，更加配合语言教学活动的实施，更愿意为目的语的习得付出智力上的支持；语言学习上的信心，能够有效帮助学习者克服语言学习的焦虑。而焦虑恰恰是语言学习过程中最常见的、对语言学习危害最大的心理因素之一，它能引起学生逃课、上课不愿回答问题、注意力不集中、成绩卜降等，从而引发更强烈的焦虑，造成恶性循环。

最后，对语言学习的信心不仅可以帮助学习者克服语言学习的焦虑，还能够帮助学习者树立更合理的学习目标，并促使学习者为提高语言学习水平而寻求更多的帮助和支持。维多利亚在研究中指出：二语学习者的学习动机、自信和对自己存在问题的认知能够帮助学习者增强自己对语言学习任务的理解、预测结果、评价自己行为的有效性、检测学习策略、努力修改或调整自己的策略以克服困难，从而成功地实现对目的语的掌握。因此，语言学习上的信心在学习过程中显得尤为重要，这也就不难理解为何自我评价积极的学习者相对于评价消极的学习者，会更多地选择和运用学习策略。图6-7所示的藏族小学生六种语言学习策略在不同汉语能力自我评价标准上的分布体现了这一观点。

（七）年龄与策略使用的关系

在第二语言学习策略研究领域，年龄一直被视为影响学习策略使用的重要因素之一。关于年龄对学习策略使用影响的解释可大致分为四类：①生理因素解释（包括关键期假说、神经学、发音器官的成熟、精神运动学等）；②认知因素解释（一般情况下，人的知觉、判断、想象和形成概念的能力随着年龄的增长而增加）；③情感因素解释（一般情况下，对目的语文化、历史、社会的态度，对目的语本身的态度，对课程、教材、教师的态度等会随着年龄的增长而有所变化）；④语言因素解释（一般情况下，随着年龄增长而累积更加丰富的母语学习经验，母语对第二语言学习存在不可忽视的影响）。另外，年龄对学习策略的影响研究成果集中在儿童与成人在策略使用的差异方面，相关研究结果表明，儿童使用记忆策略通常是多次重复、死记硬背，而成人更多地使用逻辑技巧；儿童更多地运用形象记忆，而成人更多地使用逻辑记忆。

年龄是制约学习者使用学习策略的一个重要因素。一方面，由于年龄不同，学习者的态度和动机会有所不同，认知水平也可能存在差异；另一方面，不同年龄或年龄段的学习者在学习优势的表现上也不一样。[1]

目前关于年龄与二语学习策略关系的相关研究集中在国外，研究对象来自三个不同阶段：小学、中学、大学，其中以比较这三个阶段策略使用差别的居多；国内相关研究的研究对象以大学生和中学生为主，而且都为英语学习策略的研究，至今未见年龄与汉语学习策略的相关研究成果。

本研究的被试虽然是小学生，但受少数民族地区经济、文化、传统观念等因素的影响，小学生的入学年龄很不一致，年龄跨度比较大，比如本研究被试年龄最小的5岁，最大的17岁。这个年龄跨度基本包含了其他相关研究中从小学到中学的年龄段。

一般而言，小学阶段儿童的智力发展主要表现在两个方面：一是整个小学阶段，智力从具体形象过渡到抽象概括，但这种以抽象逻辑思维为核心成分的智力仍然很具体。二是小学生的智力从具体形象向抽象逻辑发展的过程中存在不平衡性。他们侧重于使用形式操练策略（如重复、转换和记忆），不擅长功能操练策略的使用，使语言实际应用能力训练不能落到实处，表现在不能灵活地运用不同的词句来表述事物，语言灵活运用的能力较差，所以说小学生一般不能较好地使用认知策略。[2] 图6-8显示小学生认知策略的频率均值在年龄分布上也不稳定。

针对图6-8中显示的社会策略和情感策略的均值在15~17岁的年龄段迅速下降，而补偿策略和元认知策略的使用频率增加到最高值且增幅明显的现象，笔者对全部302份样本进行再统计，发现共有9个被试的年龄在15岁以上（8个16岁、1个17岁），占总样

---

[1] 侯丽：《论影响学习者语言学习策略选择与使用的年龄因素》，《山东外语教学》2008年第4期。

[2] 侯丽：《论影响学习者语言学习策略选择与使用的年龄因素》，《山东外语教学》2008年第4期。

本数的近3%，虽然所占比例较小，但仍不可忽略。根据布朗的研究结论：年幼的儿童在策略使用方面侧重于任务明晰风格，而稍大一点的儿童和成人对抽象型策略的使用更熟练。[①] 而补偿和元认知策略都属于抽象型策略，因此，该理论也许可以解释为什么补偿策略和元认知策略的使用频率在15～17岁的年龄段增加幅度明显。关于社会策略和情感策略在15～17岁年龄段迅速下降，可能的原因比较复杂多样，比如说在语言学习过程中，他们不会侧重社会策略的使用。但到底是什么原因造成了这种现状，还有待进一步研究证实。

① 邹丹:《不同年龄阶段中国英语学习者英语学习策略比较研究》，硕士学位论文，南昌大学，2009。

第七章　藏汉双语认知与思维能力

第一节　藏族学生藏汉双语语词认知能力

一　研究背景与目的

随着认知心理学的发展，人们越来越关注语言学习者在学习过程中的能动建构和认知能力。人对外界事物的认知是有一定心理机制和认知顺序的，语言学习亦如此。人脑处理各种心理表征的过程从本质上说是认知的，这一过程的基本模型同样可用来解释人类语言的感知、理解、储存、检索和产出。也就是说，人的大脑是一个有一定容量的信息处理系统，语言知识的习得和使用与其他知识一样是一个信息处理的过程；而且，两种语言的习得和使用也同任何知识的习得、使用一样，是一个以大脑"信息处理器"为中心，一头连接输入、另一头连接输出的信息处理过程。由此，从认知科学观而论，语言的学习和运用是以认知为基础的。

在语言学习中认知论强调，语言学习是技能学习，其是在一定"过程"和"策略"的指引下进行的；而一定的"过程"和"策略"又是通过思维加工进行主动的心智活动而完成的。这个结论表明，语言学习是受认知和环境影响的心智活动。从这个意义上，我们认为：藏族学生藏汉双语学习是一个以一定"过程"特别是"策略"为基础的心智过程。尽管藏族学生在双语认知活动中的感知能力、推理能力、信息检索能力等存在差异，但他们总是力图使用各种认知策略及资源去理解、分析输入的双语信息，以保证对双语信息理解的正确性和可应用性，这是否"藏汉双语学习及应用也是以认知为基础"的有力证据呢？应用认知心理学对学生藏汉双语信息的加工、处理，包括双语信息的输入、储存、内部加工和输出过程加以研究，探索双语习得内在因素，特别是双语认知研究的范式，这样不仅能够探索藏汉双语学习是否以认知为基础，而且对有效提高双语教学质量可以起到积极的促进作用。本节以认知心理学理论为指导，采用信息加工的方式，通过对藏族学生在藏汉双语的语音认读、文字加工、词的语义加工、工作记忆及句子理解等方面的比较研究，初步揭示藏族学生藏汉双语认知特点及规律，探索认知发展对双语学习的影响，为进一步促进学生认知能力的发展、提高藏汉双语学习水平，更为藏汉双语认知研究提供心理学依据。

二 研究对象、内容及方法

（一）研究对象

研究对象选自青海省境内牧区 3 所民族学校（小学、初中、高中各 1 所），共 214 名藏族中小学生。其中男生 123 名，女生 91 名；涉及小学三（39 名）、五（35 名）、初二（71 名）、高二（69 名）四个年级；他们的第一语言均为藏语（母语），汉语为第二语言；学生在校所接受的教学模式，小学为一类模式，初、高中两类模式兼具。

（二）研究内容及方法

（1）内容。藏汉双语认知测验：包括藏汉双语语音认读、记忆测验、词义联想和句子理解等。

（2）方法。采用个别测试，以藏汉两种语言并通过计算机呈现刺激，要求学生完成相关任务。由于两种试卷的题数、类型、难易度均对应，为克服测试过程中的顺序效应，随机安排每个被试接受的测试语言顺序。

（3）信度分析。藏汉双语测验 a 系数为 0.79，其中，汉语测验 a 系数为 0.75，藏语测验 a 系数为 0.62，测验具有较好的信度。全部数据均采用 SPSS16.0 进行分析。

三　研究结果及讨论

（一）藏族学生藏汉双语认知特点

1. 藏族学生藏汉双语认知结果比较（见表7-1）

表7-1　藏族学生藏汉双语认知结果比较

组别		人数	藏语认知	汉语认知
总体	总体	214	72.16 ± 5.03	56.94 ± 1.34
年级	三年级	39	70.22 ± 3.89	42.26 ± 9.96
	五年级	35	73.10 ± 3.81	58.60 ± 1.08
	初二	71	70.89 ± 4.47	60.06 ± 1.26
	高二	69	74.09 ± 5.91	61.20 ± 1.16
性别	男	123	72.19 ± 4.43	57.10 ± 1.31
	女	91	72.11 ± 5.77	56.74 ± 1.39
教学模式	一类模式	102	71.86 ± 4.26	58.81 ± 1.16
	二类模式	112	72.43 ± 5.65	55.24 ± 1.57
汉语学习时间	1～4年	50	70.19 ± 4.31	43.62 ± 9.91
	5～8年	98	72.09 ± 4.44	61.10 ± 1.16
	9～12年	66	73.75 ± 5.83	60.86 ± 1.17

在总成绩比较方面，学生藏语认知结果高于汉语认知，差异达显著水平（$p < 0.001$）。

在年级比较方面，①认知速度，两种语言均随年级提高而不断加快；②认知成绩，汉语成绩随年级增高而不断提高，但藏语成绩由于认知分小学、中学两个阶段，阶段内随年级提高而发展。

在性别比较方面，总体差异不显著；但分项比较的结果显示：两种语言认知在小学五年级时女生高于男生。

以汉语学习时间为变量分析表明，藏汉双语认知成绩与汉语学习时间相关显著；但随着汉语学习时间的延长（短-中-长），藏语认知成绩不断提高，汉语认知中间阶段优于两头。这再次证明，藏族学生第二语言学习时限为5～6年时，表现出"发展快、成绩佳"的特点，出现第二语言及认知发展的敏感期。

研究中我们还分析了一、二类教学模式中学生的认知特点，结果发现，藏语班学生的汉语认知能力高于汉语班，而汉语班学生的藏语认知能力高于藏语班，这个结果并未支持"藏语班藏语认知好，汉语班汉语认知好"的期望结论，同时，这个结论还消除了人们对双语是否相互干扰致使学生认知能力降低的担忧。由于双语信息比较丰富、多元，在促进学生建构或重构认知模型时，能够发挥更为积极的作用。

2. 藏族学生藏汉双语认知特点

藏语与汉语差别很大，但两者在语言发生学的分类上有亲缘关系；在语音上，两种语言都有以声韵母为单位的独特的语音结构，所不同的是汉语没有藏语那么多的复辅音声母；在词汇上，两种语言之间有较多的同源词；在语法上，两种语言都具有以虚词和词序作为表达语法意义的共同框架，但是在词序上有宾述和述宾的差别等。藏族学生在习得这些语言特点的同时也发展了不同的认知方式及认知策略，表现出既具共性又具个性的藏汉双语认知特点。

分析表明，藏族学生双语认知系统的一个基本特征，就是通过新旧图式整合、建构及重构而获得双语及知识的系统，而且，这种整合、建构及重构是通过同化和顺应而完成的。由于学生成长的环境、母语习得早于汉语且接触频率多于汉语，所解决的问题也多集中在藏语背景之中，因此其逐渐建构起藏语认知模型。在同化阶段，学生的认知模型具有量的发展，在顺应阶段，学生的认知模型具有质的变化。相对于单语，双语更能刺激或促进学生形成更高、更深层次的认知模型。就好比是当学生完成的任务在一段时间保持不变，形成了处理任务的策略时，一旦某个时间突然发生环境或任务变化，且恰好与正在使用的策略发生冲突，则会出现错误，其认知模型必须处在不断变化的动态发展过程之中，才更有利于双语特别是问题解决能力的发展，而且，认知发展了，双语能力也会随之发展；反之，双语的发展又会促进认知能力更高水平的发展。

（二）藏族学生藏汉双语语音认读特点

语音即语言的声音，是人类发音器官发出的、最直接地记录思维活动的符号体系，承载着一定的语言意义。依靠语音，语言也就实现着它的社会功能。所以，语音是语言符号系统的载体，也是口语的物质外壳或形式。语音认读即人对语音的辨识过程，而双语语音认读则为双语者对双语语音的辨识过程。要了解语音所代表的意义，只有在正确认知语音的基础上才可实现。由此，基于藏族学生藏汉双语语音认读特点，本研究测验分为两部分。第一，采用计算机呈现藏汉双语拼音各 20 个音节，让学生快速认读；第二，采用计算机呈现 28 个形声字（包括 4 个独体字，12 个左形右声，分完全相同、部分相同、完全不同和 12 个左声右形字，分类同上），分别考查学生双语拼音及汉语形声字的认知特点。

1. 藏族学生藏语语音认读的结果及特点

分析表明，学生藏语的音准率高，音强、音长、音色特别是音位把握都很到位。在 20 个语音认读中，84.6% 的学生均获满分。其中三年级达 61.5%，五年级达 91.4%，初二即达 100%。与汉语音认读相比，$t = 16.30$，$p < 0.001$，差异达非常显著的水平。

学生藏语音认读的反应时非常短，对 20 个语音的认读速度为：$M = 41$ 秒，其中，三年级为 76 秒，五年级为 44 秒，初二为 38 秒，高二为 25 秒。反应时随年级的提高而不断缩短，方差分析显示，$F_{反应时}$（3，210） $= 15.59$，$p < 0.001$，年级愈高，藏语知识愈丰富，藏语音认读速度也愈快。

对藏语音音准度的比较没有显示出年级间的差异。其结果如下，第一，与藏语是学生的母语有关；第二，与学生早期的学习和训练有关；第三，与学龄初期奠定的扎实的语音基础有关。由于学生早已形成了藏语音特殊的发音方式，认读成绩从三年级之后就已较好，与其他年级无显著差异。总之，藏族学生藏语音认读差异主要表现在认读速度上。

2. 藏族学生汉语音认读结果及特点

汉语音认读测验有两种方式，即汉语拼音认读和汉字语音提取。前者成绩虽低于藏语音认读，但依然表现出随年级增长而不断发展的趋势；反应时也越来越短。后者中，汉字的主体是形声字，其用形旁表义，声旁表音，声旁在一定程度上提供了字的语音信息。研究表明，形声字的语音提取具有"规则效应"和"一致性效应"。[1]

---

[1] 陈俊、张积家：《小学低年级学生对陌生形声字的语音提取》，《心理科学》2005 年第 4 期。

前者是指形声字的读音受声旁读音影响，如整字和声旁读音一致，会加速整字的语音提取，如不一致，会对整字的语音提取起抑制作用，不过这种效应受字频的影响较大，比如在低频字中会起促进作用；后者是指形声字的读音还受同一家族内其他字读音影响，如家族中所有形声字读音一致，则有利于形声字的语音提取，反之则对语音提取起阻碍作用。这种规则效应和一致性效应在藏族学生汉字认读中具有一致性。①

比较而言，在藏族学生汉语音认读成绩中独体字为最好，年级间差异也不显著，$F (3, 210) = 2.44$，$p > 0.05$，显示了汉语认读由简到繁的认知规律；对声旁位置在右或在左的语音提取结果各异，左形右声形声字的语音加工优于左声右形的形声字。这表明，声旁与整字读音关系的主效应显著，$p < 0.001$。多重比较表明，对声旁与整字读音完全相同的命名正确率显著高于声旁与整字读音部分相同或完全不同的字；而声旁与整字读音部分相同的命名正确率显著高于完全不同的字；年级主效应显著，$F_{右声} (3, 210) = 21.78$，$p < 0.001$；$F_{左声} (3, 210) = 65.11$，$p < 0.001$。同时，年级越高，三种语音认读成绩亦高。藏族学生对汉语形声字认知的上述规律，与国内学者对汉族小学生的研究结果一致。②

藏文虽然是拼音文字，但同汉语一样也是单字单音的声韵母结构，音节之间和音节内部都存在强烈的协同发音现象。而且，藏语音发音方式"动力定型"者，能对较难准确把握的汉语发音，尤其是汉语普通话声调准确把握。

（三）藏族学生藏汉语词加工的工作记忆特点

认知心理学把工作记忆解释为某种形式信息的暂时存储并进行加工处理的过程。③ 与短时记忆相比，工作记忆的特点是同时具有对信息的储存和加工功能，这种形式的信息加工和储存方式在许多复杂高级的认知活动中，如推理、言语理解、问题解决、学习和心算等，起着重要的作用。有学者认为："工作记忆在个体的认知行为中

---

① 陈俊、张积家：《小学低年级学生对陌生形声字的语音提取》，《心理科学》2005年第4期。

② 陈俊、张积家：《小学低年级学生对陌生形声字的语音提取》，《心理科学》2005年第4期。

③ 梁宁建：《当代认知心理学》，上海教育出版社，2003。

起到了不可替代的作用，已经被看作个体在复杂认知行为中表现差异的重要的甚至是核心的因素。"[①]

在语言理解中，工作记忆的作用尤为重要。比如，当学生在构建或整合一些思路或解决问题时，工作记忆在存储他们的"决策"和形成最终产物时发挥了重要的作用。本研究通过藏汉两种语言形式，用计算机将 12 对有意义语词与 12 对无意义语词随机、成对呈现给学生，让其记忆。结果见表 7－2。

表 7－2　藏族学生藏汉双语词工作记忆比较

年级	人数	藏语词意义记忆	藏语词无意义记忆	汉语词意义记忆	汉语词机械记忆
总体	214	8.01±2.09	5.94±2.47	6.71±3.08	4.02±2.71
三年级	39	7.05±1.77	7.18±2.10	3.77±2.36	2.31±2.26
五年级	35	8.71±1.63	5.57±2.47	6.03±3.14	3.97±3.13
初二	71	8.24±1.75	5.38±2.18	7.44±2.78	4.61±2.65
高二	69	7.97±2.57	6.00±2.72	7.97±2.53	4.42±2.42

表 7－2 显示，学生在工作记忆中的认知方面表现出如下两个特点。

1. 共性特点

（1）在藏汉双语方面均表现出语词意义的优势效应，即在有意义和无意义的成对词中，前者被优先加工，成绩也显著高于无意义的成对词。

（2）藏汉双语均表现出明显的系列位置效应。即使是无意义词，这种效应依然明显，所记住的语词不是开头几对，就是最后几对。这表明，藏汉双语语词认知的系列位置效应在藏族学生两种语词工作记忆中均存在。

（3）藏汉双语词的工作记忆容量均有限，虽然藏语词记忆成绩优于汉语词记忆，但成绩也不理想。

2. 个性特点

（1）语言形式的主效应显著，即藏语词记忆结果优于汉语词记忆结果。

（2）在语词记忆的反应时方面，藏语词记忆速度的年级主效应

[①]　赵鑫、周仁来：《工作记忆训练：一个很有价值的研究方向》，《心理科学进展》2010 年第 5 期。

显著，F(3，210) = 13.58，$p < 0.001$，表现出随年级的增高，反应时越来越短的特点；汉语词记忆速度表现出三个水平，即三年级反应时相对较慢，为 234.76ms，之后依次为初二 145.48ms，五年级 160.73ms，最快为高中 118.33ms；重测检验显示，藏语词记忆加工速度三年级、五年级、初二间差异不显著，为一级水平，高中为更高一级水平；汉语词记忆加工速度三年级为一级水平，五年级、初二、高二为更高一级水平，而且，藏语词反应时短于汉语词反应时。

在语词记忆任务中，我们观察到，学生对所呈现的语词信息，首先进行加工编码，对语词信息出声读念，将视觉信息转换成听觉信息，再将这些信息转送到"心理工作台"，以加强记忆。由于信息容量较大（每种语言 12 对意义词，12 对无意义词），且具有一定难度，加之工作记忆的空间有限（同时只能加工有限的信息），学生在非速示条件下，能对语词信息进行进一步的转换，挖掘出语词信息中更多有意义的成分，而在速示条件下，不能进一步转换，因此，非速示条件下的记忆的效果优于速示条件下的，藏语非速示有意义 M = 4.01，速示有意义 M = 3.96；汉语非速示有意义 M = 3.84，速示有意义 M = 3.17；而在非速示条件下，有意义成对词的记忆效果优于无意义成对词的记忆。这种有意义词的优势效应在藏汉两种语言形式下均很显著，这再次证明，认知是语言分析或理解的基础。

（四）藏族学生藏汉双语语义联想认知特点

颜色是光波作用于人眼引起的视觉经验。广义的颜色包括非彩色（白色、黑色和各种灰色）和彩色，狭义的颜色指彩色。颜色有三个基本特性：色调、明度和饱和度。人对颜色的认知反映在语言上，就是颜色词。[①] 颜色词在语言中往往不单纯指颜色，而是被赋予了不同的社会文化意义。由于各民族在历史、政治、经济、文学、宗教等方面存在差异，颜色词的文化意义也各有特色。

笔者通过研究藏汉两种语言，采用计算机将红色、蓝色、黄色、绿色、白色、灰色和黑色七个词作为启动词分别呈现给学生，并在每种颜色词之后呈现三个具联想义的词，让学生根据自己对词的认知，选择一个恰当、匹配的联想词。

---

① 张积家、梁文韬、黄庆清：《大学生颜色词联想研究》，《语言文字应用》2006 年第 2 期。

结果表明：学生对藏语黑、白、蓝、绿、黄色词上的联想认知较为集中，对红和灰色的认知较为分散（多元）；对汉语红、黄、白、灰、黑色词认知较为分散（多元），而对蓝、绿色的认知较为集中。这表明，颜色词在藏汉两种语言中所表达的意义或所反映的经验各有特色，而且，词具有明显的语言形式及该语言所包含的文化特征。进一步从藏汉双语对应的视角进行分析后发现，学生对颜色词的认知除红色和黑色外，其余颜色词在双语之间的语义关系非常密切（见表7－3）。这表明，学生对颜色词的认知，一方面，遵循了不同语言形式的文化习俗及表达方式，使颜色词语义特征带有文化的烙印（如红黑色词的双语差异）；另一方面，颜色词具有丰富的文化内涵和延伸意义。学生共享着同一种认知资源，对藏汉颜色词的意义或语义特征的认知表现出共性的、语义关系密切的联想义。

表7－3　藏族学生藏汉双语颜色词联想认知

启动词	藏语联想义	汉语联想义
黄色	太阳	高贵
蓝色	天空	青春
绿色	草原	清爽
白色	清纯	明快
灰色	失落	低调
红色	专横 *	喜庆 *
黑色	庄重 *	狂热 *

* 双语间差异较大。

总之，颜色是一种客观存在的事物，它对各个民族的影响是一样的。人类由于需要，创造了颜色词，在藏汉双语中，颜色词经过长期的积淀，除具有颜色本身的意义之外，还蕴含着丰富的文化内涵。学生的藏汉双语颜色认知既和颜色有关，也和颜色词有关，而且都是"一类丰富多彩且自身具有多种语义特征的词群，它的语义特征主要体现在多义性、修辞性和文化性上"[1]，这三种语义特征的关系又是相辅相成、密不可分的。

193

---

[1]　邹莹洁：《汉语颜色词的语义特征分析》，《牡丹江教育学院学报》2010年第2期。

（五）藏族学生藏汉双语句子理解认知特点

句子是人们日常语言交际的基本单位，是按照语言的一套规则把词汇或短语组合起来而形成的。句子理解，就是指从句子中建构意义，而建构意义则是指从书面材料的序列中建构出具有层次安排的命题。在命题形成之前，必须将表层建构的逐字逐句的内容、词形和语音保留在记忆中，当指导句子的命题形成并保留在记忆中时，这种逐字逐句的信息才会消失。① 人在语言理解过程中，首先是对词汇的分类，然后将词汇并入短语中，最主要的是要考虑到句子的形式。根据句子的形式，McMahon 曾用匹配图形的方法来研究句子类型与理解速度的关系，结果发现，正确肯定的句子与图形匹配最快，正确否定的句子匹配最慢，而错误肯定和错误否定居中，由此，McMahon 认为，句子的形式会影响对它所表达内容的理解。那么，藏族学生在藏汉双语句子理解中是否也具有相同的特点？基于此，本研究采用句子匹配图形的方法，在计算机上随机呈现48 个句子（藏汉双语各 24 句），让学生判断句子是否与图形匹配；根据正确肯定、正确否定、错误肯定和错误否定四个维度考查学生对双语句子的理解水平，探索藏族学生藏汉双语句子理解的认知特点。结果见表 7－4。

表 7－4　藏族学生藏汉双语句子理解认知加工比较

项目	人数	正确肯定	正确否定	错误肯定	错误否定
藏语认知	214	5.18 ± 0.92	3.69 ± 1.48	4.97 ± 1.07	3.95 ± 1.20
汉语认知	214	4.82 ± 1.03	4.14 ± 1.41	5.00 ± 1.05	3.09 ± 1.39

研究显示，学生对藏语句子的理解可排序为正确肯定、错误肯定、错误否定、正确否定；而对汉语句子的理解可排序为错误肯定、正确肯定、正确否定、错误否定。在两种语言的句子理解中，首先，藏语结果与 McMahon 的研究具有一致性。由于两项都是对学生的第一语言或母语进行研究，所以，表现出共同的、一致的特点。但汉语认知未表现出相同的顺序和特点，反映出第二语言认知的独特性。

---

① 张积家、梁文韬、黄庆清：《大学生颜色词联想研究》，《语言文字应用》2006 年第 2 期。

进一步分析发现，在正确肯定句中，藏语高、汉语低，二者差异显著；正确否定句中，藏语低、汉语高，二者差异显著；错误肯定句中，藏语低、汉语高，二者差异不显著；错误否定句中，藏语高、汉语低，二者差异显著。可见，学生在两种语言的句子理解中并不具有一致特性，也未产生迁移效应。

年级分析显示，学生对句子的理解，除错误否定句外，其余三个维度的差异均显著，这种特点在藏汉双语中具有一致性。

总之，学生对具体性信息认知准确，而对否定性、抽象性信息认知困难。例如，当学生面对"图上不是一只小羊"（实际是一只小狗）（正确否定）、"草地是绿色的"（正确肯定）之类的句子时，会觉得前者更难，这是因为否定句为认知过程增加了一个额外的步骤，必须把否定句转化为肯定句，才可以检验它是否正确，这个额外的步骤，给学生的工作记忆造成压力，导致认知困难，反应时延长、错误率提高。

句子理解是包括字词识别、句法分析和语义分析等方面的多水平的加工过程，它的实质就是进行意义构建。藏族学生学习藏汉双语，理解藏汉双语句子时，不仅仅为应用双语，更为不断建构新的认知模型。

第二节　藏族学生藏汉双语与图形推理能力

一　研究背景和目的

（一）研究背景

语言和思维的关系问题，一直是心理语言学中的基本理论问题，二者之间的关系，正如美国心理学家所指出的，"语言和思维的关系问题是语言研究中最有趣、最富于争论性，有时又最为紊乱的问题之一"[①]。对当代心理语言学影响较大的有如下几种观点。

第一种是语言和思维是同一性的理论。这是行为主义心理学所持的观点。华生认为：思维与自言自语没有丝毫不同之处。他把思维完全看成无声的语言，只是因为这时身体的活动是隐蔽而微弱的，

---

① 朱智贤、林崇德：《思维发展心理学》，北京师范大学出版社，1986。

所以使用通常的方法难以观察。后来新行为主义者斯金纳也认为思维是无声的，或隐蔽的或微弱的言语行为。①

第二种是思维决定语言或思维独立于语言的理论。这种理论可以追溯到两千多年前的亚里士多德，其提出思维范畴决定语言范畴的观点。后来皮亚杰提出：逻辑运算的发生比语言、言语的发生要早。语言乃是由逻辑所构成的，逻辑运算从属于普通的动作协调规律，这些协调控制着所有的活动，包括语言本身在内。皮亚杰区分语言和思维的关系，也提到语言对思维的作用，但他主要是以逻辑思维早于且深刻于语言来证实思维决定语言的。②

第三种是语言决定思维。这种观点主要是苏联心理学家提出的。他们强调劳动及与其一起产生的语言，这是思维、人类意识产生的最主要的推动力，各种活动（包括动作）、语言是个体思维产生的基础。当然，这里也强调了语言、言语与思维发展是相辅相成的，语言决定思维的发展，思维的发展对言语的发展又起着反作用。

第四种是语言和思维的关系是动力的、功能的、错综复杂的理论。跨文化研究的结果表明，不同民族的语言因素对民族儿童认知心理的发展有着重要影响，但情况也很复杂，它与测验材料的性质有关，与被试掌握本民族母语和汉语的水平有关，与测验中使用的语言状况有关。③

利用民族语言的差异研究思维和语言的关系，是跨文化研究可资利用的有利条件。青海地处我国的西部，全境在高原范围之内，是少数民族聚居区，其中，藏族是青海少数民族中人口最多、分布最广的一个民族，对藏族儿童进行藏汉双语与思维推理的研究，可从跨文化的角度进一步探索语言与思维的依存性问题。掌握语言、发展言语，不仅是藏族儿童获得知识经验的必要条件，而且也是发展他们的心理，特别是发展思维的重要前提。以青海牧区藏族儿童为研究对象，以藏汉两种不同的民族语言为重要的文化变量，探讨不同民族语言对思维推理能力的影响，不仅可以为藏族儿童的心理发展与教育提供理论依据，而且也能为我国民族儿童心理发展的跨

---

① 朱智贤、林崇德：《思维发展心理学》，北京师范大学出版社，1986。
② 朱智贤、林崇德：《思维发展心理学》，北京师范大学出版社，1986。
③ 朱智贤、林崇德：《思维发展心理学》，北京师范大学出版社，1986。

文化研究提供新的资料。

（二）研究目的

通过测验了解藏族儿童藏汉口语的发展水平和图形推理能力的发展水平；通过对藏族小学儿童掌握藏汉口头语言的能力与图形推理能力的相关性检验，探讨两者的相互关系；通过对藏族小学儿童使用藏汉两种口头语言进行图形推理的比较研究，探讨不同的民族语言对藏族儿童图形推理能力的影响；通过本研究为青海藏族小学藏汉双语教学改革，提供有关心理学的依据。

二　研究对象、内容与方法

（一）研究对象

本研究的被试选自海北藏族自治州刚察地区藏族小学的一、二年级儿童各 38 名，两个年级共 76 名；全部为藏族，父母双亲均为本民族血统，被试中无智力缺陷和语言障碍者。学校所在地区以使用藏语为主要语言环境，学生在学校接受一类模式的教育。

（二）研究内容

（1）藏汉口语能力测验：包括藏汉双语的语言运用、数字认读、理解、表达、操作、讲故事、造句等内容，要求被试用两种不同语言回答。两个年级测验的项目是对应的，难度有所区别。

（2）思维推理测验：采用联合型瑞文测验（简称 CRT）工具进行测验。因该测验题目均由图形组成，较少受被试的母语和文化背景的影响，适用的年龄范围较大，是国际跨文化研究中常用的思维推理测验量表。

（三）研究方法

（1）测验内容、指导语、时间、评分标准均按统一要求进行。

（2）测验由较好掌握了藏汉两种语言的研究者担任。

（3）对被试采用个别问卷的方法。对于每一被试先用以藏语作为指导语的藏语问卷测验其藏语口语能力，然后，再以汉语作为指导语的汉语问卷测验其汉语口语能力，最后再进行图形推理测验（由于一年级儿童汉语水平很低，所以，只用藏语作为指导语进行测验，二年级则分别通过双语作为指导语进行测验）。

三 研究结果与分析

（一）一年级藏族儿童藏汉口语发展水平与图形推理成绩的结果与分析

一年级藏族儿童藏汉口语与图形推理的测验结果显示如下特征。

（1）藏语口语水平较高。统计分析显示，藏语口语成绩均分为72.6，标准差为10.9；与汉语成绩相比，藏语口语的平均值高出了63.9分，是其8.3倍，经统计检验 t 值为16.46，$p < 0.001$，两者间的差异特别显著。这表明藏族儿童的藏语口语水平远远高于汉语水平。

（2）汉语口语水平很低。在测试过程中，主试提出很简单的汉语问题，被试或以藏语回答或默不作声，成绩很低，均分为8.7，标准差为21.3；被试汉语口语成绩的离散程度也比藏语口语成绩的离散程度大1倍多，多名被试汉语口语成绩为0分，而个别被试成绩达到98分。这表明个别学生能听懂简单的汉语但不能达到用汉语表述的水平，而大部分学生不具备汉语口语的听说能力。

（3）口语水平与图形推理相关性低。被试藏语口语成绩与使用藏语作指导语进行图形推理成绩的相关检验结果，$r = 0.23$（$n = 38$），是很低的相关。汉语口语成绩与使用藏语作指导语进行图形推理成绩的相关检验结果，$r = 0.37$（$n = 38$），虽然也属低相关，但相关程度反而高于前者，这是由于被试的汉语口语成绩和图形推理成绩都很低，处于发展低水平上的相对的"高"相关。

（二）二年级藏族儿童藏汉口语发展水平与图形推理成绩的结果与分析

（1）藏语水平持续发展。测验表明，儿童的藏语水平在一年级阶段就基本趋于成熟，所以，在二年级我们没有进行藏语水平的测验，仍采用一年级的成绩；与汉语成绩相比，藏语口语的发展水平（一年级）依然远远高于二年级汉语口语的发展水平，t 值为21.46，差异依然非常显著。

（2）汉语水平逐渐发展。经过一年的汉语学习，儿童汉语口语均分为14.44，标准差为12.69；与一年级相比，平均成绩提高了5.74分，但经差异性检验 $t = 1.43$，没有显著性差异，究其原因，其一，被试成绩的离散程度太大；其二，汉语教学没有采用"口语优先发展"的有效模式。

（3）以双语作指导语的图形推理成绩各显特色。①推理能力的发展：以藏语作指导语的图形推理的平均成绩，比一年级提高了6.69 分，经差异性检验 $t = 7.51$，具有特别显著的差异，而且被试成绩的离散程度也较小。两个年级的被试用于藏语推理的时间，无显著差异，$t = 0.75$。在二年级增加了对被试用汉语作指导语进行图形推理项目，其与用藏语作指导语进行图形推理的平均成绩之间，仅相差 1.21 分，经差异性检验 $t = 1.15$，无显著差异。但是被试用于藏语作指导语进行图形推理的平均时间比汉语作指导语进行图形推理的时间要快 1 分 25 秒，经差异性检验 $t = 2.17$，有明显的差异。②双语与图形推理的相关检验：被试汉语口语成绩与使用汉语进行图形推理成绩的相关检验，$r = 0.25$（$n = 38$）；藏语口语成绩与使用藏语进行图形推理成绩的相关检验，$r = 0.09$（$n = 38$），两者均属很低的相关。

四　问题讨论

（一）双语发展的不平衡性

研究的结果表明，在以藏语为主要语言环境的地区，一年级刚入学的藏族儿童，其母语（藏语）的口头言语的发展水平已基本成熟，平均成绩达到 72.6 分，被试成绩的离差也较小。而汉语口头言语的发展水平还很低，平均成绩仅为 8.7 分，被试成绩的离散程度也很大，个体间差异从 0 分到 98 分。这表明藏族儿童口头言语主要是从后天生活和学习环境中习得的。本研究也为以藏语为主要语言环境地区的藏族小学的藏汉双语教学改革，提供了心理语言学和跨文化心理学的依据，即藏族小学的汉语文教学应遵循"口语优先发展"的原则，特别是在一年级阶段重点加强汉语口语训练，坚持听说先行，在发展藏族儿童汉语口头言语的基础上，从二年级开始逐步过渡到汉语拼音和汉语文的教学。在整个藏族小学教育阶段，应贯彻强化汉语口语训练，这符合儿童的从口头言语到书面言语发展的一般规律。实践证明，这种模式适合藏族儿童汉语口语的发展，成效也是明显的。

（二）双语与思维推理的相关性

藏族小学低年级儿童，其母语（藏语）口头言语的发展水平与以藏语作指导语进行的图形推理的成绩之间，仅存在很低的相关，一年级 $r=0.23$（$n=38$），二年级 $r=0.09$（$n=38$）。被试的汉语口头言语的发展水平与以汉语作指导语进行的图形推理的成绩之间，也仅存在很低的相关，二年级 $r=0.28$（$n=38$）。这一结果表明，藏族小学低年级儿童其藏语或汉语口头言语的发展水平与图形推理成绩之间没有一种线性的高相关。图形推理虽然也有赖于被试对口头语言指导语的理解，但这种依赖程度很小，它主要依赖被试对图形的理解和判断。被试是以直观形象思维为基础的，在这种条件下，思维对言语的依存度较低，表现了思维活动独立于言语活动的特性。这与王骧业教授研究的结果有一致之处。以直观形象的材料完成的思维活动，由于对言语活动的依赖性较小，在这种条件下，低年龄段藏族儿童的具体形象思维能力（解决问题的能力），受语言因素的制约不明显。研究的结果并不能简单地直接支持"思维决定语言和思维独立于语言"的理论观点，因为这些结果的获得是有以下条件限制的，即低年龄段的儿童，在口头言语发展的水平上，以直观形象材料作为被试思考的对象。但是，思维的最本质的特征是其抽象性和概括性，抽象逻辑思维是以概念（词）作为基础的。对于较高年龄段儿童，我们曾在同仁地区藏族儿童藏汉双语口语和书面言语的发展水平上，以文字材料（分藏汉两种文字）作为被试思考的对象，发现其思维与语言的依存关系不同于上述结果。通过检测，儿童藏语语词推理成绩为 8.46 分，汉语语词推理成绩为 4.70 分，相关检验表明，汉语与藏语语词类比推理的相关 $r=0.57$（$n=59$），汉语与汉语语词类比推理的相关 $r=0.73$（$n=59$），二者均呈高度相关。这说明，藏族儿童在用文字材料进行推理时，解决问题的能力受语言因素的制约明显。这一结果从另一个侧面支持了思维对语言的依赖性。由此分析藏族儿童图形推理和语词推理与语言的依存关系，我们有理由认为，关于思维与语言的依存性问题，我们的研究结果更有力地支持了语言与思维的关系是动力的、功能的、错综复杂的，二者的关系是双向的。思维与语言是随思维任务的性质变化而变化的，在发展上随年龄阶段的变化而变化。

（三）语言与思维的关系

语言是不同民族间的一个最重要的文化变量。本研究结果表明，藏族儿童藏语口头言语的发展水平远远高于其汉语口头言语的发展水平，两者间有特别显著的差异，$t = 16.46$ 和 $t = 21.46$。而藏族小学二年级儿童用藏语作指导语进行图形推理的平均成绩为 15.39 分，平均时间为 4 分 28 秒；用汉语作指导语进行图形推理的平均成绩为 14.44 分，平均时间为 5 分 13 秒。平均成绩间无显著差异，$t = 1.15$，在时间上有明显差异，$t = 2.17$，用藏语作指导语进行图形推理的思考速度快于用汉语作指导语进行图形推理的速度。从跨文化心理学的角度来看，藏族牧区低年级儿童藏汉口头言语发展水平的差异，这一重要的文化变量对图形推理的成绩没有重要影响，也即对被试的具体形象思维能力的发展没有直接影响，但是对推理速度有明显影响。

五　研究结论

（1）藏族小学低年级儿童藏语口头言语的发展水平基本成熟，远远高于处于低水平的汉语口头言语的发展水平。以藏语为主要语言环境地区的藏族小学的汉语文教学改革，应从一年级的汉语口语强化训练开始，并宜贯彻于小学教学的始终。

（2）在藏族小学低年龄段，在口头言语发展的水平上，在以直观形象材料作为思考对象的条件下，藏族儿童藏汉口头言语的发展水平与图形推理之间无线性的高相关，藏族儿童具有思维活动独立于言语活动的特征。但这一结果并不能简单直接地支持"思维决定语言和思维独立于语言"的理论观点。

（3）藏族小学低年级儿童藏汉口头言语发展水平差异的这一重要文化变量，对图形推理成绩（被试的具体形象思维能力）无明显影响。

第三节　藏族学生藏汉双语语词推理能力

一　推理能力的发展

（一）概念

推理是指根据已有的判断，经过分析与综合的作用，引出新判断的过程。每一个推理必须包含前提和结论两个部分：前提是个体在推理过程中运用已有的真实判断，结论是人在头脑中经过推理过程所引出的新判断。心理学家根据思考过程的差异将推理分为归纳推理、类比推理和演绎推理。不论何种推理，都是产生新的知识和解决问题的关键过程。从初中一年级开始，青少年就开始具备各种逻辑推理能力，但是初中生逻辑推理能力的发展是不平衡的，总的来讲，归纳推理的能力高于演绎推理的能力。在各种演绎推理的掌握上，也有一个发展顺序，最先掌握的是直言推理，其次是复合推理，最后是连锁推理；初中生推理运用水平的发展顺序是，最先掌握的是排除推理中的干扰，其次是改正错误，最后是运用推理去解决问题。本研究主要考察了初中生的类比推理能力的发展。

类比推理是根据两个对象在某些属性上的相同或相似之处，通过比较推断出它们在其他属性上也有相同之处。关于类比推理的实验研究往往采用两种类比推理任务：经典类比推理任务和问题类比推理任务。经典类比推理任务就是根据关系的相似性，将"A－B"项的关系映射到"C－D"项，从而找出正确选项 D。经典类比推理可表示为 A－B，C－D；如高－低，河流－小溪。经典类比推理任务的范式为 A－B，C－D（D_1、D_2、D_3），其中 A、B、C 皆为已知，D 为未知，需要被试根据相似关系，从已知项（A 项、B 项）的特定关系类推 C 项、D 项的关系，在 D_1、D_2、D_3 中选出最合适的选项。本研究所考察的对象是初一、初二、初三年级的学生，考虑到言语阅读能力上的差异可能会影响被试在问题类比推理任务上的表现，因此采用经典类比推理任务，并且采用经典类比推理任务范式的变式。

（二）类比推理研究现状

有关类比推理的早期研究中比较有代表性的是皮亚杰等人的相关研究以及后来者对皮亚杰研究的重复论证。比较一致的研究结果为：①类比推理能力随年级的升高而显著提高；②对于不同的语词关系，儿童的类比推理能力的发展不均衡，功用和对立关系发展起点早，因果和整体/部分关系次之，从属和并列关系推理能力发展较晚。例如，刘建清运用自编的语词类比推理测验试卷，考察了9～12岁小学儿童的类比推理能力，结果表明：9～12岁儿童类比推理能力的发展较为迅速，各种关系类比推理能力发展不均衡，对立、功用关系发展较好，因果、整体部分次之，包含、并列关系较差。

认知发展的研究结果表明，类比推理能力有助于儿童对抽象、陌生知识的学习和掌握，与语文、数学等学业成绩存在中等程度的相关。Inagaki 等人研究了生物学习中类比推理能力的作用，发现类比推理能力能够帮助儿童较快地学习和接受生物概念。

二　研究方法

（一）研究对象

测验在青海境内的共和、同仁、尖扎三个地区的某民族中学实施，抽样选取了初一、初二、初三年级的 1018 名学生。具体分布见表 7-5（在如下论述中，我们将具体学校名称用字母代替）。

表 7-5　参加测验学生统计

单位：人

组别		总数	A 民中	B 民中	C 民中
小计		1018	302	368	348
性别	男	465	148	161	156
	女	553	154	207	192
年级	初一	348	114	118	116
	初二	333	96	118	119
	初三	337	92	132	113

（二）研究方法

研究采用团体测验的方法实施，辅以访谈和观察的方法。

（三）研究工具

本研究采用自编的推理测验问卷，分藏汉两种语言形式，包括功用关系（如医生－治病）、因果关系（如锻炼－出汗）、并列关系（如学校－医院）、对比关系（如高尚－低级）、从属关系（如河流－小溪）五种逻辑关系的 60 对（藏汉双语共 120 对）词语，让学生进行选择，每种关系平均最高分为 3 分。试卷的信度系数汉语为 0.7，藏语为 0.5。

三 研究结果

（一）藏语词推理能力的比较分析

1. 总体比较

由表7-6可知，三个地区初中学生在藏语词推理中，对对比关系把握得最好，之后依次为功用关系、因果关系、并列关系，最后为从属关系。就藏语词类比推理而言，学生对从属关系的语词把握较差。

表7-6 不同地区学生藏语词推理方差分析

	地区	人数	M±SD	F	p
功用关系	A	302	1.86±0.933	14.637	0.000***
	B	368	2.10±0.774		
	C	348	1.75±0.929		
对比关系	A	302	1.75±1.005	17.796	0.000***
	B	368	2.12±1.081		
	C	348	2.22±0.982		
从属关系	A	302	0.97±0.914	10.395	0.000***
	B	368	0.86±0.834		
	C	348	1.17±0.988		
并列关系	A	302	1.12±0.945	4.189	0.015**
	B	368	1.16±0.968		
	C	348	1.32±0.947		
因果关系	A	302	1.73±0.984	1.867	0.155
	B	368	1.86±0.959		
	C	348	1.77±0.901		

$^*p<0.05,^{**}p<0.01,^{***}p<0.001$。

比较而言，三个地区初中生藏语词推理成绩在功用关系、对比关系、从属关系因子上存在极其显著的差异，在并列关系因子上存在显著差异，只有在因果关系因子上差异不显著。B和C地区初中生藏语词推理的平均成绩要高于A地区藏语词推理的平均成绩。

2. 年级比较

由表7-7可知，三个地区不同年级的初中生藏语词推理的成绩在功用、对比、从属、并列、因果关系因子上存在极其显著的差异，初三的成绩高于初一和初二的成绩，呈现随年级升高成绩提高的趋势。

表 7-7 不同年级学生藏语词推理方差分析

	年级	人数	M ± SD	F	p
功用关系	初一	348	1.88 ± 0.923	4.674	0.010 *
	初二	333	1.82 ± 0.933		
	初三	337	2.02 ± 0.793		
对比关系	初一	348	1.96 ± 1.073	9.880	0.000 ***
	初二	333	1.92 ± 1.065		
	初三	337	2.25 ± 0.958		
从属关系	初一	348	0.91 ± 0.895	9.421	0.000 ***
	初二	333	0.91 ± 0.891		
	初三	337	1.18 ± 0.952		
并列关系	初一	348	1.22 ± 0.977	12.996	0.000 ***
	初二	333	1.01 ± 0.875		
	初三	337	1.38 ± 0.980		
因果关系	初一	348	1.68 ± 0.993	7.115	0.001 ***
	初二	333	1.75 ± 0.941		
	初三	337	1.94 ± 0.889		

* $p < 0.05$, ** $p < 0.01$, *** $p < 0.001$。

3. 性别比较

由表 7-8 可知，三个地区初中生男生和女生在藏语词推理中只有在从属关系因子上存在显著差异，而在功用关系、对比关系、并列关系、因果关系因子上差异不显著。

表 7-8 不同性别学生藏语词推理方差分析

	性别	人数	M ± SD	F	p
功用关系	女	553	1.95 ± 0.876	3.658	0.056
	男	465	1.85 ± 0.904		
对比关系	女	553	1.99 ± 1.052	2.760	0.097
	男	465	2.10 ± 1.031		

	性别	人数	M ± SD	F	p
从属关系	女	553	0.92 ± 0.930	9.641	0.002***
	男	465	1.10 ± 0.901		
并列关系	女	553	1.21 ± 0.928	0.092	0.761
	男	465	1.19 ± 0.989		
因果关系	女	553	1.84 ± 0.952	2.938	0.087
	男	465	1.74 ± 0.941		

*$p < 0.05$, **$p < 0.01$, ***$p < 0.001$。

(二) 汉语词推理能力的比较分析

由表 7-9 可知，三个地区初中学生在汉语词推理中，对功用关系把握得最好，之后依次为对比关系、因果关系、从属关系，并列关系排最后。就汉语词类比推理而言，学生对并列关系的词语把握得较差。

表 7-9　不同地区学生汉语词推理方差分析

	地区	人数	M ± SD	F	p
功用关系	A	302	2.59 ± 0.771	13.868	0.000***
	B	368	2.21 ± 1.065		
	C	348	2.40 ± .887		
对比关系	A	302	2.12 ± 1.185	15.022	0.000***
	B	368	1.60 ± 1.185		
	C	348	1.92 ± 1.228		
从属关系	A	302	1.26 ± 0.885	18.641	0.000***
	B	368	0.92 ± 0.791		
	C	348	1.26 ± 0.842		
并列关系	A	302	0.99 ± 0.988	11.803	0.000***
	B	368	0.75 ± 0.894		
	C	348	1.10 ± 1.060		
因果关系	A	302	1.41 ± 0.857	6.301	0.002**
	B	368	1.19 ± 0.929		
	C	348	1.39 ± 0.883		

*$p < 0.05$, **$p < 0.01$, ***$p < 0.001$。

比较可知，三个地区汉语词推理测验成绩在各因子上存在极其显著的差异。从平均数上来看，A 民族中学的成绩要高于 B 和 C 两个地区，但是 C 地区的汉语词推理成绩要高于 B 地区的成绩。

由表 7 – 10 可知，三个地区不同年级学生的汉语词推理成绩基本上呈现一种向上发展的趋势，随着年级的升高，推理测验的成绩也有所提高。其中，功用、对比、从属、并列因子存在显著的年级差异，因果关系因子不存在年级差异。初三年级的成绩要好于初二年级和初一年级，这符合认知发展的基本规律。但是初二年级的成绩在功用、对比、从属、并列因子上要低于初一年级的成绩。

表 7 – 10　不同年级学生汉语词推理方差分析

	年级	人数	M ± SD	F	p
功用关系	初一	348	2.45 ± 0.863	11.603	0.000 ***
	初二	333	2.19 ± 1.069		
	初三	337	2.52 ± 0.832		
对比关系	初一	348	1.77 ± 1.257	11.660	0.000 ***
	初二	333	1.70 ± 1.308		
	初三	337	2.13 ± 1.165		
从属关系	初一	348	1.20 ± 0.878	5.888	0.003 ***
	初二	333	1.01 ± 0.799		
	初三	337	1.20 ± 0.864		
并列关系	初一	348	0.87 ± 1.001	12.005	0.000 ***
	初二	333	0.79 ± 0.933		
	初三	337	1.15 ± 1.006		
因果关系	初一	348	1.27 ± 0.888	0.895	0.409
	初二	333	1.34 ± 0.916		
	初三	337	1.36 ± 0.888		

$^*p < 0.05, ^{**}p < 0.01, ^{***}p < 0.001$。

由表 7 – 11 可知，三个地区男生和女生的汉语词推理成绩只有在功用关系因子上存在显著差异，在对比关系、从属关系、并列关系、因果关系因子上差异不显著。女生在功用关系、对比关系、从属关系因子上的平均得分要高于男生，而在并列关系和因果关系因子上女生的平均得分要低于男生。

表 7 – 11　不同性别学生汉语词推理方差分析

	性别	人数	M ± SD	F	p
功用关系	女	553	2.44 ± 0.873	4.101	0.043 *
	男	465	2.32 ± 1.003		
对比关系	女	553	1.91 ± 1.250	1.232	0.267
	男	465	1.82 ± 1.268		
从属关系	女	553	1.16 ± 0.830	1.062	0.303
	男	465	1.10 ± 0.877		
并列关系	女	553	0.93 ± 1.014	0.068	0.794
	男	465	0.94 ± 0.966		
因果关系	女	553	1.31 ± 0.890	0.457	0.499
	男	465	1.34 ± 0.909		

$^*p < 0.05$, $^{**}p < 0.01$, $^{***}p < 0.001$。

四　讨论与分析

（一）语词推理地区之间的差异分析

我们发现，学生的推理能力与双语能力发展的关系是密切的，但这种密切并不是由某一部分来决定另一部分，不是双语能力决定思维推理能力，也不是思维推理能力决定双语能力，而是两者相互影响、相互作用、相辅相成。因此，教学中关注学生双语能力的发展是重要的，但同时还要关注学生思维能力的发展。教学的最终目标是培养学生解决问题的能力，而这一切又都源于教师的教育与教学，因此，民族地区教育的改革，应该从提高教师的素质、加强教师队伍的建设入手。

（二）语词推理年级之间的差异分析

研究结果表明，不论是汉语词推理，还是藏语词推理，从初一到初三总体上呈现上升的趋势，初三的成绩要高于初一和初二的成绩而且存在显著的差异。随着年龄的增长，初中生的认知能力也随着增长，另外随着知识的积累，初中生的推理能力也逐渐增长。陈晓云等学者的研究发现，作为一种复杂的推理技能，类比推理能力一直要到青春期后才能够发展得较好。孙建梅考察了 7 ~ 12 岁儿童图形、词语与数概括三种类比推理的发展，发现三种类比推理成绩均随年龄增长逐渐提高，但各年龄段的发展不均衡，数概括的成绩明显低于图形类比和词语类比的成绩。本次调查也发现类比推理中各种关系发展不均衡，表现为功用、对比关系发展较好，平均得分要高于其他关系，因果、从属关系次之，并列关系较差。陈晓云等人的研究结果表明，10～14岁儿童的图形推理能力随着年龄的增长而提高。本次调查研究主要考察了词语推理的发展情况，结果与上述研究的结果相似。但是在本次调查中，发现不论是汉语词推理，还是藏语词推理，初一的成绩比初二的推理成绩要高，在三个地区都出现同样的情况，这种结果似乎违背了中学生认知发展的规律，这或许是实测过程中学生对待测验的态度所致，或许是施测老师的暗示或者是其他未知的原因所致，对于这种现象需要进一步去思考和检验，但是总体上呈现上升的趋势，大的方向上并没有出现逻辑矛盾。此外，因果关系在汉语词推理上差异不显著，而在藏语词推理上差异非常显著，我们推论这可能是两种语言在逻辑关系上的语言表述不一样所致，在汉语的推理中因果关系的表述是非常明确的，一般"因"与"果"的表述运用逻辑关系词"因为……所以……"来表示，这样学生在学习的过程中对因果关系的判断比较容易，而相对于功用关系、并列关系、对比关系、从属关系，因果关系是比较简单的一种逻辑关系，所以汉语词推理中这种差异不显著。

（三）语词推理性别之间差异的分析

研究显示，在藏语词推理中，从属关系因子存在显著的性别差异，且男生的成绩高于女生，在其他因子上差异不显著。在汉语词推理中，功用关系表现出了显著的性别差异。这种情况从另外一个侧面证明了教学对类比关系推理的促进作用，因为我们看到，同一地区性别差异并不显著，由此，导致差异的主要原因应该是地区。而地区间的差异可归结为教学理念及策略的不同，更主要的是与师资队伍及能力有关。

第四节　藏族学生认知方式、人格特征与双语学业成绩

一　研究背景与目的

认知方式，又称认知风格或认知模式，是个体对信息和经验进

行组织与加工时经常采用的、习惯化的方式，是一个人在感知、记忆、思维和问题解决过程中所偏爱的、习惯化了的态度和方式。认知方式具有四个基本特征：①它是关于认知活动的形式，而不是关于认知活动的内容；②它具有普遍性，横跨知觉、记忆、思维、人格等领域；③它具有稳定性，随着时间的推移，人们在场依存性－场独立性的连续体上的位置往往是相对稳定的；④相对场独立性的人的认知改组能力及个人自主性较高，而社会能力较低；相对场依存性的人则相反。①

首先提出认知方式概念的是美国心理学家威特金，他先后设计了棒框测验、隐藏图形测验和镶嵌图形测验，研究了垂直知觉和图形分离问题，从而发现人们在知觉活动中表现出对外界参照依赖程度不同。威特金据此提出了场依存性－场独立性的理论构想：凡在知觉因素中依赖外在参照或受背景影响大者具有场依存性特征，凡在知觉因素中依赖内在参照或受背景影响小者具有场独立性特征。②

国内对认知方式的研究始于20世纪80年代初期，主要涉及图形后效、错觉、记忆、守恒、内外倾、学习、程序教学、识字教学、体育、道德行为、认知方式测验等，并取得了一定成果。

关于认知方式的场依存性－场独立性的特征，威特金认为：场依存的人更注重社会领域，在表明自己的态度和信仰时参照其他人的观点，表现出很大程度的社会敏感性；而场独立的人对各种现象的非人格化及抽象的方面表现出更大的兴趣。国内外许多研究还表明，场依存－场独立是两种对立的信息加工方式，在性别、年龄等方面各有差异，他们对社会环境有不同的反应，且社会的强化作用对他们认知方式的影响程度也各不相同。两种认知方式学生的学习行为也各具特色，如在问题解决的速度和准确性、策略、视觉空间信息的加工、对缺乏组织的材料进行记忆和学习的效果以及人际交往、社会行为等方面都各具特色。这些特点在藏族大学生的心理及行为表现中是否具有共性，藏族大学生的认知方式对其学业成绩特

① 傅金芝等：《云南大学生认知风格的比较研究》，《云南师范大学学报》1999年第4期。

② 邓铸：《场依存性与艾森克人格维度的相关研究》，《河南师范大学学报》1995年第5期。

别是第二语言学习是否具有影响，藏族大学生认知方式的研究能否为其第二语言及各学科学习提供心理学依据和实践指导，带着这些问题，本节对藏族大学生的场认知方式进行探索。

二 研究方法

（一）研究对象

选取青海高校懂藏汉双语文，且藏语为第一语言的藏族大学生152人。其中男生78人，女生74人；年级大一至大四各36、39、44、33人；理科生118人，文科生34人；生源分布于青海、甘肃、西藏、四川等省（区）的藏族地区。

（二）研究材料

材料一：认知方式测验使用北京师范大学辅仁应用心理发展中心的《镶嵌图形测验及手册》，其信度为0.90。该测验由29个复杂图形组成，包括三部分，每部分时限4分钟。第一部分有9题，用于练习，不计成绩；第二、三部分各有10题，要求被试从复杂图形中找出其中的简单图形。测验分数根据第二、三部分中正确画出的图形算出，标准为在每部分的每一题中找出正确图形记1分；对漏掉、画错或未完成的题目不给分。测验共20分，理论上最低为0分，最高为20分，最后将原始分转化为标准分，标准分在50分以上为场独立性，50分以下为场依存性。

材料二：采用"艾森克人格量表"（EPQ），选取76名被试进行测验，对学生的认知方式和性格倾向及情绪稳定性进行了相关分析。

材料三：选取39名学生的第二语言（汉语言）和专业课（理科）期末考试成绩，对认知方式及人格特征进行了回归分析。

（三）研究方式

采用团体测验及个别访谈法进行，测验指导语、记分方法均按手册要求进行，所有数据均采用SPSS16.0统计处理。

三 研究结果

（一）藏族大学生认知方式特征分布

藏族大学生认知方式总体特征见表7-12、图7-1、图7-2。

表 7 – 12　藏族大学生场认知方式总体分布

组别		人数	总体	场独立	场依存
		152	56.07 ± 9.42	60.02 ± 7.32	44.62 ± 0.59
性别	男	78	59.13 ± 9.79	62.20 ± 7.79	45.74 ± 3.79
	女	74	52.84 ± 7.87	57.15 ± 5.54	44.36 ± 3.76
年级	大一	36	52.76 ± 9.22	56.86 ± 7.52	43.09 ± 4.32
	大二	39	53.82 ± 8.07	57.96 ± 6.19	45.54 ± 3.87
	大三	44	61.14 ± 8.68	63.69 ± 6.31	45.83 ± 3.19
	大四	33	55.97 ± 9.69	60.16 ± 7.57	44.33 ± 2.92
专业	理科	118	56.09 ± 9.39	59.98 ± 7.29	44.70 ± 3.99
	文科	34	55.97 ± 9.69	60.16 ± 7.57	44.33 ± 3.74

由表 7 – 12 可见，藏族大学生场独立者占 74.3%，场依存者占 25.7%，两组均分经 T 检验为 12.57，$p < 0.001$，差异非常显著；性别比较显示，男生 78 人（其中场独立者 64 人，场依存者 14 人），女生 74 人（其中场独立者 49 人，场依存者 25 人），经差异显著性检验，$t = -2.25$，$p < 0.05$；年级比较显示，$F (3, 148) = 7.09$，$p < 0.001$，重测检验表明，大三与大一、大二间差异显著，$p < 0.01$；不同学科专业（文理）比较显示，差异不显著；各变量间交互作用不显著，但同性别同认知方式的比较结果显示，男生不同专业间场独立差异显著。这表明，藏族大学生中场独立者居多；性别效应显著，男生均高于女生；年级效应显著，表现为年级增高，场独立特性愈加凸显。

分类比较显示：在场独立者中，性别差异非常显著，$t = 4.02$，$p < 0.001$，这表明，男生场独立性更显突出；年级差异显著，$F (3, 109) = 6.07$，$p < 0.01$，这表明，在三个理科年级中，年级均分为大三 > 大二 > 大一；学科专业分析显示，理科均分为 59.98 ± 7.29，文科均分为 60.16 ± 7.57，差异不显著。在场依存者中，性别、年级及学科专业差异均不显著。虽然性别的人数比例男生占 35.9%，女生占 64.1%，但均分男生为 45.74 ± 3.79，女生为 44.36 ± 3.76，差异不显著，年级均分依然为大三 > 大二 > 大一。

由于理科专业人数分布于大一至大三年级，故抽取理科专业三个年级的学生进行认知方式发展趋势的分析，见图 7 – 1、图 7 – 2。

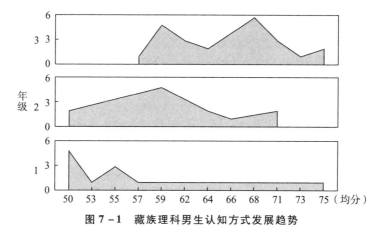

图 7－1　藏族理科男生认知方式发展趋势

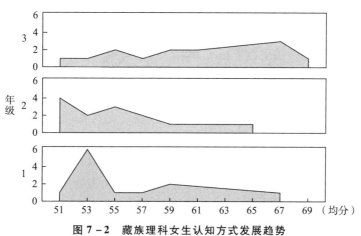

图 7－2　藏族理科女生认知方式发展趋势

　　藏族大学生场独立性、场依存性的发展趋势虽然峰度略有不同，男生陡增，女生较平稳，但总趋势具有共性，即均随年级增高而逐渐趋于场独立性。

　　（二）藏族大学生认知方式与性格的相关分析

　　为了考察藏族大学生认知方式与性格的相关关系，本研究随机抽取了 76 名被试进行了艾森克人格测验，结果显示：性格外倾者 52 名（场独立 36 名、场依存 16 名），性格内倾者 24 名（场独立 16 名、场依存 8 名）；情绪稳定者 42 名（场独立 28 名，场依存 14 名），不稳定者 34 名（场独立 24 名，场依存 10 名）。进一步分析表明，无论场独立或场依存认知方式，性格外倾者的情绪稳定。

　　相关分析表明，场独立性与艾森克人格维度 E（内外倾性）的

相关为 $r = -0.285$，$p < 0.05$，与 N（情绪稳定性）的相关为 $r = 0.190$，$p > 0.05$；场依存性与艾森克人格维度 E（内外倾性）的相关为 $r = -0.086$，$p > 0.05$，与 N（情绪稳定性）的相关为 $r = 0.169$，$p > 0.05$。这表明，场认知方式与内外倾向有联系，但不能等同；与情绪稳定性也是既有联系又相互独立。

（三）藏族大学生认知方式、人格特征与学业成绩的回归分析

为了探讨认知方式和人格特征在藏族大学生学业成绩中的作用，本研究以学业成绩为因变量、以认知方式和人格特征为自变量进行回归分析，结果显示：人格特征与各项学业成绩间的线性关系不显著。

人格特征与第二语言成绩的复相关系数为 0.32，其能解释变异的 10.3%，F（1，37）= 4.23，$p < 0.05$，两个变量的线性关系显著。这表明，藏族学生第二语言学习受认知方式的影响。分项分析的结果显示，其与场依存性的相关显著，$r = 0.56$，$p < 0.05$；而与场独立性相关不显著，$r = -0.001$，$p = 0.998$；但成绩比较的结果显示，场独立性学生成绩优于场依存性学生，尤其在场独立性方面女生为佳。

人格特征与化学课成绩的复相关系数为 0.344，其能解释变异的 11.8%，F（1，37）= 4.97，$p < 0.05$，两个变量的线性关系显著。这表明，藏族大学生化学课成绩依然受认知方式的影响。

人格特征与物理、数学成绩不具有线性关系。然而，分项分析的结果显示：在物理、数学成绩方面场独立性学生优于场依存性学生，在化学成绩方面场依存性优于场独立性；性别比较而言，数学成绩，男生优于女生；化学、物理成绩，女生优于男生。

可见，认知方式与学业成绩间的关系是复杂的、非线性的。

四　研究分析

（一）藏族大学生认知方式特点

我们看到藏族大学生认知方式既具有跨文化的普遍性，也具有民族文化的特别性。其一，随着藏族学生个体生理和心理的发展，其场独立性－依存性水平的发展，是循着场依存性逐渐减小而场独立性逐渐增加的趋势发展。其二，藏族大学生认知方式具有性别差

异。①男女间具有两性身体的和生理的差异。虽然学者张卫东认为，认知方式发展水平的高低与其发展时期的长短和发展速度的快慢有关系，但我们不能忽略性别差异这一生理基础。因此，我们还是要从生物学、遗传学与社会学等理论来解释和论证藏族大学生认知方式的性别特点。②与个体心理差异有关，包括与成人交互行为的差异、知觉的差异、人格特质的差异及儿童期性别定向行为获得的差异等。③在不同的文化背景、生活方式下，家庭、学校及社会对不同性别藏族大学生的角色需求不同，所形成的性别模式存在差异。④与性别意识的发展有关。意识，通常被解释为人脑对客观世界的反映。怀特认为：生命机体从环境中获取物质资料，并把它们同化到它们自己的结构中去，他们自由地从外界获取能量，并利用它来维持、扩张和繁殖自身。詹姆斯认为：意识是不停顿的、无秩序的、多层次的流动。它是一种思想流、意识流或主观流。每个人都可以根据自己的兴趣，从有连续性的"意识流"中把他所注意的部分挑选出来构成他自己的世界。藏族大学生认知方式的性别差异是由在特定的生活方式特别是文化模式中逐渐发展起来并不断被强化、使个体行为刻上深深的性别烙印的"意识流"所造成的，而且随着年龄的不断增长，两者间在认知方式上的差异愈来愈显著。其三，藏族大学生认知方式与艾森克人格维度的相关研究表明，二者有一定联系但没有确定的对应关系，这是因为它们是不同的人格维度。本研究进一步验证了这个结论；同时，认知方式与性格结构的关系受文化等因素的制约。在人格形成过程中，民族的生活方式和文化模式同时发挥着最重要的作用，是影响人格的两个具有举足轻重作用的层面。人格、生活方式和文化模式三者之间交互影响和作用，形成了一个不可分割的统一体。① 在人格形成的过程中，每个人都受到本民族文化的共同影响，在共同的文化体系中享受同样的文化恩赐，形成了人人共有的基本人格结构。但个人在此过程中，又由于遗传、气质、兴趣爱好、努力方向等一些个人差异，同族群中的每个成员都不能成为同一的"复制品"；再加之，本研究的对象，虽均为藏族，但生源分布于青海、甘肃、西藏、四川等省区，目前又处在反

215

---

① 　武文：《文化学论纲》，兰州大学出版社，2000。

映心理深层结构的多元文化社会群体之中，这样就形成了既相互作用又相互独立的人格特征及认知方式。

（二）藏族大学生场认知方式对第二语言能力及学业成绩的影响

其一，藏族大学生认知方式对第二语言学习具有一定的影响，尤其是与场依存性相关显著。场独立性的藏族大学生语言交际能力较强，而场依存性的藏族大学生则语言熟练程度较好。在语言学习的初级阶段，两种认知方式学生的学习成绩没有明显的差异，但积累到一定水平后，场独立性逐渐显现优势。这是由于，场依存性者易受环境左右，易接受别人的暗示，其学习的努力程度常常会受到外来因素的影响，他们更多地依赖外部强化，在学习中较被动，在信息组织、加工中较少使用分析、重组技巧；而场独立性学生较少受外部环境暗示，他们最大的优势在于他们过人的认知重组技巧，在学习中更多地采用积极的假设检验方式，按照自我目标行事且倾向于自我强化，因而也更容易为任务本身所驱动。所以，本研究结果显示，虽然第二语言成绩与场依存性相关显著（$r = 0.56$，$p < 0.05$），但无论从总体上还是从性别维度角度，学生成绩均显示出场独立性学生优于场依存性学生。

其二，本研究对藏族大学生场认知方式与专业课成绩的相关检验表明，双语化学与场认知方式具有较高相关，两种场认知方式的男生数学（双语数学）成绩优于女生。这与刘宁、李寿欣的结论是一致的[①]，但双语数学和双语物理成绩与场认知方式的相关程度很低。就此，本研究对男女生的学习成绩进行了同性别、同认知方式间的检验，结果均未达到显著的差异，也就是说同是男生或女生，不同认知方式下的学习成绩没有差别。这就进一步证明，学生在学习成绩上显现的差异主要不是认知方式的不同，而是性别所致。

其三，在双语数学和双语物理上，场独立性学生的成绩明显好于场依存性学生，这与刘宁、李寿欣的结论也是一致的，但双语化学成绩表现出明显的场依存性的学生优于场独立性学生，而且两种认知方式中均为女生优于男生。这是否藏族大学生所具有的民族特性，还有待进一步探索。这也表明，藏族大学生不同的场认知方式

---

① 刘宁、李寿欣：《关于学生认知方式与学业成绩关系的探讨》，《济南教育学院学报》2004年第6期。

对其学业成绩的影响是复杂的、非线性的。

总之，认知方式对学科类型及学习成绩的影响各具特色，学科类型或结构不同，则认知方式的影响也不相同。我们不能单单从认知方式对学科成绩的直接关系去探索其影响作用，必须通过学科类型或结构去发现其交互作用及内在联系。同时，还要认识到，不同认知方式的学生在学习过程中偏爱不同的学习策略，教学中不同的强化也会对不同认知方式的学生产生不同的效果。本研究显示场依存性－场独立性认知方式对藏族大学生第二语言及数理化成绩影响较大，两种认知方式的学生都有可能取得第二语言及各科学习上的成功，关键是要帮助学生合理地利用每种认知方式的优势，发挥他们的长处，使其取得理想的成绩。这也是藏族大学生场依存性－场独立性认知方式的特点带给教育者的启示。

第八章　藏汉双语学习与教学态度

第一节　藏族学生藏汉双语学习态度

语言的使用是一种心理活动，语言是一种交际工具同时又是一种文化的载体，它与人类的社会结构、价值观念系统有十分密切的联系并深刻作用于使用者的语言环境。语言态度的问题是研究者在对语言与社会、语言与文化等关系进行长期思考后，在社会学、心理学、人类学、民族学等学科提供的理论与知识的基础上提出的并成为研究的焦点。

一　藏汉双语学习态度概念

心理学中关于态度的解释较多，如 Friedman 认为："态度是个体对某一特定事物、观念或他人稳固的由认知、情感、行为倾向三个成分组成的心理倾向。"他的定义强调了态度的组成及特性，是目前被大家公认的较好的解释。[①] 在此基础上，国内许多学者都先后对语言态度进行过界定和不同程度的研究。戴庆厦认为：语言态度又称语言观念，是人们对语言的使用价值的看法，其中包括对语言的地位、功能以及发展前途等的看法。[②] 高一虹等人认为：语言态度是社会心理的反映。人们对于某种语言变体（语言或方言）的态度，反映了该语言变体的社会地位，以及与其相关的社群成员在人们心目中的"刻板印象"。[③] 王远新认为：在双语或多语社会中，受社会或

---

① 侯玉波：《社会心理学》，北京大学出版社，2002。

② 戴庆厦：《社会语言学教程》，中央民族大学出版社，1993。

③ 高一虹、苏新春、周雷：《回归前香港、北京、广州大学生的语言态度》，《外语教学与研究》1998 年第 2 期。

民族认同、情感、目的和动机、行为倾向等因素的影响，人们会对一种语言或文字的社会价值形成一定的认识或做出一定的评价，这种认识和评价通常被称为语言态度。① 倪传斌等人认为：语言态度是态度中的一个类别，指人们在社会认同、感情等因素的影响下对一种语言的社会价值所形成的认识和评价。② 游汝杰等人认为：语言态度是指个人对某种语言或方言的价值评价和行为倾向。③

从以上表述我们可以看出，语言态度的研究主要是借用社会心理学中态度研究的理论模式来进行的。学者们普遍认为语言态度是社会心理的反映，包括两个部分：一是价值评价，这是语言态度的核心，具体包括人们怎样对待语言及对语言的地位、功能以及发展前途等社会价值的认识和评价。因为一切语言变体的社会价值源于语言共同体所持的立场、态度和政策，一种语言使用范围的扩大或缩小也同样与使用者对它的评价密切相关。二是行为倾向，即行为的准备状态，即语言态度具有完成某种行为的趋向。游汝杰等和王远新的定义都很好地体现了这一观点。

综合上述语言态度观点，我们将藏汉双语学习态度界定为：藏汉双语学习态度是藏族双语学习者在藏汉双语学习情境中表现出来的比较稳定的心理倾向，是在社会认同、情感等因素的影响下对藏汉双语的社会价值所形成的认识、评价及行为。具体而言，是在社会认同、情感等因素的影响下，藏族学生对藏汉双语学习所持有的积极、肯定或消极、否定的心理倾向。这种倾向是学生个人对藏汉双语学习所具有的一种内在的心理准备状态，也是学生对双语学习价值的一种共识。如学生对藏汉双语学习持积极肯定的态度，则会有较强的求知欲望，总是能自觉地运用各种学习策略，积极参与各种学习活动，获得较高的语言学习效率。双语态度的形成和发展并不是与生俱来的，而是在学生长期接触双语、传达双语信息的过程中逐渐形成的。这种态度一旦形成则具有持久和稳定的特性。因此，双语学习态度影响着藏族学生对藏汉双语学习的课程、目的、方法、

---

① 王远新：《论我国少数民族语言态度的几个问题》，《满语研究》1999 年第 1 期。
② 倪传斌等：《外国留学生的汉语语言态度调查》，《语言教学与研究》2004 年第 4 期。
③ 游汝杰、邹嘉彦：《社会语言学教程》，复旦大学出版社，2004。

策略等的定向性选择。

从结构上讲，这种态度就是藏族学生对藏汉双语的认知、情感体验和行为倾向，是一个由认知、情感、行为倾向等因素构成的整体。其中，认知成分包括学生对藏汉双语的知觉、理解、评价及信念，如学生对藏汉双语学习对象、内容和结果的内在信念和认识，这是双语态度的基础。情感成分是伴随认识而产生的情感或体验，诸如对藏汉双语学习的倾向、观念、偏好、褒贬、畏惧等体验，这是双语态度的核心。行为倾向成分则是学生对藏汉双语学习的行为意图或心理准备状态，是对藏汉双语学习的某种意向的反映，这是双语态度的行为倾向。三大成分相互作用、相互影响，在藏汉双语学习过程中起着重要的定向性作用。

二 藏汉双语态度研究

截至 20 世纪 70 年代，国内外已有许多研究者从双语学习者个体差异的视角，对双语学习态度进行了大量的理论和实证研究，尤其是对第二语言教学领域的研究兴趣已从对教学法的研究转向了对学习者特征及其对双语学习过程所产生的影响的研究。人们意识到，要提高双语教学质量，学习者的语言态度是不容忽视的。然而，针对藏族中小学生进行藏汉双语学习态度的研究为数不多，如万明钢、王鉴的《藏族双语人双语态度的调查研究》[1]，雷永生等的《西藏中小学校"双语态度"个案调查》[2]，王远新的《青海同德县公务员语言使用、语言态度调查》[3]，才让措的《青海高原藏族教师双语教学的调查分析》[4] 等。上述研究除雷永生等人的研究外，更多是以成人为研究对象而进行的。

藏族是我国的少数民族之一，在青海少数民族中人口最多、分布最广。藏族在校生据 2011 年统计达 22 万多人，藏汉双语是藏族

---

[1] 万明钢、王鉴：《藏族双语人双语态度的调查研究》，《心理学报》1997 年第 3 期。

[2] 雷永生等：《西藏中小学校"双语态度"个案调查》，《西藏民族学院学报》1999 年第 4 期。

[3] 王远新：《青海同德县公务员语言使用、语言态度调查》，《中央民族大学学报》2011 年第 6 期。

[4] 才让措：《青海高原藏族教师双语态度的调查分析》，《青海师范大学学报》2002 年第 3 期。

学生学习和使用的主要语言。藏汉双语教学，不仅是中国少数民族双语教育中的特殊类型，也是我国藏族地区民族学校教学活动的重要形式。它既是民族教育改革与发展中的重点和难点，是当前民族教育改革与发展的突破口，又是制约民族教育质量提高的瓶颈。它的质量的高低直接影响着民族教育发展的整体水平，影响着民族人才的培养和民族地区经济社会的稳定发展与繁荣强盛。提高藏族学生藏汉双语教学质量是当前藏族地区教育教学面临的一个迫切需要解决的问题。教育部重新修订的《民族中小学汉语课程标准》指出：少数民族学生在学习和使用民族语言文字的同时，应该加强对国家通用语言文字的学习和使用。民汉双语教学有利于促进各民族学生之间的沟通和交流，有利于促进各民族学生的全面发展和终身发展，有利于增强各民族学生的祖国意识，有利于增强中华民族的凝聚力。我们应进一步明确，学生双语应用能力的形成，是建立在其双语知识、双语技能、双语文化意识、双语学习策略和双语情感态度五个方面综合发展的基础之上的，五个方面相互作用，共同促进学生双语能力的形成与发展。以藏族学生的藏汉双语情感态度为切入点，研究和探讨藏族学生藏汉双语学习态度具有一定的意义。

藏汉双语的学习态度在藏族学生有效学习方法的形成和自主学习能力的发展过程中发挥着重要的作用，积极的态度会促进学生双语学习能力的提高，消极的态度则会阻碍学生双语学习能力的提高。藏汉双语学习态度研究能有效促进学生藏汉双语学习能力的发展。

第一，双语学习者的双语学习态度将直接影响其实际的学习行为、学习策略的选取，进而影响其双语学习的最终效果。因此，双语学习态度研究领域的研究成果与相关数据能帮助双语学习者认清自己的学习特点，树立正确的双语学习态度，采取有效的学习策略，更好地进行藏汉双语学习。

第二，藏汉双语学习态度研究领域的成果能引发教师对教学对象的学习态度的关注，对教学对象的态度体系进行深入的了解，能关注到不同背景学生基于先前的双语学习经历和双语习得模式而存在的一些有利于或不利于双语学习的态度，从而采取有效的教学方法及措施。对学生的积极学习态度体系的形成产生有效的刺激与影响，能更好地指导学生的双语学习，提高教学效果。

第三，各级教育部门能从双语学习态度研究领域成果中发现问题、了解现状，并对当地双语教育现状进行反思，了解不同背景学生基于民族或地理位置等特点的双语学习特性，制定有效的民族及地区教育政策，以促进藏汉双语教学的有效发展。

综上，笔者通过田野调查方式，深入青海民族中小学校，调研访谈藏族中小学生，在获得他们对藏汉双语学习的兴趣、认知、动机、行为倾向、学习基础等的第一手资料的基础上，探讨藏族学生藏汉双语学习态度及特点，并结合他们的双语应用能力加以分析，这样可以为有效提高学生的藏汉双语能力、实现新课程目标、着力培养民汉兼通的藏族人才奠定基础，为教学提供心理学依据。

三 研究对象及方法

（一）研究对象

本研究对象选自青海境内的同仁、果洛、共和、刚察、尖扎、贵南等地区民族中小学校的 566 名中小学生（见图 8-1）。

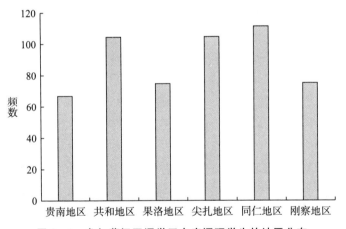

图 8-1 参加藏汉双语学习态度调研学生的地区分布

参加调研学生中，小学生 227 人（含五、六年级），占总人数的 40.1%；初中生 165 人（含初一、初二），占总人数的 29.2%；高中生 174 人（含高一、高二），占总人数的 30.7%（见图 8-2）。

研究对象的性别分布为：男生 305 人，占总人数的 53.9%；女生 261 人，占总人数的 46.1%（见图 8-3）。

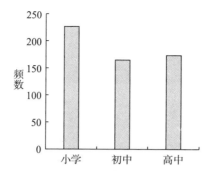

图 8 - 2　参加调研学生的年级分布

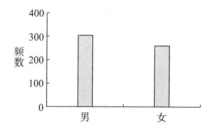

图 8 - 3　参加调研学生的性别分布

80.8%的被试为寄宿生，均为藏汉双语学习者，他们的母语是藏语，汉语属第二语言。具体分布见图 8 - 4。

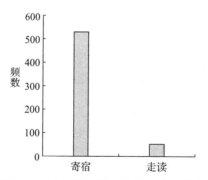

图 8 - 4　参加调研学生的寄宿状况分布

（二）研究方法

在研究过程中，研究者采用了多种方法和手段来测量语言态度，概括出了如下三种现实、有效的研究方法。

1. 语言态度的直接研究方法

这种方法主要通过调查问卷或访谈的方式向被试提出一系列问题，直接考察被试的语言态度。例如，谢俊英的《中国不同民族群体对普通话的态度差异分析》① 对语言态度的调查研究的分析数据来自 1998～2004 年教育部和国家语言文字工作委员会组织实施的"中国语言文字使用情况调查"项目，在全国除港澳台以外的 31 个省区市进行了大规模抽样调查，调查的样本总数达到 16 万户，47 万余人。王远新在《青海同德县公务员语言使用、语言态度调查》中调研了 37 名公务员②，雷永生等人的《西藏中小学校"双语态度"个案调查》在西藏地区调研了 265 名师生及家长。③ 万明钢、王鉴也曾对藏、汉双语人的态度问题进行了较大规模的问卷调查，取样对象为藏汉双语环境下的成年人（教师、学生家长）132 人，学生 156 人，调查范围涉及家庭、学校、社会等各个方面，调查内容包括对母语的积极与消极态度、对汉语的积极与消极态度、对双语的学习态度、交往环境中的语言选择、对语言在民族特征中的地位认识、课外阅读中两种语文的选择④等。这些调查研究主要采用问卷方式，问题的回答全部来自调查者的自述，数据反映的是被调查者对语言文字状况的自我认识和自主判断。

2. 语言态度的间接研究方法

这种方法主要是通过心理实验的方法获取研究的素材。其实质就是不让被试知道别人在调查他的语言态度。普遍采用的是 Larmbert 等人于 1960 年所建立的"改变装束测试法"（又称"变语配对法"）。美国社会心理学家 Larmbert 发明了"改变装束测试法"，并用之测量人们对语言的态度。具体做法是由一名擅长双语的人分别用两

---

① 谢俊英：《中国不同民族群体对普通话的态度差异分析》，《语言文字应用》2006 年第 3 期。
② 王远新：《青海同德县公务员语言使用、语言态度调查》，《中央民族大学学报》2011 年第 6 期。
③ 雷永生等：《西藏中小学校"双语态度"个案调查》，《西藏民族学院学报》1999 年第 4 期。
④ 万明钢、王鉴：《藏族双语人双语态度的调查研究》，《心理学报》1997 年第 3 期。

种语言变体朗读一篇文章，录下来，然后让被试听录音，并请他们对说话人的种种特征和品质做出判断。被试通常误以为两种语言装束的人是两个不同的人，从而根据自己对两种语言变体的看法做出主观判断。如果对同一个人的不同装束有不同的评估，这种差异就是语言造成的。用这种方法测试语言态度时常用到"语义微分量表法"，量表表示一个倾向的两端，中间分为几个等级，研究者依据说话人可以估计到的特征和品质制作出分成等级的基本标准，让被试在听完录音后，在量表上做出选择，然后加以汇总，取其平均值，用于各种统计分析。很多学者采用这种方法成功地进行了语言态度的测量，改变装束测试法已经成为一种基本方法并不断得到修正和完善。辛声于 2008 年的随机调查显示，在量化研究为主要研究方法的论文中，明确采用了改变装束测试法的论文占 68.75%[①]，可见在语言态度的量化研究中，改变装束测试法无疑是占有主导地位的。

3. 语言态度的文本分析法

这种方法主要是通过分析研究官方语言政策、公众的语言使用情况、媒体及教育领域的语言使用情况等资料来获取语言态度。国外学者于 1996 年利用文本分析法考察了语言使用的相关法律及政策、不同语言变体使用者的数量以及不同语域中语言变体的使用比例等问题，以此来进行语言态度研究。[②] 这是一种对标准变体的描述性研究，这种研究并不需要被试的评价。目前国内采用这种方法的研究不多。

此外，社会心理学的一些研究方法，如自然观察、抽样调查、个案分析法等也被借鉴到研究中来。需要注意的是，在语言态度的研究中研究者普遍借鉴社会心理学的量化方法从事研究，在分析数据时更多地运用了统计学的方法，对调查结果用 SPSS16.0 软件统计、平均值比较、因素分析、方差分析等方法进行分析，人们更易于通过事物总体的数量关系来揭示事物之间的内在联系，

---

① 辛声：《论语言态度的听者因素》，《湖北广播电视大学学报》2008 年第 5 期。

② 赵燕：《近二十年来国内语言态度研究考证》，《云南师范大学学报》2009 年第 5 期。

从而一改传统语言学重视定性而忽视定量的做法，使研究的科学性和说服力大大增强。方法的改进历来都是创新的有效手段之一。在语言态度的研究中，语言学家们往往会根据研究课题的需要来选择适当的方法。随着研究的进一步深入，人们发现方法的单一不利于研究的科学性，因此，许多学者尝试综合多种手段来进行研究，期望在系统的量化分析的基础上做定性研究以揭示语言变异现象的本质。

本研究的主要特色是，选取了具有一定代表性的藏族双语学习者——藏族中小学生，通过测验、问卷和访谈的方法，在获得第一手资料的基础上，对学生藏汉双语应用能力加以测验，并抽选部分学生，对他们进行了双语词认读和记忆测验等。通过定量与定性相结合的研究方法，探讨了学生藏汉双语学习态度的倾向及特点。通过此研究笔者希望可以为藏汉双语教学带来启示，把藏汉双语态度的研究进一步引向深入，为我国藏族地区的语言规划和决策提供有价值的信息。全部数据通过 SPSS16.0 进行统计并分析。

四　研究结果与分析

（一）藏族中小学生藏汉双语学习态度的基本状况

1. 家庭双语环境

环境是影响心理机制的中介变量，又是影响双语成绩的一个复杂的因素。只有对这个中介过程有较好的理解，才能准确地识别出有关的环境变量。有研究者认为，"通过操纵环境变量，可以大幅度地提高学习者的双语能力"[1]。家庭是个体最初的社会化场所，是影响学生的文化环境和生活空间的最基本因素。作为社会化执行者的家长，他们的文化程度、职业地位、双语掌握状况及双语观念等，又是影响家庭文化环境的重要客观指标。调研显示，我们所选被试家长的学历状况为，文盲和小学文化程度者居多，其中，母亲文盲率更高。70.5%以上的家长职业为牧民。家长所掌握和使用的语言，父亲主要为藏汉双语，母亲主要为藏语（具体见表8-1）。

---

① 何兴：《双语教学课程设计与模式全书》，中国教育出版社，2006，第162页。

表 8 - 1 参加调研学生的语言环境之一：家长双语掌握状况

项目		父亲	母亲
家长学历	大学及以上	8.9%	6.8%
	高中	15.3%	9.3%
	小学	37.8%	30.4%
	文盲	38%	53.5%
家长职业	牧民	70.5%	72.1%
	农民	12.7%	13.7%
	公职	9.2%	6.8%
	个体	4.5%	3.6%
	其他	3.1%	3.8%
家长掌握语言状况	藏汉双语	59.5%	29.3%
	藏语	37.4%	67.2%
	汉语	3.1%	3.5%

可见，对于藏族学生而言，来自家庭的教育环境及条件十分不利。家长自身文化素质不高，职业地位低下，教育子女的能力不强，尤其来自母亲的自身条件更差。虽有 59.5% 的父亲懂藏汉双语，但对发展子女双语能力重要性的认识较模糊；虽然对子女成长的期望较高，但行动力较弱。这就是目前青海牧区藏族学生家庭教育现状。

2. 学生双语基础

在"是否上过学前班"的选项上，49.8% 的学生回答"上过"，47.9% 的学生回答"没上过"。在"学前阶段是否学过藏汉双语"的选项上，41.5% 的学生表示"学过"，40.6% 的学生回答"只学过藏语"，9.2% 的学生表示"只学过汉语"。在"何时开始汉语学习"的选项上，42.2% 的学生是从"小学一年级开始"的，而 40% 的学生是从"学前班开始"的。这表明，藏族学生藏语学习的时间早于汉语学习。由于藏汉双语发展的起点不同、基础不同、学习的环境不同，带来的结果也不相同。

3. 双语使用状况

学生在社区或家庭主要使用藏语者达 88.5%；在学校中，76.5% 的学生主要使用藏语，17.1% 的学生使用双语，3.5% 的学生使用汉语。这表明，中学生在生活中主要使用藏语。教师除汉语课外，各科教学中也主要使用藏语。我们调查了数学教师课堂语言使用状况，结果显示，教师使用藏语讲授数学知识的达93.8%，藏语在学生各科知识的学习及能力的发展中发挥着巨大的作用。双语教学存在不足，如汉语课上使用汉语授课的仅占54.3%，使用藏汉双语的达32.8%，还有8.2%是通过藏语教授汉语的。这是教师在考虑到学生汉语能力差的前提下而采取的"有效策略"，但更主要的是因为担任汉语课的教师自身双语能力有限，尤其是牧区学校更为突出，反映出汉语课教师的素质有待提高。

（二）藏族中小学生藏汉双语学习态度的结构分析

1. 藏族中小学生藏汉双语学习的认知态度

态度反映一个人对事物的意义的认识，表达自己的价值判断或价值观，价值是态度的核心。双语态度反映着双语或双语活动对学生个人所具有的意义或价值。通过调研我们了解到，藏族学生对双语学习的意义及重要性的认识比单语更明确，88.2%的学生认为藏族学生在学好藏语的同时，很有必要学好汉语（见图8-5），79%的学生认为双语学习非常重要。在双语发展期望上，89.2%的学生希望自己既懂藏语又懂汉语，希望自己的双语能力都很强（见图8-6）。可见，学生对藏汉双语是非常认可的，对藏汉双语发展的自我期望值也很高。

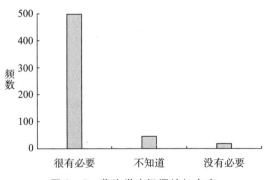

图8-5 藏族学生汉语认知态度

在双语学习意愿上，表示非常愿意学习藏汉双语的占80.4%，他们对双语学习的自信心也很足，相信自己将来一定能学好藏汉双语。在双语能力现状评价上，82.3%的学生表示自己懂藏汉双语，但就目前的双语水平而言，50.2%的学生认为"自己藏语好汉语

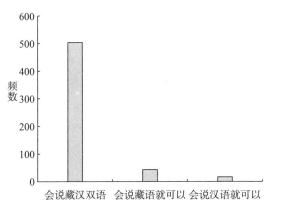

图8-6 藏族学生双语自我发展期望

差",评价比较客观。在谈到汉语学习的困难时,学生回答他们在"口头表达""语法""汉语拼音"的学习中困难较多。进一步分析表明,藏族学生在汉语听、说、读、写四个方面的学习中,困难主要集中在说和写两个方面,在教学中教师应加强这方面的训练。

学生对汉语学习的必要性认识也很明确,88.2%的学生认为学习汉语很有必要(见图8-5)。54.4%的学生认识到"汉语是国家的通用语",汉语学习的动机为"将来有用"的占75%,"我喜欢"的占14.1%。认识明确,动机正确(见图8-8)。

综上所述,藏族学生能对双语学习给予正确的理解(见表8-2、图8-5、图8-7),认知态度非常明确,对学习和发展藏汉双语持积极肯定的态度。比较而言,藏汉双语的认知态度高于单语(藏语或汉语);在单语中,藏语认知态度高于汉语。同时,学生对藏语

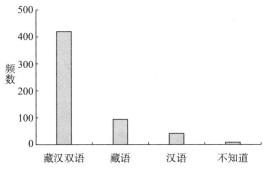

图8-7 藏族学生藏汉双语认同态度

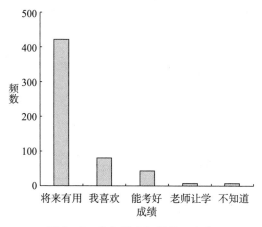

图 8 - 8 藏族学生汉语学习态度

的依赖程度较高，藏语在他们心目中具有不可替代的地位；而汉语学习的态度也是积极肯定的，学习的观念及动机均非常明确。

表 8 - 2 藏族中小学生藏汉双语学习认知观念

学习语言	学习藏汉双语的理解	人数	比例
学习藏语的理由	是母语	437	77.2%
	使用方便	55	9.7%
	周围人都使用	23	4.1%
学习汉语的理由	汉语是国家的通用语	308	54.4%
	对汉语感兴趣	98	17.3%
	易升学就业	86	15.2%
	学校或家人要求学的	66	11.6%

2. 藏族中小学生藏汉双语学习的情感态度

情感是客观事物是否符合自己的需要、愿望、观点而产生的体验。表现在双语学习中，就是藏族学生对藏汉双语学习是否符合自己的需要、愿望、观点而产生的内心体验。如果体验是正性的，则对双语学习具有积极的促进作用，在双语学习上会取得成功。调研显示，藏族学生对藏汉双语学习的情感态度是积极肯定的（见表 8 - 3）。

表 8 - 3　藏族中小学生藏汉双语学习的情感态度

项目	藏汉双语		藏语		汉语		其他	
	人数	比例	人数	比例	人数	比例	人数	比例
喜欢学习的语言	447	79.0%	72	12.7%	44	7.8%	3	0.5%
喜欢使用的语言	182	32.2%	275	48.6%	91	16.1%	18	3.2%
喜欢理科教师使用的语言	223	39.4%	257	45.4%	80	14.1%	6	1.1%

　　学生双语学习的行为总是处在一定的情感状态中，而情感状态又总是表现为一定的情绪状态。情绪状态良好，则学习常常充满热情，学习的劲头也足，效率也高；反之，情绪状态不好，则懒于动弹，动力不足，影响双语学习的成效。调研显示，在"你喜欢学习的语言"中，选择藏汉双语的为 447 人，选择藏语的为 72 人，选择汉语的为 44 人，未选 3 人，卡方值为 53.64，自由度为 2，$p <$ 0.001，学生倾向于双语的频率高于倾向于藏语或汉语，且差异是显著的，这表明，相对于藏语或汉语单语，学生更倾向于选择双语。这也就是说，与单语相比，学生对双语学习的情感态度更为积极。访谈时学生告诉我们，藏汉双语学习更符合他们学习的需求和愿望，他们非常希望自己成为藏汉双语能力都很强的学生。但目前，他们汉语学习的成绩不理想，对使用汉语解决问题的信心不足。如参加比赛时感到惊慌，参加考试时会怯场，说汉语时常伴有担心、焦虑等负面心理情绪，选择汉语完成任务的频率低，获得的成就感较少。而越是这样，自信心越不足，负面情绪越受强化，双语能力的差距就越大。所以，就汉语使用的情感体验而言，最大的困难就是自信心不足，自我效能感低下。但学生对汉语学习所抱有的情感态度仍是积极向上的，如对于"别人用汉语与你谈话时的感受"这一问题，感到愉快的占 58.2%，感到理解困难的占 26.1%，感到不好意思的为 10.1%，反感的为 2.7%；对于"同学讲汉语时的感受"这一问题，愿意听并与之交流的占 52.9%，羡慕的占 20.7%。

　　总之，从情感态度而言，学生更喜欢学习藏汉双语，如对于"你更愿意学习的语言"这一问题，选择双语的频率更高，为56.6%；完成任务时更强的自我效能感来自自己熟练的藏语；对汉语抱有更强的理性情感。由于两种语言发展水平有差异，在实际使用时，对汉语的自信心不足。但学生对于汉语喜欢或选择的倾向明显，态度积极。由此，双语教学中，强化自信心，不断创设情境，让学生体验并获得成就感极为重要。

3. 藏汉双语学习的行为倾向

藏族学生在生活及学习中主要使用藏语，如调研表明，88.5%的学生在家使用藏语，76.5%的学生在校及与同学交流时也主要使用藏语。但随着学生双语能力的发展，学生在各类活动中的语言使用情况并不单一。这一方面与藏族学生双语能力的发展有关，另一方面也显示了学生多元化的语言使用态度。如看电视时，学生选双语的为57.3%，选汉语的为24.8%，选藏语的为15.1%，不看电视的为2.4%；收听广播时，选双语的为40.1%，选藏语的为21.6%，选汉语的为13.3%，不听广播的为23.9%（见图8-9、图8-10）。这表明，学生在社会活动及信息把握中，依据活动内容和完成的条件而选择与使用语言，而且，选择双语的频率高于单语。通过进一

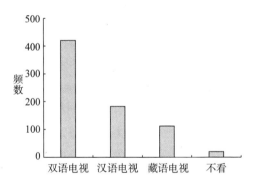

图 8-9　藏族学生观看电视节目语言选择状况

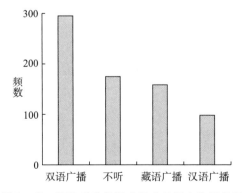

图 8-10　藏族学生收听广播节目语言选择状况

步分析学生汉语使用方式，我们了解到，学生更倾向于通过视觉方式完成活动任务。可以认为，听觉方式在学生完成任务时更多见，而汉语或第二语言的使用，更多地体现在视觉方式中。在双语教学中，可否运用这一规律，提高双语教学效率，有待进一步探讨。

就课外阅读状况，调研显示，课外阅读中藏文书籍占71.9%（见图8-11），阅读汉文书籍的占65.4%（见图8-11、图8-12）。

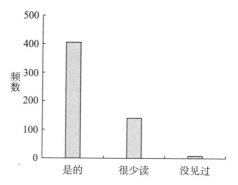

图8-11 藏族学生阅读藏文课外书籍状况

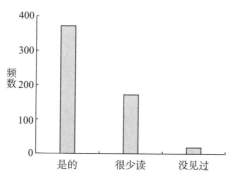

图8-12 藏族学生阅读汉文课外书籍状况

由于本研究调研问卷为藏汉双语，为验证学生的双语态度，将此纳入调研选项中，了解学生完成本调研问卷的语言使用状况，结果，47%的学生使用了双语，32%的学生使用了藏语，20%的学生使用了汉语（见图8-13）。

这个结果有力地证明了藏族学生语言使用状况的多元特性，藏族学生是依活动任务的性质及内容，尤其是依自己解决问题的方便程度来选择语言的。可以认为，藏族学生藏汉双语行为倾向的工具

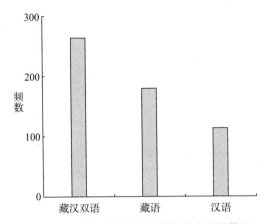

图 8 - 13　学生完成调研问卷的语言使用状况

性特性更为突出。语言就是思维和交际的工具，这在藏族学生的双语认知中有所体现。

　　总之，在调研所选被试的藏汉双语基础及发展水平方面藏语优于汉语，由于受其家庭、社区及学校语言环境的影响，他们在学习、生活等各类活动中使用藏语的频率高于汉语。但他们对藏汉双语价值的认同度均很高，学习双语的态度非常明确、情感也很积极，对双语学习具有极强的学习动机及学习需求，在选择和使用双语行为中，双语的方便性原则、工具性原则更为突出。

　　（三）藏族中小学生藏汉双语学习态度的年级特点分析

　　关于不同年级学生的双语学习态度，经方差分析和多重比较的结果见表 8 - 4。

表 8 - 4　青海藏族中小学生双语学习态度的年级比较

项目	小学组 均分 ± 标准差	初中组 均分 ± 标准差	高中组 均分 ± 标准差	F
双语使用状况	9.09 ± 1.34	9.09 ± 1.44	9.17 ± 1.31	0.22
双语基础	7.04 ± 1.17	7.43 ± 1.20	7.24 ± 1.30	0.96
双语兴趣	4.86 ± 1.25	4.90 ± 1.24	5.20 ± 1.22	3.97 *
双语环境	10.28 ± 1.00	10.42 ± 1.21	10.71 ± 1.18	7.48 **
双语认知	9.81 ± 1.46	10.08 ± 1.33	9.89 ± 1.30	1.34
双语动机	9.81 ± 1.47	9.83 ± 1.1	10.09 ± 4.09	0.58

项目	小学组 均分 ± 标准差	初中组 均分 ± 标准差	高中组 均分 ± 标准差	F
双语选择倾向	13.05 ± 1.80	12.08 ± 1.92	12.56 ± 2.43	2.75
双语态度	2.65 ± 0.70	2.59 ± 0.74	2.69 ± 0.67	0.79

$^*p < 0.05$，$^{**}p < 0.01$，$^{***}p < 0.001$。

在年级因素中，学生在双语认知、双语基础、双语动机、双语选择倾向及双语使用状况等选项上均无显著的年级差异，$p > 0.05$。但在双语环境中，$F = 7.48$，$p < 0.05$，具有明显的年级特征，表现为早期倾向于单一语言环境（藏语），随年级的增高，向多元化方面发展。总体规律为，学生对藏汉双语的学习兴趣随年级的增高而不断增强，环境的丰富性使学生对双语的认知更明确，认知的明确性又增强了双语学习的积极性。

对双语学习动机的分析表明，在语言学习和语言发展期望上，小学、初中、高中三个阶段存在差异。小学组更倾向于"希望自己既会说藏语又会说汉语""希望发展自己的双语能力"，学习双语的目的在于"将来有用"；初中组中选择"只会说汉语就可以""学习双语是因为自己喜欢"的占大多数；高中组的双语学习目的是"能考好成绩"，趋向于升学动机。与小学生相比，初中生知识丰富了，视野开阔了，更加明确地认识到双语学习与发展的重要意义，但由于处在"半成熟、半幼稚"阶段，"冲动性"和"不稳定性"特点突出，其所专心倾注的对象并不仅仅是书本或课堂的学习，由此，对课堂学习的积极性并不高，对双语学习及能力的发展更多凭自身的兴趣。与小学生的专注、好奇和高中生的刻苦、勤奋相比，初中生具有独特的、凭兴趣行动的心理和学习倾向。因此，遵循年级特点，针对不同学段学生的特点实施有效教育，是双语教学应遵循的规律之一。

在双语选择倾向的其他维度上，年级间的差异还表现在，如在看电视选择语言问题上，小学组倾向于选择"藏语节目"，初高中组倾向于选择"藏语和汉语节目都看"。对于本调研问卷，小学组多选择使用两种语言共同完成，初高中组则倾向于仅使用汉语完成。这种从藏语到双语，再到汉语的语言发展倾向是学生语言发展的年级特点，与学生的两种语言应用能力的不断完善有关。

（四）藏族中小学生藏汉双语学习态度的性别特点分析

关于中小学生藏汉双语学习态度的性别特点，经分组统计和独立样本 t 检验的结果见表 8-5。

表 8-5　青海藏族中小学生双语学习态度的性别比较

项目	男生 均分 ± 标准差	女生 均分 ± 标准差	t	p
双语使用状况	9.10 ± 1.31	9.14 ± 1.40	-0.38	0.70
双语基础	7.30 ± 1.21	7.41 ± 1.22	-0.98	0.33
双语兴趣	4.95 ± 1.24	5.03 ± 1.25	-0.67	0.50
双语环境	10.44 ± 1.14	10.48 ± 1.10	-0.38	0.70
双语认知	9.85 ± 1.40	9.94 ± 1.35	-0.73	0.47
双语动机	9.76 ± 1.47	10.09 ± 3.56	-1.37	0.17
双语选择倾向	12.64 ± 1.88	13.04 ± 2.26	-2.15	0.03

$^*p < 0.05$，$^{**}p < 0.01$，$^{***}p < 0.001$。

分析表明，藏族学生在双语基础、双语环境、双语认知、双语兴趣、双语动机及双语使用状况选项上没有明显的差异，$p > 0.05$。仅在双语选择倾向上差异显著，$p < 0.05$，即女生更多地倾向于选择双语，男生更多地倾向于选择藏语。这与多数学者的在语言表达能力上女生优于男生的观点是一致的。

五　讨论与分析

（一）家庭与学校语言环境影响双语学习态度

影响藏族学生双语态度和语言选择的原因是多方面的，但主要体现在家庭、学校和社区环境等层面上。家庭语言既受社会语言环境的影响，也在很大程度上反映着家庭对语言的认知及态度。方晓华认为："家庭中对某种语言表现出的倾向性态度，反映了这个家庭所在的社会群体的语言态度或一个民族的语言态度。"[1] 这对处在这个家庭中子女的语言认知及使用的影响更直接。学校语言环境又具

①　方晓华：《少数民族双语教育的理论与实践》，学苑出版社，2010，第22页。

有家庭语言环境不可替代的特点，从教师、教学内容到教材、课堂，一切都具有正规性、系统性和创造性的特点，更有效地影响着学生双语学习的态度，推动其双语学习能力的快速提升和思维、认知能力的迅速发展。同时，双语态度还体现在学生个人的认知、情感及行为层面上，各个层面相互影响、相互作用、相互协调，使学生的双语能力发展成为现实，并在年级发展中不断提高。也正因此，在双语教学中教师应充分利用和调动各个层面的有利因素，重视并提升学生的双语学习态度，激发其双语学习动机，为高质量地提高双语教学奠定基础。

（二）双语使用频率在双语发展中具有中介作用

通过研究我们发现，在家庭、学校、社区环境和学生双语能力之间，有一个重要的中介变量，即双语使用频率，频率越高，能力越强。通过对学生双语能力的测验我们认为，学生藏汉双语能力的发展与双语使用频率既是相关的，又是各具特色的（见表8－6）。

表8－6 藏族中小学生藏汉双语应用能力测验成绩

年级	语言	总成绩 均分±标准差	听力操作 均分±标准差	句子理解 均分±标准差	阅读判断 均分±标准差	看图写话 均分±标准差
小学	藏	73.51±13.08	16.99±4.52	11.48±2.27	9.96±2.15	15.65±6.25
	汉	61.06±14.72	11.87±4.72	12.44±2.60	10.48±2.50	10.75±5.62
初中	藏	76.68±14.15	15.24±5.40	12.50±1.97	10.24±2.41	15.63±7.74
	汉	64.77±14.97	12.84±5.03	12.11±2.59	10.64±2.25	12.87±4.91
高中	藏	94.03±13.20	17.79±4.60	12.96±1.51	11.16±1.57	21.86±6.03
	汉	86.40±13.12	15.89±4.89	13.64±1.01	11.30±1.78	17.20±4.12
总均分	藏	81.41±13.48	16.67±4.84	12.31±1.92	10.45±2.04	17.71±6.67
	汉	70.74±14.27	12.45±4.88	12.73±2.07	10.81±2.18	13.61±4.88

表8－6显示，藏族学生藏语使用频率高，应用能力也强。表现出起点高，速度平稳，随着年级的增高不断上升的发展趋势。将藏语能力按句子理解、听力操作、阅读判断、看图写话四个维度分析后发现，小学各项能力起点较高，上升较快；初中虽不及小学发展快速，但句子理解、阅读判断均高于小学，看图写话与小学中高年级无显著差异；高中除句子理解与初中达临界水平（$p=0.058$）外，

其余成绩均显著高于其他学段，$p < 0.001$。表现出了双语使用频率的年级规律。就学生藏语发展的速度而言，高中最为明显，小学居中，初中相对缓慢，符合语言的发展规律。

汉语使用频率有限，应用能力较低，表现出起点低、基础差，但提升速度快，随着年级的增高而不断发展的趋势。按句子理解、听力操作、阅读判断、看图写话四个维度分析后发现，小学发展非常明显，初中成绩提升幅度较小，纵向发展变化也不太明显，但总体上是向上的，高中表现出继小学之后的又一发展高峰。从发展速度而言，小学最为明显，其后依次为高中、初中。同样表现出了第二语言使用频率的年级特征。

总之，由于使用频率不同，两种语言共性的发展规律表现出由低向高的年级总趋势，而个性规律为由于年级不同藏汉双语各自发展速度不同。可见，双语使用频率在双语环境与双语能力之间具有中介作用，表现出共性与个性共存的双语发展规律。在双语教学中教师应重视这些变量，遵循这些规律，尤其强化双语学习的实践性和应用性训练，这可以有效促进学生双语能力的发展。

（三）双语优势效应是双语学习态度及能力的基础

在调研学生双语态度的同时，笔者抽选了部分学生进行了双语语音知觉和双语词记忆的心理能力测验，来进一步验证双语发展中的优势效应及其对双语态度及能力的影响。

在双语语音知觉测验中，学生藏语的音准率很高，对音强、音长、音色、音位都把握得很到位。在 20 个语音知觉测验中，84.6%的学生均获满分。五年级达 91.4%，初二达 100%。但汉语音准率较低。比较两种语音知觉的成绩可以发现，藏语高于汉语，$t = 16.30$，$p < 0.001$，差异达显著水平。比较语音知觉速度，藏语快于汉语，而且藏语语音知觉具有年级规律，如 20 个语音知觉速度的平均值为 41 秒，其中，五年级为 44 秒，初二为 38 秒，高二为 25 秒，随着年级的增高，反应时愈来愈短，但汉语音知觉速度没有表现出年级规律，且反应时较长。上述成绩显现出双语学习者的语言优势效应非常明显。即与所掌握的知识相比，语言的优势效应更突出。知识的共享需要语言的支撑，在未掌握一定语言的前提下，知识的共享具有一定局限性。因此，双语学习者的语言优势效应对双语学

习信心及认知态度具有影响，而语言认知态度又影响语言应用能力，从某种意义上讲，语言优势效应是语言态度及能力的前提。

双语词记忆能力的测验包含 24 对藏语词（12 对意义词和 12 对无意义词）和 24 对汉语词（12 对意义词和 12 对无意义词）。测验的结果表明，学生意义词的记忆成绩藏语为 8.31 分，汉语为 7.15 分，无意义词的记忆成绩藏语为 5.65 分，汉语为 4.02 分。总体结果显示，第一，无论藏汉双语，有意义词的记忆效果优于无意义词，这符合语词记忆的心理规律；第二，藏语词记忆成绩优于汉语词记忆成绩。这表明，优势语言的学习效率和学习态度均优于非优势语言。上述结果虽不是由语言态度直接决定的，但语言态度在学生双语学习过程中所产生的积极的、促进的作用是不容忽视的。而且，双语学习的态度与双语心理能力及语言运用能力之间的关系既具有一致性，又是相互影响、相互促进的。双语发展的优势效应对双语学习态度及能力的发展具有促进作用。重视双语教学，必须重视对学生双语学习态度的强化。当然，可喜的是学生对提高双语自我能力的态度和愿望是积极肯定的，这对提高双语教学质量非常有利。教育者应客观分析并审视学生双语学习的现状及困难，进一步采取有效措施，在不断提高学生双语认知能力，激发双语学习兴趣的基础上，关注学生的双语学习成效，努力使学生的能力与愿望达成一致。

（四）藏族学生汉语学习存在的困难

分析表明，藏族学生使用汉语解决问题的频率不高，对完成汉语任务的信心不足，这主要源于汉语学习的困难，这些困难表现在以下几个方面。

其一，汉语发音的音准度不高，学生对汉语普通话四种声调的把握感到困难。其二，在听说读写四项能力中说写较听读能力成绩更差。其三，藏语语法中经常将宾语前置，藏族学生说出的汉语具有藏语（宾语前置，即倒装句）的特点。其四，用汉语交流时常常出现表达词不达意、概念混淆等现象。其五，所记忆的汉语词汇量少，影响问题的有效解决。其六，最为关键的是，未把握双语学习的策略及规律，这是困扰藏族学生双语学习最核心的问题。如果在双语教学中教师关注了学生双语学习的困难，并有效解决了这些困难，那么学生对双语的学习态度将更为积极，成效也将更为显著。

六　研究结论

（1）藏族学生藏汉双语的认知及情感态度是积极正向的，对自己在藏汉双语发展上的期望值都很高。

（2）藏汉双语学习态度是影响藏汉双语应用能力的重要变量。

（3）两种语言使用中，语言的工具性特点起主导作用，而且，在各类活动中语言选择的行为倾向是多元的，学习者主要依活动的形式或内容而定。

（4）双语学习过程中的年级比较显示，年级差异显著，无论双语学习的态度、兴趣或动机，均表现出随年级的升高而不断发展的趋势。性别比较显示，女生更倾向于双语，男生更倾向于藏语单语，但差异不显著。

（5）双语应用能力的最大困难表现在两个方面，一是对汉语发音规则、语法规则的掌握及应用，二是对双语学习策略及规律的把握和迁移。

七　双语教学策略及研究启示

（一）双语教学策略

掌握一门语言意味着掌握该语言的情景语境和文化语境，情景语境中的语言学习和运用与该语言的文化情感、价值判断具有某种程度的相关，表现在学生对该语言的喜好及使用频率上；文化语境中的语言学习和运用与该语言的文化价值判断具有某种程度的相关，表现在学生对该语言重要性的认识及努力学习和掌握该语言上。

在藏汉双语环境下，学生不仅受到藏汉两种语言的熏陶，受到两种语言所负载的文化的影响，而且，还在学习和使用两种语言时，对两种语言做出价值判断。在课堂教学这种特殊的教育生态系统中，作为生态的主体，学生是在自身与环境的"平衡—不平衡—新的平衡"的矛盾运动中寻求发展的[①]，语言态度在这种矛盾运动中起着重要的促进作用。对于藏族学生而言，双语态度是学生对双语所负载的两种文化价值体系的反映和影射，是学生对藏汉双语及藏汉双

---

① 范国睿：《教育生态学》，人民教育出版社，2000，第32页。

语文化意识属性的概括，是影响他们成长发展的心理基础。

目前，藏族学生对藏汉双语的喜好程度高于单语，认为藏语和汉语对他们都是同等重要的。虽然在学生的能力及使用的频率方面藏语高、汉语低，但多数学生对藏汉双语的认可度很高，认为汉语普通话是国家的通用语言，必须努力学习，而且也希望自己的两种语言能力都很强，不会因使用汉语而感到不舒服。对于语言教学的态度，更多倾向于希望教师使用双语进行教学。这表明，学生对藏汉双语的认识、双文化的价值判断及态度倾向是非常积极明确的。这是提高双语教学非常有利的因素，为实施新的课程标准、改革双语教学奠定了很好的基础。今后，尚需加强和改进如下双语教学策略。

（1）教师在教学中应注意激发学生的双语学习兴趣，使学生从认知和情感上认识到双语学习的必要性和重要性，并在双语的选择和行为上积极体现。

（2）注意培养学生有效的语言学习策略。好的学习策略能有效提高学生的学习效率，增强学生的成就感，避免学生在学习过程中产生抵触和倦怠情绪。同时，明确的双语学习任务和及时的反馈亦能激发学生的双语学习兴趣和动力。不断深化双语教学改革，与时俱进，能有效帮助学生努力将语言知识转化为语言能力，学以致用，实现学生提高藏汉双语应用能力的愿望。

（3）努力转变家长的双语观念。家长不同的语言观念、家庭不同的语言氛围，对子女感知社会信息的形式及类别产生影响，也影响到子女的语言态度和语言使用频率及能力。

（4）加大支持汉语学习的力度，严格按照课程的总体目标，根据学生的发展状况，整体规划学生各个学段的教学任务，有效整合课程资源，优化课堂教学，培养学生的自主学习能力，为学生的终身学习和全面发展奠定基础。明确情感态度是影响学生学习过程和学习效果的重要因素。保持积极的情感态度是汉语学习成功的关键。为此，情感态度的培养应该包含于汉语教学与实践活动中。在教学活动中，教师可以通过多种形式激发学生的学习兴趣，让他们感受到应用汉语的乐趣。及时鼓励学生的点滴进步，创造条件使学生体验掌握新知识、新技能的喜悦并获得初步的成就感，使其树立学好汉语的自信心并转换为更强的学习动力。

（5）在双语教育规划和计划、双语教育经费支持、双语社会的建设等方面进行相关政策性的规定，以确保双语教学的可行性和有效性。

（二）藏汉双语态度研究启示

藏汉双语学习态度的研究启示如下：其一，要使学生认清自己的学习特点，树立正确的双语学习态度，采取有效的学习策略，以便更好地完成藏汉双语学习任务。其二，要增强教师对学生双语学习态度的关注，对学生所持有的双语态度体系进行深入的了解，关注到不同背景学生基于先前的双语学习经历和双语习得模式而存在的一些有利于或不利于双语学习的态度，采取有效的教学方法及措施，对学生的积极学习态度体系的形成进行有效的刺激与影响，更好地指导学生的双语学习，提高双语教学效果。其三，要使各级教育部门从双语学习态度研究领域中发现问题、了解现状，并对当地双语教育现状进行反思，了解不同背景学生的双语学习特性，制定有效的民族及地区教育政策和模式，以利于藏汉双语学习及教学的良性发展。目前，现有研究提供了较好的理论基础、研究方法和背景信息，也取得了丰富的研究成果。为使关于藏汉双语态度的研究更深入，尚需进一步思考以下问题。

（1）研究对象多元化。目前的研究领域相对狭窄，需要更多的理论研究来丰富和完善语言态度的理论，对象的多元化、多层次化势在必行。

（2）研究内容多元化。研究内容既包括静态的，也包括动态的，特别要注意藏汉双语在双语社会使用中的变异现象和语言生活的变化情况。

（3）研究方法多元化。研究中除了运用问卷、访谈等直接方法，更应该引进并使用"改变装束测试"及文本分析等间接方法。不断改进和提高现有技术手段，努力体现出技术实态的最新进展和较高水平，客观、真实地记录藏汉双语使用的实态。为学生藏汉双语发展提供鲜活、宝贵的资源，也为藏汉双语规划，双语政策的制定、调整和有效实施提供参考依据。

（4）应用领域多元化。双语态度的研究对双语教学建设和双语教学规划等具有重要意义。

第二节　教师藏汉双语教学态度

　　语言是人类社会特有的现象，是人们交流、交往不可缺少的工具，也是族群认同的符号。语言态度是语言使用者对语言（主要倾向于所使用或所学习的语言）所持的评价和行为倾向；双语态度则是双语人在双语环境和双语接触中对双语或多语的评价及行为倾向，其中包括单语人对双语以及双语人对双语或多语的评价和行为态度，它与双语人（或单语人）的文化、认知、情感、意志、立场、需要等密切相关，是在双语人的日常生活中形成和表现出来的。

　　在双语环境中，语言的态度特别明显，其对双语使用者的心理状态和语言行为具有重要的影响。双语人肯定哪种语言、否定哪种语言、选择哪种语言无不受语言态度的影响，特别是教师的双语态度对学生语言学习的目的、动机、效率等影响更直接。所以，双语态度是双语教育的一项基础性研究，也是藏族学生语言及各种能力发展不可或缺的心理倾向。无论是制定政策还是选择双语教学模式，都应以人们特别是学生的双语态度为参照系。以下，就调查取样试做一分析。

　　本调查的被试选自青海黄南、海南、海北、果洛等地区，包括小学校长 17 名，高中校长 7 名，小学教师 40 名，中学教师 29 名，共计 93 人，均为藏族。被试均能较熟练地使用藏汉双语的口语，在社会和家庭生活中也有机会使用两种语言，只是使用两种语言的频率不同，60％的人在家庭生活，特别是在与子女谈话时主要使用藏语，在社会交往、工作单位等场合使用双语，所以，藏语是他们的强势语言。

　　笔者通过自编问卷进行调查，并通过访谈的方法，积累了一些资料。问卷由 24 个问题组成，其内容可分为五种不同条件下的双语态度，根据具体情况列出若干个备选答案让被试选择，最后得出一个较具信度的结果。

一 教师对藏语的态度

(一) 保持母语的理由

在保持和使用母语的理由中，37.5%的教师选择了"我是藏族"，他们认为，"保持和使用母语是自己义不容辞的责任和义务"，他们谈道："作为藏族，如果连母语都不懂，就不算是真正的藏族"。不仅如此，有的教师还谈道：他们是从教师的职责出发，为继承和发展藏族文化而使用母语；35.6%的教师认为，自己保持和使用母语与周围的环境有关，处在母语群体中，也就很自然地使用该种语言；20.2%的教师是从功用关系回答的，认为母语是自己的强势语言，无论何时何地使用都很方便。

之所以出现上述不同的态度，究其原因，其一是与单纯看重母语文化有关，其二是与个人的民族成分有关，其三是与个体生活的环境有关。如果单纯从情感认同上进行调查可以发现，选择母语的只占5.77%，这表明藏族教师并不仅仅因为自己对母语有很深的感情才去肯定它，他们肯定母语的理由具有多重性和复杂性，是认识成分、责任成分以及情感成分交织在一起的一种肯定态度。

(二) 对母语的文化认同态度

在回答"藏族最主要的民族特征"时，肯定语言的占53.9%，肯定宗教的占17.3%，肯定服饰和习俗的占28.8%。这表明，藏族双语人赋予母语"最主要的民族特征"之意义。这不仅因为母语是他们最方便、最熟悉的交际工具，而且因为其代表着本族"文化的存在、文化的声音和数代人之间的文化延续性"。这个结论更进一步表明，语言是人类最敏感、最微妙的象征体系，它不会随着环境、地域、民族的不同而变化，语言的民族性与文化性影响藏族双语人对母语的态度。

(三) 对母语的教育态度

由于藏族双语人对母语持积极肯定的态度，赋予母语多方面的社会属性，因此，他们非常重视教育青少年一代母语及其对母语文化的学习和继承。调查结果显示，71.2%的教师强调，孩子们虽在生活中能学到藏语，但还应通过专门的教育课程教他们学习母语及母语文化。这表达了他们对本民族文化及语言的继承性和延续性所持的强烈愿望。

以藏语为强势语言的双语教师，非常重视本民族母语，他们对母语的态度更多的是一种责任和义务。另外，与周围环境的熏陶有着直接的关系，他们生活在母语环境中，使用着代表自己民族文化之精华的，表达本民族生活方式、历史传统、价值观念的母语，并且母语在其家庭生活、社会交往、文化发展、民族进步诸方面起着不可替代的作用。正因如此，藏族双语教师以拥有自己的母语而骄傲，以懂得自己的母语而自豪。

二　教师对汉语的态度

（一）使用汉语的理由

调查、访谈的结果表明，藏族教师使用汉语的理由主要集中在"汉语的使用范围"和"汉语的地位"两方面。他们认为，汉语是我国使用人口最多的语言，汉语普通话是通用语言，它不仅是汉族人民的交际工具，同时已经为各民族所接受，成为各民族相互理解、相互往来的主要语言工具，也是藏族与其他民族相互往来的主要语言工具。汉语所负载的文化内容更是藏族人民所必须学习和掌握的，在人类跨入 21 世纪的今天，如果藏族教师只懂本民族的语言，那么他的活动范围，所获得的和所传授的知识、信息将会很有限；而如果具有双语乃至多语能力，不仅可以拓宽其活动范围，而且其所捕获的信息、资料亦可成倍增加，对有效完成教育教学工作更为有益。藏族教师对汉语越来越明确的认识观以及对汉语较高的文化认同态度使得他们不仅努力提高自身的语言素养，而且 91.4% 的人支持家里人学习汉语、使用汉语。这说明藏族教师对汉语持积极肯定的态度。

（二）语言选择和转换

双语人常常根据不同的语境、不同的谈话对象转换语码，我们所调查的被试在家庭及单位主要使用母语，在其他场所和社会交往中，则交替使用两种语言：如果谈话对象是藏族，他们便使用藏语；如果是汉族，便使用汉语。在这种语境下，对语言的选择和语码的转换完全处在"一个自动化的、无意识的过程"之中，不会影响他们的情绪，引起态度的体验。而如果谈话对象是藏族，双语人用藏语，对方却用汉语回答，则有 53.8% 的人会感到不舒服，对这些情况双语人比较反感，他们希望藏族能更好地发挥藏语的功能。

三　双语教学态度

双语现象既是一种社会现象，又是一种文化现象。文化人类学者在研究语言时指出，双语现象是双文化的共同部分之一，人们在习得双语的过程中习得双文化。双语符号系统成了习得双文化符号系统的基础；双文化发展水平与双语的丰富和准确程度是平行对应的。由于双语系统中凝集着所有双文化的成果，保存着一切双文化信息，所以，通过双语文可以了解、认识、分析各种文化现象。双语文自身的文化性质与文化价值要求双语教学不能忽视双语教学中隐含的文化轨迹。一方面通过双语教学保持民族间的文化差别并拥有自己的文化，另一方面通过双语教学的课程设计反映其价值体系。藏族教师对双语的态度充分显示了两种文化背景下的语言性质及语言价值，因此，94.2% 的教师认为藏族学生不学双语是不行的，他们认为学习双语既可保持民族间的文化差异以及拥有自己的文化，也可使每个双语人都有表达关于自己的文化标准、价值、态度和传统的权利。

从现代教学观来看，教学的目的在于促进人的发展，在于全体学生全面的、持续性的发展。在课堂教学中，知识的传递不是目的，而是手段，教学的根本目的在于借助知识的传递，特别是通过知识所蕴含的意义、价值和能力来促进学生的发展。语言作为意义的表征系统，其背后含有价值、意义、态度等成分，所以双语教学的目的已不单纯是语言的教学，而是一种文化的传递，是促进人的发展的手段。目前，双语教师教学的出发点、动力、效率是否源于这个目的，尚需进一步探讨。而对于双语教师就目前中小学双语教学的满意度为切入点进行调查的结果表明，对目前双语教学很满意的只占 16.3%，满意的为 24%，较满意的为 26.9%，不满意的为 20.2%，很不满意的占 12.5%，这一结果的离散程度较大，我们无法明确地将其归入积极态度或消极态度之中。造成这种结果的原因是多方面的，与双语教学观念的更新，双语教学的环境、条件，教师的素质，教材内容的组织，教学手段、方法的现代化等因素有关，特别是与未将双语教学的目标凸显出来，未能发挥好双语教学的功能有关。因此，调查结果显示，78.8%的双语教师认为：目前藏族中小学还应加强双语教学，特别应转变双语教育的观念，树立正确的双语教育发展观，加大双语教师队伍的建设力度，努力提高双语教师的水平及双语教学的质量。在谈到双语教学的作用时，66.4%的双语教师认为：双语教学对提高民族教育事业起着非常重要的作用；88.5%的双语教师认为：要发展民族地区经济、文化、教育，必须搞好双语教学；93.3%的双语教师认为：双语、双语文化、双语能力是藏族教育所培养的高素质的、全面发展的人应具备的基本素质之一。

总之，通过对青海藏族教师藏汉双语及双语教学态度的研究可以发现，藏族双语教师对母语的态度具有多重性和复杂性，是一种认识、责任、情感交织的肯定态度。对汉语则持积极肯定的，且具较高层次的理性态度。他们认为双语教学有利于民族教育发展，提高民族教育质量，有利于开发民族学生的智力及各种潜能，有利于全面推进素质教育。但他们对目前双语教学现状并不满意，认为改革的关键在于加强培养合格的双语教师及藏汉双语课程的建构。

第九章　藏汉双语教师的专业发展

第一节　藏汉双语教师专业发展的要求

以民族地区为立足点，以藏汉双语教师（本书所界定的藏汉双语教师为藏族地区中小学校使用藏语或汉语实施各门学科教学的各民族教师）的专业发展为切入点，从国家对教师职业的法规性要求和新课程改革对教师专业发展的要求出发，探索民族地区藏汉双语教师专业发展的标准及策略意义重大。

专业发展对藏汉双语教师来说是一个终身学习，不断发现问题、反思问题和解决问题的过程，也是藏汉双语教师职业理想逐步实现、社会责任感不断提升的过程。

教师专业发展显得至关重要，良好的、专业化的教师是优质教育的保障；教师是国家重要的人力资源，教师工作能为国家和社会带来不可估量的收益。

一　教师专业发展研究简史

教师专业发展的研究始于 20 世纪 60 年代末美国学者费朗斯·傅乐编制的《教师关注问卷》，于 70 ~ 80 年代在欧美盛行。我国此类相关研究始于 20 世纪 90 年代对国外相关研究成果的介绍，之后国内相关研究逐年增多。

随着对教育重要性的深入认识和对教育改革的推进，教师专业发展已成为一个备受重视的社会热点问题。教师职业经历了从兼职到专职再到专业的发展过程。1966 年在巴黎，联合国教科文组织和国际劳工组织召开了关于"教师地位"政府间特别会议。此次会议通过了《关于教师地位的建议》，这是首次在世界范围内对教师专业地位的探讨，开启了教师专业化研究的序幕。20 世纪 60 年代后，随着教师数量的增加，迫切要求提高教育质量的呼声也日益高涨，而教育质量提高的关键在于教师专业素质的提高。由此，世界各国开始共同关注改革传统的师范教育和提高教师素质的问题。高质量的教育水平只有通过教师专业水平的不断提高来实现，同时，教师专业水平的提高只有通过教师专业化来促进。然而，实现教师专业化的有效渠道应该加快教师专业的发展，教师专业的发展须立足于教师自身素质的提高和复杂的教育教学实践经验。至 20 世纪 80 年代后，召开的许多国际性会议都以提高教师素质和促进教师专业的发展为主题。1980 年《世界教育年鉴》的主题就是"教师专业发展"，此后关于教师专业发展的研究日渐丰富，教师专业发展逐渐成为世界各国教育改革的重要趋势和方向。

二　国家对教师职业的法规性要求

从根本上看，教师专业发展取决于社会对教师职业提出的新要求，而社会对教师职业提出的要求又必然会通过国家和社会反映出来。自 20 世纪 90 年代以来，中国教师职业逐步走向法规化、制度化。1994 年开始实施的《教师法》规定，"教师是履行教育教学职责的专业人员"，这是第一部确认教师专业地位的法律。1996 年教师资格制度开始实施，其法律依据源于 1998 年 10 月颁布的《中华人民共和国教师法》。该法第十条规定："国家实行教师资格制度，只有具备教师资格的人员，方可在各级各类学校和其他教育机构中从事教育教学工作。"该法首次以法律的形式确定了将教师资格制度作为中国的教师职业许可制度，同时在第十、十一、十二、十三、十四条对教师的资格、标准和条件、申请认定程序、教师资格考试、在职教师资格过渡、法律责任等做出了规定，并授权国务院及教育行政部门制定实施办法。1999 年 12 月 12 日，国务院颁布了《教师资格条例》。1996 年 1 月国家教委下发了《教师资格认定的过渡办法》，至 1997 年底，完成了自 1993 年 12 月 31 日起在各级各类学校从事教育教学工作人员的教师资格过渡工作。为积极稳妥地做好全面实施教师资格制度的准备工作，从 1998 年 4 月至 1998 年底，教育部在部分地区进行了教师资格认定的试点工作。经过起步阶段的过渡和试点工作，教师资格制度的实施已经产生了广泛的社会影响。在总结教师资格过渡和面向社会认定教师资格试点工作经验的基础上，经过深入的调查研究，教育部于 2000 年 9 月 23 日发布了面向社会认定教师资格的操作性规定——《〈教师资格条例〉实施办法》，规定 1994 年 1 月 1 日以后进入教师队伍的人员和符合教师资格认定条件的中国公民，将可以根据法定的教师资格认定程序获得教师资格，这标志着全面实施教师资格制度的工作在全国范围内正式启动。教师资格制度的建立，一方面对于教师队伍建设和教育事业发展有着十分重要而深远的意义，是社会文明进步、教育事业进入新的发展阶段的标志；另一方面对教师的一系列法规性要求将对每一位教师的生存状态、职业生涯和专业发展产生根本性的影响。

在我国，在教育政策文本中首次提出教师专业发展概念是在 2001 年的《国务院关于基础教育改革与发展的决定》中，该决定强调要"完善以现有师范院校为主体、其他高等学校共同参与、培养培训相衔接的开放的教师教育体系"。2002 年教育部《关于"十五"期间教师教育改革与发展的意见》第一次给教师教育做出了解释，该意见指出"教师教育是在终身教育思想的指导下，按照教师专业发展的不同阶段，对教师的职前培养、入职教育和在职培训的统称"。但"农村教师在中国教师队伍中所占的绝对比例，使得其专业化程度的高低成为衡量教师整体专业化发展水平的最重要的指标，这说明中国教师专业化发展的关键在于农村教师专业发展"[①]。在青海，农牧区教师的专业化发展也是青海民族地区教师专业发展的关键。2003 年《国务院关于进一步加强农村教育工作的决定》提出："加强农村教师和校长的教育培训工作。构建农村教师终身教育体系，实施农村教师素质提高工程，开展以新课程、新知识、新技术、新方法为重点的新一轮教师全员培训和继续教育。"教育部《2003～2007 年教育振兴行动计划》指出要"促进教师专业发展和终身学习的现代教师教育体系"。党的十七大报告强调要"加强教师队伍建设，重点提高农村教师素质"。2010 年出台的《国家中长期教育改革和发展规划纲要》和《国家教育事业发展第十二个五年规划》均

---

① 黄白：《我国农村教师专业发展：中国教师教育研究新动向》，《教育理论与实践》2008 年第 1 期。

指出要"以农村教师为重点，显著提高农村教师的整体素质"。这些文件为农村教师专业发展提供了契机，体现出中央对教师专业发展的高度重视和新形势下加快推进农村教师专业发展工作的迫切需求。由此，立足于青海民族教育的特殊性和教师现状的特殊性，依据青海民族地区教师的不同文化回应和文化生态对农牧区教师专业发展进行研究是当下主要的课题。

教师职业是一份特殊的职业，这一职业的价值在于把人类所取得的一切文化成果，都用来培养合格的人才，为弘扬科学精神、促进社会进步、传递人类文明发挥效能。而这一价值的体现又取决于教师的职业素质。林崇德认为："教师的职业理想是其献身于教育工作的根本动力；教师的知识是其从事教育工作的前提条件；教师的教育观念或信念是其从事教育工作的背景；教师的自我监控能力是其从事教育活动的核心要素；教师的教学行为是其素质的外化形式。"① 可见，国家对这一职业做出一系列法规性要求是非常必要的。在中国，教师队伍是规模最大的一个专业团体，承担着世界上最大规模的教育工作。这支队伍是建立教育体制、提高教育质量、实现教育目标的关键因素。目前，这个队伍尽管在一定程度上达到了专业化标准的要求，但与发达国家相比，尚有不少差距。尤其是民族地区藏汉双语教师的专业发展仍存在很多问题：第一，藏汉双语教师数量不足，特别是偏远贫困农牧区双语教师数量严重不足；第二，质量不高，表现为合格学历起点偏低，尤其是牧区仍有30%的初中教师和55%的高中教师学历不合格；第三，结构不合理，且师资水平差异很大，部分教师尚存在职业道德意识淡薄，教育理念滞后，创新意识和研究能力不强，教学方法和手段落后，知识面狭窄等问题。这与全面实施素质教育的要求差距很大，改革与加强民族地区藏汉双语教师的培训，推进藏汉双语教师的专业发展乃当务之急。

第二节　藏汉双语教师专业发展的内容

1986 年，美国斯坦福大学舒尔曼和他的同事提出了一个教师知

---

① 林崇德：《教育与发展》，北京师范大学出版社，2004。

识分类的理论框架，在这个知识分类框架里，学科教学知识被视为教师专业知识的核心和教师教育课程体系的理论依据而被广泛关注。① 按照舒尔曼的教师知识分类框架，教师所需专业知识包括七大领域：学科知识、一般教学法知识、课程知识、学科教学法知识、关于学生及其特性的知识、教育情境知识、教育目的与价值的知识。这七大领域经简化可归纳为三个部分：学科内容知识、学科教学知识和普通教育类知识。舒尔曼的学科教学知识理论改变了教师知识结构，拓宽了教师的能力范围，它使我们清晰地认识到教师作为一个专门职业对知识多样性、复杂性和独特性的要求绝对不比其他专门职业低，学科教学知识体现出了教师专业的"专业特质"。

我国学者对教师专业发展的内容研究，主要体现在教师的专业知识、专业能力、专业情意三个方面。

一 教师专业知识

国内外研究者们对教师专业知识的研究非常丰富，对以下教师专业知识结构基本达成共识，即教师必须具备学科内容知识、学科教学法知识、有关学习者和学习的知识、情境知识、课程知识，除此之外，教师还应具备教育哲学知识、教育心理学知识、个人实践知识等。斯腾伯格将教师专业知识分为学科内容知识、教学法的知识、实践的知识三类。我国学者叶澜认为教师专业知识包括：普通文化、专业学科、一般教学法、学科教学法和个人实践知识。陈向明将教师知识分为"理论知识"和"实践知识"。由此，对教师的知识我们可概括为学科内容知识、教育教学理论知识和实践性知识。学科内容知识是教师实施教学的基础，只有具备了扎实的学科内容知识，教师的教学工作才能顺利进行。教育教学理论知识是教师实施教学的关键，是教学水平的保障，它包括教育学理论知识、教育心理学知识、课程论知识、一般教学法知识和学科教学法知识。实践性知识是教师在教学实践中主动探究所获得的经验性知识，源于教师的个人实践，是提高教师教学水平和能力的关键性知识，它包括教师在教学中的实践化的学问知识、教学技能知识、教学经验知

① 胡永林：《从 PCK 看农村中小学教师专业发展走向》，《教师发展论坛》2011 年第 9 期。

识、教学情境知识和教学决策判断能力的知识等。

二　教师专业能力

教师专业能力是教师在教育教学活动中，利用教育理性和教育经验，灵活地应对教育情景而做出的敏捷的教育行为反映，是促进学生全面、主动、活泼发展所必需的教学技能。从文献综述可知，国内外学者对教师专业能力的划分角度各不相同。国外学者的划分比较细致，包括了教师能力的各方面，体现出教师的综合能力。舒尔曼认为教师的能力应包括课堂组织与管理，清楚解释与生动描述，布置与检查任务，通过提问与探查、回答与反应、表扬与批评的方式，与学生进行有效互动等。我们将教师专业能力概括为如下方面：其一，基础能力，包括心理教育能力、人际交往能力、语言表达能力、组织协调能力；其二，专业能力，包括教学设计能力、教学实施能力、教学监控能力；其三，扩展能力，包括教师的教育科研能力，终身学习能力，在学校、家庭、社会教育三者之间的协调能力，媒体整合能力，创新能力等。总之，教师应具备多方面的能力，提高教师的专业能力是教师专业发展的重要目标。

三　教师专业情意

教师专业情意是教师专业发展的关键素养，直接决定教师的工作热情和职业认同感。"教师专业情意"这一概念是在 2001 年 9 月版的教育部师范教育司组织编写的《教师专业化的理论与实践》①一书中提出来的。2003 年 1 月第二版就换成了"专业态度"一词。但是该概念的内涵始终保持一致。教师的专业情意是教师个体把教育教学工作当作生命的一部分，有强烈的责任感和认同感，愿意终身奉献于教育事业。它是在对所从事专业的价值、意义深刻理解的基础上，形成的奋斗不息、追求不止的精神，是推动教师专业发展的根本动力。

关注教师专业情意非常必要，这也是国际教师专业化发展的趋势，我国对教师"专业情意"的研究最早开始于对"教师职业伦

---

① 教育部师范教育司：《教师专业化的理论与实践》，人民教育出版社，2003。

理""职业精神"的研究，后来随着研究的不断深入便进一步形成了"专业情意"概念。就教师专业情意的范围，我国学者认为作为内驱动力结构，情意系统包括：职业意识，这是教师对所要从事职业的内在角色的认可；职业道德，这是作为教师应具有的道德质量；心理素质，这是教师所具有的信仰、追求、理智感、挫折承受力等。还有学者认为教师的专业情意包括：教育信念、教师信念、教育情感、教师职业道德等；更多的学者将教师专业情意具体化为专业理想、专业情操、专业性向和专业自我四个方面。

如学者韩慧宇的研究就是从上述四个方面实施的，他的研究表明，在教师的专业情意各维度发展水平中，专业理想平均值为4.29，专业情操平均值为4.48，专业性向平均值为4.10，专业自我平均值为4.00。[①] 比较显示，专业情操的发展水平高于其他三个维度。同时，他将教师工作按年限分为四个阶段，即1～5年为初任教师，6～15年为成手教师，16～20年为资历丰富教师，20年以上为资深教师。并且从这四个阶段考察了教师专业情意发展水平。结果表明，刚步入工作岗位的教师，把精力都放在怎样完成教学任务，做好本职工作上。他们对教师工作充满热情，但是对专业情意的真正含义没有明确的理解。随着年龄的增长，教师对教学有一定的掌握，能较好地驾驭课堂，当在教育教学工作中取得一定成绩时，他们的自我效能感增强，在教师这个行业中，也充分体现了自己的价值，这时候的教师对教育教学工作的热情相当高，并能体现一种无私奉献的精神。但是随着教师年龄的增长，生理和心理也随之变化。有些资历丰富的教师，虽然在教学中有一定的成绩，总体来说感到自己已被定位在教师职位，而且看不到有何变动的希望，同时也感受不到学校领导、学生、同事的关心。因此，对于教学没有激情，工作满足感逐渐下降，开始怀疑自己选择教师这份工作的初衷。职业倦怠感大部分出现在这个时期，专业情意也逐渐下降。到了资深教师这个阶段，教师已经是工作上的老手，他们经验相当丰富；但是也面临退休，所以他们对教学的好坏，没有任何要求，工作也是维持现状，停滞不前，对任何事情漠不关心，专业情意也急剧下降（见图9-1）[②]。

---

① 韩慧宇：《中小学教师专业情意发展探究》，《延边教育学院学报》2011年第2期。

② 韩慧宇：《中小学教师专业情意发展探究》，《延边教育学院学报》2011年第2期。

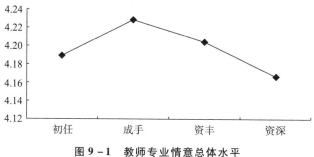

图 9 - 1　教师专业情意总体水平

这也就是说，教师专业情意的总体水平是积极的，但同时也表现出了工作年限的差异性。各级部门在对教师实施专业发展培训时，应具有针对性。

教师专业情意也可从专业情感的视角加以深化。藏汉双语教师专业情感是教师专业素质结构的重要内容，包括情感意识、情感定式、情感能力等，民族地区学校绝大部分均为寄宿制学校，学生的情感发展主要受教师情感发展的影响，无论是从学生发展还是从教师发展的角度而言，藏汉双语教师均应努力从以下几方面提升专业情感素质。

1. 藏汉双语教师要有强烈的情感意识

这是指双语教师对情感在教育中价值的理解和认识。具体而言，藏汉双语教师的情感意识主要体现在以下几方面。

（1）要认识到学生的成长是整体性的，学生的情感发展是学生成长的一个重要方面。当前，在教育实践中存在"重智轻德"，即重视学生的知识教授，轻视学生的审美、情感、体能等现象，造成了一些学生只追求学习成绩却找不到人生的意义、不会跟同伴友好相处等问题。从根本上来讲，学生的成长是整体性的，在教育过程中，藏汉双语教师要重视学生各个方面的发展，如果偏重一些方面而忽略另一些方面，则会产生"短板效应"，不利于学生的整体性成长。因此，教师要认识到，情感是人的精神面貌和生命质量的重要表征，是学生成长的重要组成部分。双语教师要关注学生的情感发展，把学生的情感状态作为衡量他们成长的重要指标。

（2）对学生情感资源的开发有助于学校教育成效的提升。在教育实践中，经常会有这样的现象，如果学生喜欢学校，那么，他们的言行举止往往会符合学校规章制度的要求；如果学生喜欢某个教

255

师，那么他们会喜欢这个教师所教授的课程；如果学生对某门课程感兴趣，那么他们在这门课程的学习过程中会很专注，成绩也会比较好；等等。马克思曾指出，情感是一个精神饱满为自己目标而奋斗的人的本质力量。当一个人充满情感地去做某一件事情的时候，就会达到最佳的工作和学习状态。事实上，对学生的喜欢、兴趣、爱好等情感资源的开发是学校教育中双语教师必须考虑的一个重要方面。

（3）藏汉双语教师的情感状态会对学生的成长产生直接的影响。社会学家米德提出了"重要他人"这一概念，"重要他人"指在个体成长过程中具有重要影响的人物。毫无疑问，在学校生活中，教师就是学生成长过程中的"重要他人"，教师在与学生的交往中会对他们的成长产生各种影响。其中，双语教师的情感状态，包括教师在教育过程中流露出的价值趣味、对工作的热爱和投入的程度以及对学生情感的反应方式等都会对学生感受生活、认识自我以及学生的价值观、人生观等的形成产生影响。正是在这一意义上，藏汉双语教师要呈现积极的情感状态。

2. 民族学校教师要有积极的情感定式

在心理学中，定式被认为是人对环境的习惯性的反应方式，那么，情感定式就是指人对外在环境的习惯性的情感反应方式。从情感的表现状态来讲，情感可以分为积极情感和消极情感。一般来讲，每个人对外在环境的情感反应也都包括这两种形式。由于教师职业不同于其他职业，教育是一项育人的事业，这就决定了在教育过程中，双语教师要有积极的情感定式。藏汉双语教师的积极情感定式主要体现在对自己、对学生和对工作的态度方面。一是要悦纳自己。每个人既会有缺点和不足，也会有优点和长处。双语教师要能够承认和接受自己的缺点和不足，认识到自己身上的不完美，并以积极的心态面对自己，发扬优点，克服缺点，增强自尊和自信等内在的积极力量。二是对学生要有积极的情感反应。朱小蔓认为，成人对儿童的五种良好的情感反应包括关爱和呵护、肯定和鼓励、期待和信任、严谨和严格、容忍和宽容。[1] 师生关系是教育过程中最重要的

---

① 朱小蔓：《情感教育论纲》，人民出版社，2008，第9页。

人际关系，双语教师在师生关系构建中起着主导作用，教师的关爱、鼓励、信任、宽容等积极的情感反应能够获得学生的信赖，不仅有助于构筑和谐的师生关系，更有助于学生身心的健康成长。三是要积极投身于工作。生命在于创造，双语教师在工作中锲而不舍、孜孜不倦，不仅能够推进工作的顺利开展，还能够丰富教师人生的意义，也有助于教师职业理想的实现。而且，教师对待工作的满腔热忱也会感染和激励学生，使他们更专注于学习。

3. 藏汉双语教师要有较强的情感能力

在一定意义上，情感是一种能力。霍华德·加德纳在《智能的结构》一书中指出，人的认知智能包括自我认知智能和人际智能，前者是"一个人对自己生活的感受，即人的情绪或情感范畴的能力。这种能力能够直接辨别生活中的感受，并最终用符号化的记号去标记这些感受，利用它们理解与指导自己的行为"，后者则"转向了外部，转向其他的人类个体。这种能力的核心是发现其他人类个体之间的差异并加以区别的能力，尤其是对他们的情绪、气质、动机与意向进行区分的能力"。[①] 实际上，加德纳的认知智能观揭示了情感与认知的统一。人的情感能力也包括对内的自省、调控能力和对外的辨别、沟通能力。同样，对双语教师来讲，他们的情感能力表现在对自己的情感内省和调控以及对学生情感的辨别和沟通两个方面。这意味着，一方面，双语教师要善于自我反思，能够把握自己的情感和情绪，在特殊情况下能够及时调整和控制自己的情绪与情感反应，以使自身与教育的环境条件和要求相适应；另一方面，双语教师要学会细心观察、辨别学生的情绪和情感反应状况，并能够采取适当的方式，与学生顺利地进行情感沟通和交流，创造出和谐、适宜的教育氛围。总之，关注藏汉双语教师专业发展中情感素质的提升，既有助于教师个体精神面貌的改变和生命质量的提升，也有助于促进学生人格的健全和心理的成熟。因此，我们既要重视研究双语教师专业发展中的情感问题，更要重视双语教师情感素质的培养，同时还要明确情感素质的培养是一个动态的、循环往复的发展过程。

综上所述，教师的专业知识、专业能力、专业情意是教师专业

---

① 霍华德·加德纳：《智能的结构》，沈致隆译，中国人民大学出版社，2008，第281页。

发展的三方面内容。其为考察、培训和发展民族地区藏汉双语教师的专业素质提供了可资借鉴的理论依据。

第三节　青海民族地区藏汉双语教师专业发展现状及策略

一　充实青海民族地区教师力量，加快教师专业发展

青海集中了藏、蒙、回、撒拉、土族等少数民族，青海民族地区教师是青海教师队伍中的大多数，承担着实现民族地区教育，传承民族文化，启迪和建设精神文明，培养民族人才的重任。在青海重视和研究民族地区教师的专业发展既是一个核心的问题，又是一个重要的课题，但同时也是一个存在许多实际困难的问题。

多年来，青海教育行政部门及各地区对此都非常重视，都在不断努力、积极行动着。据 2011 年统计①，全省各级各类学校专任教师达 48167 人，其中小学 25897 人，初中 14720 人，高中 7550 人。少数民族教职工 16958 人，其中，民族地区小学、初中和高中三类学校专任教师在海北地区达 2606 人，黄南地区达 2440 人，海南地区达 4240 人，果洛地区达 1372 人，玉树地区达 2131 人，海西地区达 4169 人。与前几年相比，教师人数在不断增加，青海坚持把优先发展教育、提高人口素质纳入全面建设小康社会和构建和谐青海的主要目标上，按照"全面推进、重点突出、抓住关键、重在落实"的原则，使"两基"攻坚实现了历史性跨越，高中阶段教育取得了历史性进步，高等教育实现了历史性发展，民族教育实现了历史性突破，双语师资队伍建设得到了显著加强，教育基础条件得到显著改善，教育信息化建设取得重大突破，学校思想政治教育和德育工作得到切实加强，教育管理水平明显提高。全社会对教育的满意度明显提高。

尤其在师资队伍建设方面，青海利用各类师资培训项目，通过不同层次、不同形式的培训，进一步提高全省教育行政管理干部、中小学教师的整体素质。优化部分基层学校的师资结构，组织省内应

---

①　青海省教育厅发展规划处：《青海省教育事业发展简明统计分析统计》，2012。

届师范生到农牧区中小学顶岗支教等，缓解了中小学教师紧缺矛盾。2010 年，青海省小学、初中、高中专任教师学历合格率分别达到 99.64%、98.94%、87.11%[①]，比 2005 年分别提高了 1.33、3.08 和 14.27 个百分点。全省小学教师中大专以上学历的比例达 86.48%，初中教师中本科以上学历的比例达 63.99%，普通高中教师学历合格率达到 87.11%。到 2011 年，义务教育教师队伍建设取得新的进展，义务教育中高一级学历教师比例继续提升，尤其是农村义务教育中，高级职称教师比例增加较快。至 2013 年底，青海省在校中小学生已达到 793879 人（包括特殊教育），教职工达到 53606 人，其中专任教师达到 50711 人。在党和政府的高度重视下，教师队伍素质有了一定程度的提升。

但是，教师素质仍然存在一些问题，如部分教师业务能力不强、教学质量不高；农牧区尤其是牧区优秀师资匮乏，"教育移民"现象严重；体制机制不完善、教师管理不规范；等等。可见，在青海，加强教师队伍建设，主要是指加强农牧区教师队伍建设；增加教师数量，也主要是指增加农牧区教师的数量。对此，青海省采取了如下措施，使藏汉双语教师队伍建设得到了一定程度的加强。

第一，本着缺什么学科教师补什么学科教师的原则，科学制订教师补充计划，优先招聘紧缺学科教师。仅 2013 年全省就新增 2137 个教职工编制，其中 98% 分配给了农牧区。同时，面向全省公开招聘 1833 名中小学教师，及时补充了一批急需的数理化生、英语、信息技术和双语教师，有效缓解了农牧区教师数量不足、结构失衡的矛盾。

第二，合理设置教师岗位。按照国家课程设置和开齐开足课程的要求，青海各地中小学校在核定的编制总额内，合理设置专任教师岗位、教辅岗位和管理岗位，明确不同岗位的职责、任职条件、工作目标要求。依托中心学校、示范学校，探索紧缺学科教师巡回授课、流动教学制度。

第三，完善教师岗位聘任制度。深化学校人事制度改革，坚持竞争上岗、按岗聘用、岗变薪变、合同管理，建立能进能出、能上

---

① 青海省教育厅发展规划处：《青海省教育事业发展简明统计分析统计》，2011。

能下的灵活用人制度。

第四，完善教师交流、退出机制。统筹区域内教师资源，探索建立教师岗位正常退出机制。对长期因病不能坚持正常教学工作的教师，采取办理退休（职），对落聘教师采取转岗和培训等措施。

总之，青海省建章立制、多措并举，充实双语教师力量，调整优化双语教师队伍结构，进一步加强了双语教师队伍的建设，对双语教师发展起到了一定促进作用。

二 青海民族地区藏汉双语教师对专业发展的认识

新课程理念使人们愈来愈清楚地认识到，教师职业的主要任务不只是"传授"，而是以学生发展为目的。双语教师是学生发展的合作者、帮助者、设计者和指导者，同时，教师也要实现自我发展。教师各方面素质的提升，能够为青海民族教育的发展奠定良好的基础。

对青海藏族地区学校的调研表明，对于教师的专业发展问题，52%的教师认为学校不重视。关于教师专业发展的重要性，44%的教师认为非常重要，50.7%的教师认为重要，但其中只有13.3%的教师思考过自己的专业发展问题，并有自己的发展规划。这表明，教师对专业发展问题的认知和行动之间尚有距离。就专业发展的因素而言，41.3%的教师认为教学技能与水平是教师专业发展中最重要的因素。对提升专业水平的方式，32%的教师希望脱产进修。在教学技能发展调查中，52%的教师认为自己的教学方法相对单一，24%的教师仍然对学生采用以成绩为主的评价方式。在设计有效的预习提纲和编写随堂练习方面，只有22.7%的教师能胜任，65.3%的教师是按照教学参考资料进行教学。在编写教案方面，42.7%的教师按照教学参考组织并编写教案，53.3%的教师可以做到教学反思，并能写出教学体会总结经验，找出不足。82.7%的教师重视教研活动，其中，32%的教师能自觉积极地参加集体备课活动。但与同行一起探讨学科知识和教学方法问题的行为有限，48%的教师表示只是偶尔进行，对于教师之间的交流合作不积极。同时，46.7%的教师表示对教案或公开课评比比较看重，但也是偶尔参加；13.3%的教师认为教案或公开课评比太费精力，表示不太愿意参加。

此外，48%的教师是为了评职称参与教育科研，但他们表示没有实效。16%的教师对工作实践中的教育科研还不了解。关于农牧区双语教师专业发展的困难，除66.7%的教师认为学校的硬件设施落后，但大多数教师认为主要是进修学习的机会少，如42.7%的教师认为促进教师专业成长最有效的方式是"外出培训"，但77.3%的教师认为"参加和学习培训的机会太少"，72%的教师认为"参加教研进修的机会少"。可见，加大教师培训力度，应该是今后教师专业发展工作的重中之重。对目前所实施的进修学习，42.7%的教师认为"对自己帮助很大"，54.7%的教师认为"对自己有些帮助"。可见，创造条件强化培训有利于教师的专业发展，当然，提高培训的实效性也很重要。

分析调研结果，对于青海民族地区双语教师在专业发展方面所存在的问题，可归纳如下。

（一）教师的整体素质有待加强

专业素质是教师进行正常教学和不断自我学习的基本前提。目前，在实施新课程改革过程中暴露出的问题，很多都是由于心理学和教育学知识的欠缺或教育教学观念、方法、手段落后所致。

1. 教师的专业知识结构欠缺，不适应课程改革的需要

一是原理规则性知识，即教育学、心理学、教学法等方面的专业理论知识没有得到及时的调整与更新；二是不善于或不能主动积极地积累大量的专业案例知识和可供借鉴、反思的实践案例；三是策略性知识欠缺，即在具体的教育教学情境中不能灵活地运用原理规则，不能高效地整合和优化教育教学过程；四是作为专业的学科教师，不具备相当水平的当代科学和人文基本知识。新课程倡导综合实践活动，这必然要求教师形成跨学科的知识结构，新课程还强调现代信息技术与课程的整合，因此，掌握现代信息技术的相关知识对双语教师专业发展很有必要。

2. 教师的常规性技能基本过关

教师能够引导学生的学习活动，控制课堂气氛和学生的注意力，使教学活动顺利实行。但特殊的技能，尤其是优化教学设计的能力和实施新课程教学评价的能力及多媒体运用能力、课程开发能力和实施综合课程的能力、科研能力、反思能力等则明显不足。传统的教学模式仍未得到改变，在课堂上过分关注学科，把学科凌驾于教育之上，凌驾于学生之上的现象仍很严重。这种只见学科不见学生的教育观从根本上背离了基础教育特别是义务教育的基本规律和神圣使命。

3. 双语教师缺乏教育教学实践研究的现象也较严重

民族地区中小学教师不仅很少有从事教学研究的机会，而且即使有机会参与，也只能处在辅助的地位，配合专家、学者进行实验。教师的任务只是教学，教学成了教师对学生单向的"传授"活动。而且，在教学中，课程游离于教学之外，教师没有开发课程及资源的动力，仅仅成为教育行政部门各项规定的机械执行者，各种教学参考资料的简单照搬者。

（二）教师的专业态度有待提升

教师的专业态度是教师专业行为的心理倾向，它由认知、情感和行为三种成分构成，是外界刺激与个体反应之间的中介因素。作为教师专业行为的潜在动因它在很大程度上决定着教师的专业工作效能。可以说，教师的专业素质及教师面临的工作环境，基本上是经由教师的专业态度而影响教师的专业活动的。所以，双语教师的专业态度问题，应该作为专业发展研究中的一个重点问题予以深入研究。

（三）教师专业发展的保障机制有待完善

上级教育主管部门和学校迫于"应试教育"的社会压力，在师资的引进和培育上，把主要的精力放在升学考试科目上，对于其他课程师资不足的情况或视而不见，或漠然处之，由于教师编制严重不足，兼职或非专业教师教授课程的现象非常突出。

三　青海民族地区藏汉双语教师专业发展的标准

教师专业发展是教师个体的、内在的专业化程度的提高。在专业发展制度层面上，如何构建专业发展制度？如何把已有的理论系统落实为实践的原则？在专业组织的层面上，如何建立一个同质的、具有权威性的专业组织？如何争取更大的专业自治权？教师专业发展的两个目标：一是不断完善专业发展制度，促进教师专业能力发展的"专业发展"目标；二是不断整合专业组织，争取更大的专业权力的"组织发展"目标。

要使青海民族地区藏汉双语教师专业发展实现以上目标，必须要有双语教师专业发展的标准。

其一，从个人发展而言，教师必须具有相应的专业素质。例如：①受过专门的训练，具有较强的专业基础；②有正确的民族教育观念和民族教育改革及教育资源开发、研究的信念；③具有专门的民族儿童发展与民族教育理论和实践知识，包括民族教育学、民族心理学知识；④具备教育实践能力，包括教育活动组织能力、教育反思意识、教育监控能力，对民族儿童的行为、学习、交往、情感的指导能力，能创设有利于民族儿童发展的环境，特别是和谐的师生关系、互助的同伴关系等；⑤具有专业责任感和服务精神等。

其二，从社会发展而言，创设良好的客观环境也是青海民族地区双语教师专业发展的重要方面。例如：①创建完善的培训体系，为双语教师提供严格而专门的职前训练，提供多途径、多形式的在职进修机会；②为民族地区双语教师提供参与研究的机会，比如专设课题，指派专家指导，保证研究经费，通过切实有效的措施，鼓励其积极参与科研，并获得成效；③各学校将教师的教学研究纳入常规工作，并加大将其与职称评定挂钩的力度；④建立教师专业团体；⑤制定严格的藏汉双语教师选拔和任用制度；⑥提高双语教师的经济和社会地位等。

在青海民族地区藏汉双语教师专业发展中，以上两方面都必不可少，仅强调教师自身素质的发展或仅创设良好的外界环境都不可能真正实现双语教师的专业发展，只有这两方面相互配合、相互补充和相互促进，才能为民族地区双语教师专业发展创造良好条件，促进双语教师的专业成长。不过，在一定意义上，较之于良好的客观环境的建设，双语教师自身专业素质的提高显得更为重要。

四 青海民族地区双语教师专业发展策略

（一）从双语教师个人而言：制定专业发展规划

双语教师专业发展规划是指教师本人为自己的专业发展设计的一个蓝图，它可以为双语教师的专业发展提供指导，也能为自身专业发展提供一个参照。双语教师专业发展规划是教师分析思考的结果，包括众多内容，这些内容便构成双语教师专业发展规划的框架。尽管双语教师专业发展规划是个人化的，不同教师的专业发展规划有不同的内容，但双语教师专业发展规划依然具有一般的框架，因此，民族地区双语教师制定专业发展规划可从以下几方面实施。

（1）自我分析。全面充分地认识自己，对自己的能力、兴趣、需要等个性因素进行全面的分析，充分认识自己的优势与劣势。诊断自己所存在的问题，如问题发生的领域、难度；寻找自己最擅长的领域和专业发展方向，在最适合自己的领域或空间谋求个人的最大发展；列出自己的发展领域，并确定优先领域。核心内容是分析自己的专业发展需求，同时考虑自己的优势与劣势。但是，不能将这种分析与专业发展需求的背景隔离开来，必须同时考虑自己的需求、学校的愿景与发展规划、教育的发展及教师专业的发展趋势；了解专业发展的起点。双语教师制定专业发展规划时必须了解自己现有的发展水平，最重要的两个方面是：内在专业结构和自我专业发展意识。前者是指着重确定自身内在专业结构所存在的不足，从而有针对性地确定发展目标；后者是指着重了解自己所具备的专业发展准备程度和自我发展能力。值得注意的是，专业发展是持续的，因而对专业发展水平起点的了解也不是一次性的。

（2）环境分析。把握专业发展的方向要收集专业发展的信息，抓住专业发展的机会。具体做法是：分析学校的目标和改进计划以及对双语教师的要求；分析学生的需求及其对双语教师的要求；平衡自身需求、学校需求和学生需求三者的关系；认识自己与学校相互配合的情况，判断学校的发展方向与自己所制定的专业发展规划是否冲突，分析专业发展的资源条件，包括外部环境提供了哪些条件？从自己的需要出发，还需要哪些条件或资源？如何获得这些资源？获得这些资源时需要付出多大代价或成本？这些成本与可能的收益是什么关系？等等。

（3）目标确立。形成愿景首先要明确自己的发展旨趣、发展方向和路径，路径一旦确定，就要明确期望达到的结果，综合考虑自己的个人特点和环境因素，确定现实的发展目标。目标包括长期目标和短期目标，因规划或计划的长远性而不同，越是短期目标越应当具体，长期规划中也应当包括较为具体的阶段性目标。

（4）制定策略。一旦确定目标，就要考虑实现目标所要采取的策略，即由具体的措施和活动构成的行动方案。根据自己的发展目标和各方面的条件，分析达成目标所需的资源，确定达成目标所需的特定的专业发展内容，进而确定完成专业发展任务所要开展的活动，具体包括听课、研讨、检查学生作业、实施行动研究、辅导、专业阅读、做教学札记、写自己的教学故事或案例、加入专业组织、学习运用新技术等。这一部分还必须包括实现目标或完成具体活动所采取的步骤或阶段，相应的时间界限，所需要的条件和资源以及获得这些条件、资源的方式和途径等。同时，关注学校和当地教育机构的教师专业发展活动计划；设计并安排自己的专业发展内容和活动，形成合理的可行的行动方案；对可能存在的多种行动方案做全面的评估，以确定最佳的行动方案。

（二）从学校而言：选择双语教师专业发展的途径

关于双语教师专业发展的途径研究主要集中在教师教育的研究方面。教师教育并不等同于教师专业发展。利伯曼提出，教师专业发展是对过去的教师教育做了重新界定，它关注教师对实践的持续探究本身，把教师看作一个成人学习者。它还将教师看作一个"反思性实践者"。"它不仅是教师与学生一起改进其实践的途径，而且还意味着学校要建立起一种支持和鼓励相互学习与合作的文化。"具体表现在以下几方面。

1. 教学反思

教学反思对促进双语教师由经验型教师向反思型教师的转变有重要作用。进行有效的教学反思能够提高民族地区双语教师的教学理论素养和教学技能，有利于民族地区双语教师掌握实践性知识，促进其专业发展。有研究者认为，教学反思主要是教师从自己的经历、学生的反馈、同事的评价和理论文献的解读中对自己的信念、知识、教学实践及背景进行审视，批判性地自我反省，分析教学行为，增强教师的理性自主，使教师始终保持一种动态、开放、持续发展的状态。波斯纳曾提出教师成长的公式：成长 = 经验 + 反思。他还指出：没有反思的经验是狭隘的经验，至多只能形成肤浅的知识。如果双语教师仅仅满足于获得经验而不对经验进行深入思考，那么其发展将大受限制。教师只有通过回顾、诊断、自我监控等方式对自己的观念、行为及结果进行审视和分析，才能帮助自己开拓教育新思路，形成独具个性的专业理念；改进教育教学实践，创造教育新模式，才能提高自己的问题意识和教育研究能力，进而提高专业自主性。反思的本质是一种理论和实践的对话，是教师超越自己的思维能力，其具有反思性、反观性、研究性等特征。因此，在专业发展过程中，双语教师的教学反思尤为重要，只有将教学实践与教学反思有机地结合起来，才能提高民族地区双语教师的专业能力，促进其专业发展。

2. 行动研究

行动研究是在自然的教育情景中，行动者本人或与他人合作，以改进教育行动为目的，以教育行动为研究对象，运用各种教育研究方法进行的综合性研究活动。《国际教育百科全书》指出：行动研究指社会情境（包括教育情境）的参与者，为提高对自己所从事的社会或教育实践的理性认识，加深对实践活动及其依赖背景的理解而进行的反省研究，它可分为单个性的、协作性的和全校性的。行动研究是教师专业发展的有效手段，它缩短了教学实践与理论学习之间的差距，是知、行、思合一的教师专业成长方式。因此，行动研究在教师专业发展中具有积极的意义。双语教师的行动研究就是指教师在教学中进行实践研究，它不仅是一种研究方式，也是教师专业成长最有效的学习方式。双语教师在教学中开展行动研究能促进教师不断地进行专业学习，通过理论和实践的结合，从行动研究中发现问题、研究问题、解决问题，从而达到知、行、思的统一。

3. 教师培训

教师培训是我国教师专业发展的重要途径，教师培训的方式方法多种多样。目前，国内学者认为在教师培训领域，校本培训是促进教师专业发展的主要途径之一。要实现双语教师专业发展就必须把培训与教师研究活动结合起来，对双语教师进行能有效提高教师专业水平的校本培训，而校本培训最主要的方法就是行动研究。

校本培训无论是作为一种教学研究活动，还是作为一种教学研究机制，其直接目的都是改善学校实践，提高教学质量，促进双语教师和学生的共同发展。其中的核心是民族地区双语教师的专业发展和学生的身心健康发展，这是体现民族学校办学水平的主要内容。丢掉了这个直接目的，"以学校为本"就会变成一句空话。在学校层面提倡以双语教师专业发展为取向的观课活动也是民族地区双语教师在职继续教育的一种有效的校本培训方式，其有助于民族地区教师的专业成长。实际上，被听课教师的教学过程就是一个鲜活的教学案例，观课后的讨论实质上就是案例分析。其内在意义就在于通过观课活动，互助指导，使双语教师对共同感兴趣的问题进行切磋，用案例进行分析，从而共同进步提高。因此，各民族学校应积极创造有利于双语教师专业发展的教研与培训活动，建设良好的教研、培训制度。

目前，青海民族地区一些学校实施的多元化培训方式使双语教师得到了较快的成长。如青海共和地区为促进教师的专业发展，与外地学校联合，让学校教师分期分批赴外地学习。在组织形式上，外地学校指派指导教师分学科对共和地区学校教师实施"跟班式"培训，在培训内容上，主要围绕素质教育的理论与实践，开展了教育学、心理学、师德修养、教育常规、教育法规、寄宿制学校班级管理、专业知识及学科教学技能及方法等学习、观摩、研究及反思，使民族地区双语教师真正认识到了教学理念的先进性和优越性，双语教师的教育教学理念发生了极大变化，在后续的教育教学工作中取得了出色的成果。可见，多元化培训方式是教师专业发展的有效途径。

4. 创建新型的双语教师文化

青海民族地区长期以来缺少与他人交流与合作的机会，具有较明显的封闭性。这种封闭性使教师拒斥合作，使教学趋于孤立；由于双语教师工作的相对稳定和缺少变化，双语教师的文化也呈现保守性。双语教师的专业技能包括教师的知识、技能、心理倾向、集体责任感以及能够将以上各项表达出来和沟通理解的能力，是一种综合素质。所以，学校必须营造多元的、开放的、合作的文化氛围，使教师的素质得到全方位的发展。

（三）从各级政府部门及高师院校而言：不断完善教师专业发展

1. 进一步完善教师资格制度

教师资格制度是国家对教师实行的一项法定的职业许可制度，规定了教师必备的基本条件，对于促进教师专业发展、依法管理教师队伍、扩大教师培养和聘任渠道等有着极其重要的意义。在执行这个制度的过程中，有学者提出了教师资格的推进策略①，对青海地区进一步完善和实施教师资格制度提供了很好的理论依据。

2. 高师院校应建立双语教师教育基地

双语教师教育是青海教育的重要组成部分，是青海基础教育师资来源和质量提高的重要保证。双语教师教育是在终身教育思想的指导下，按照双语教师专业发展的不同阶段，对双语教师的职前培养、入职教育和在职培训的统称。加快双语教师教育的发展，提高双语教师教育水平，对建设一支高素质的双语教师队伍具有重大的战略意义。而为了有效完成这一任务，在青海高师院校建立双语教师教育基地显得尤为重要。

换一角度，据对青海中小学双语教师的问卷调查：98.5%的教师认为自己非常需要文化和专业进修。在回答"目前你最迫切的愿望"时，排在第一位的是"进修学习"，占被调查人数的41.5%；回答"改善物质生活"的只占5.3%；回答"解决住房问题"或"解决子女就业问题"的各占11.1%；而回答解决职称问题的也只占15.9%。调查还显示：有99.5%的教师认为出去进修学习的机会不多或没有，82.6%的教师没有参加过离岗培训②，等等。民族地区双语教师没有机会或条件参加培训，无法了解本专业和学科的最新发展情况，无法了解最新的教学方法等，是民族教育发展严重滞后的主要因素，反映了青海建立藏汉双语教师教育基地的紧迫性。

由于历史的原因，我国教师教育体系形成培养培训分离，教师培养和教师培训机构并行的二元结构。后者主要承担教师的培训和学历补偿教育。随着学历补偿教育的基本完成，教师继续教育的任务转变到提高学术水平和教育能力上来。教师培养系统和培训系统出现的水平倒挂的现象，显然不利于教师终身教育，不能达到促进教师发展的目的。教师教育要提高办学层次，必须改变培养、培训分离的状态，实现一体化，并逐步将其纳入高等教育体系。这就要求我们一方面积极推进教师教育一体化，打破条块分割、地域界限、体制阻隔，将教师教育逐步纳入高等教育体系，通过大学的学科优

---

① 沈惠君：《我国教师资格有效性的推进策略》，《人大复印报刊资料》（教育学）2005年第2期。

② 王振岭：《青海牧区教育发展研究》，青海人民出版社，2004，第181～186页。

势和多学科综合的优势，培养培训高素质教师；另一方面要认识到教师教育是大学的使命，强调大学尤其是高水平大学对于培养培训中小学教师的责任。坚持教师教育为基础教育服务的方向，促进大学与中小学相结合，这是国际趋势。现在的问题是低水平培训不再适应发展要求，而许多具有学科优势的大学因为不了解中小学实际还承担不了教师尤其是新课程教师培训的任务。因此，师范院校一定要与中小学校密切结合，与中小学教育教学第一线密切结合，否则，教育学科就得不到创新、加强和发展。

藏汉双语教师的专业发展不仅仅是教师个人的发展，同时也是学校、社会发展的组成部分。教师专业发展需要以学校、社会为依托，学校、社会的发展又需要以教师专业发展为基础，只有将教师专业发展与学校、社会发展结合起来，才能促进藏汉双语教师与学校的共同发展。青海只有将民族地区双语教师的专业发展置于一个广阔的空间，从多元化的视角，将双语教师的培养与培训相结合，将教师个人发展与学校社会发展相结合，将双语教师发展与青海的教育、文化、经济等的发展相结合，民族地区教师的专业发展才会有新的起色，青海的民族教育也才会更上一层楼。

第十章　青海民族地区双语学校 校本课程开发研究

第一节　以课程改革成果为依托 开发校本课程

一　新课程改革的成果

为贯彻落实《国务院关于基础教育改革与发展的决定》，扎实推进素质教育，加快构建符合素质教育要求的基础教育课程体系，改变青海民族教育落后的面貌，青海部分地区先行课程改革策略，取得了很好的成果，为双语学校的改革提供了依据。

为了能够推进新课程实验，各级教育行政部门广泛组织教育行政管理人员、教研员、中小学校长、教师认真学习，并结合青海实际，进行了深入的研究和讨论，在明确基础教育课程改革的指导思想和工作任务的基础上，通过行动研究，进行课程改革。

（一）教师的课程理念有了质的飞跃

与过去相比，课程改革改变了青海民族地区教师的课程理念，教师在教学实践中能更辩证地看问题。原有的课程管理束缚了教师的发展，教师全然受制于课程，按照呆板的教学计划传授既定的书本知识，教师本人也难以形成自己的风格，而现在课程管理民主化，教师获得专业自主权，积极参与课程改革，开展交流与对话，摆脱传统知识观、学生观等的钳制，实现共同的专业成长。教师认为，在现实中实现师生之间的对话与理解，追寻富有意义的、充满人性的教育是他们最为关注的。湟中地区逐家寨初中的教师认为，课程改革的一个很大的变化就是教师把学生看作自主的学习者，每个学生都有自己的闪光点，他们理直气壮地打出了"比昨天有进步就是好学生"的标语，并将这一理念渗透进课程改革的各个方面，时时鼓励和鞭策着学生的进步。由于课程标准在时间、空间、内容、教法选择等方面富有弹性，教师的教学理念更加灵活，所采取的措施更加切合实际。曾对青海湟中地区教师的调查表明，课程改革使76%的学生在课堂上发生了明显的变化，能积极主动地参与课堂，并增强了解决问题的能力。对学生的调查也表明，课程改革后91.5%的学生喜欢和比较喜欢上学，像湟中县西堡乡羊圈初级中学所反映的，课程改革后，学生厌学情绪减少了，几乎没有人辍学，过去，教师深入农户苦口婆心动员辍学生复学的现象没有了。这表明课程改革更新了教师的理念。

（二）教师的教学观、教学方式和教材观有了明显变化

随着课程改革的不断深入，教师在课堂上致力于三方面目标的有效落实，逐渐纠正了课程改革以前重知识而不重情态，课程改革初期重情态而不重知识的片面做法。

在新的课程模式下，教师自主创造空间扩大，凸显了个性化的备课和教学方法。有位历史老师谈道，课程改革后最大的变化就是一个"活"字，由于学生不同、课题不同，教师在每个班、每堂课所选择的方法也不相同，所以，学生对历史课变得喜欢、感兴趣了。这样的例子还有很多，调查表明，60%的教师改进了教学方法，使教学富有成效；93%的学生反映，在课堂上能得到老师的鼓励和表扬，使他们更有信心进行学习；83%的学生认为，在老师的引导下，他们能采用合作交流的方式进行学习。这都表明，课程改革的理念在青海民族师生的观念中已产生了积极的效应。

课程改革后，教师的教材观也发生了转变。在"一标多本"的平台上，教师自主驾驭教材的空间大了，驾驭能力也增强了。例如，通海初中一位语文老师在上《风筝》一课时，把课题改成了"鲁迅初步研究"，通过让学生在课前搜集资料，在课堂上介绍鲁迅的生平、事迹、思想、著书而完成了教学；一位物理老师也谈道，实验教材从学生的生活经验出发，学生在生活中积累起来的生活经验越多，越能上好物理课，所以教师一定要利用学生的生活经验；等等。

这就做到了开放教材、充实教材、超越教材，使教材成为教学活动的真正"跳板"，成为学生学习和创新活动的有力依据，这在传统课堂上是绝对没有的。

（三）学生变得主动、积极、有主见

从学生身上我们看到，青海民族地区课程改革的成功之处主要体现在建立了一种民主、平等、开放的课程体系，体现的是以人为本、以学生发展为本。在这样的课程环境中，因各种能力和信心、胆识都得到了锻炼，所以学生动手动口的能力、应变能力、观察能力都大大提高，自我表现的欲望增强、创造性地解决问题的能力提高。

只有重视和建立民主和谐的师生关系，学生才会感到心理的安全与自由。罗杰斯认为：心理的安全与自由是创造的两个基本条件。教师只有改变传统的压抑学生创造性的教学环境，采取民主态度，支持学生发表不同意见，鼓励学生积极探索，才能激活学生的创造欲望和行为才能。青海民族地区实施课程改革的成果支持了这一理念。

（四）多元化的评价方式逐步形成

评价是以促进教师不断改进教学、促进学生不断发展为目的的。因此，评价的主体应是多样的（包括教师、学生、校领导、家长），评价学生的方式也应是多元化的。自民族地区实施课程改革以来，在评价师生方面形成了"特长评价""图表评价""表格评价""奖励评价"等行之有效的评价方法，极大地丰富了师生的评价方式，激活了课堂教学，培养了学生积极的情感态度。

（五）多元文化得到尊重

随着课程改革实验的推进，各学校对青海是多民族省份、拥有多元文化这一点予以了极大的关注，力求在课程中体现这个特色。例如，各级教育行政部门在执行三级课程政策的过程中，都强调要结合本地实际，创造性地实施新教学。各学校结合自己的特点，把多元文化融入自己的课程中，开发出了诸如"我的家乡""美丽的青海湖"等反映地方和学校特色的课程。

总之，实施课程改革以来，学校的教育正在发生可喜的变化。

二 校本课程开发缘由

由于地处边远，交通不便，信息闭塞，科技不发达，教育观念滞后等，以往在统一教学计划、教学大纲和教科书的背景下，作为教育行政系统底层的青海各民族学校，它的任务便成了一切听命于上级，服从于上级，向上级负责。但事实上，由于地域的差异，民族的差异，各学校之间的差异，学校、教师实际实施的课程与规定的课程之间产生了很大的差距。许多教师在课程教学过程中，也感到"大一统"在各民族教育中所存在的局限性，但在集权机制的单一模式下，民族地区教育情境下的课程问题虽越来越突出，但一直没有得到很好的解决。比如，青海是多民族省份，但藏族、蒙古族、土族、撒拉族、回族等少数民族学校的课程往往考虑的只是对学生统一的、共同的要求，而对各地、各民族、各级各类学校的特殊性关注得不够。此外，多少年来，学校和教师缺乏专业权利，对"教什么"和"怎样教"没有专业自主权，大多数教师只好像"教学机器"一样，没有反思，没有专业自主意识，只是机械地按惯例办事。正是在这样的背景下，校本课程作为一种重要的课程形式被提出来，使得民族地区的学校教育迎来了前所未有的机遇，也恰好给地处青藏高原的青海各民族学校提供了发展空间，实现了青海民族学校多年来希望根据环境、文化、学校、教师及学生的需求来调整、改编、选择国家课程的夙愿。从三级课程管理来看，国家课程和地方课程在很大程度上满足了学生的发展需求，但由于各民族学校和学生之间的多样性和差异性非常突出，具体到某一个民族或某一所学校的学生群体时，仅靠国家课程和地方课程，仍然有相当一部分发展需求不能得到很好的满足，然而，这些特殊的发展需要，对于学生的成长和发展来说却是非常重要的。对于这一部分需求，只有学校和老师最有条件和可能去了解与满足。所以，三级课程管理政策，实际上是自上而下地给"校本"注入了发展的动力，也给青海各民族学校提供了政策支持，并提出了努力的方向。可以肯定，校本课程开发在民族地区双语学校开辟了教育的新纪元。

民族学校校本课程开发是民族地区社会进步、科技发展、教育变革的客观要求，青海民族学校课程体系对此做出了相应的调整与重构。青海教育行政部门做出了"深化改革，进一步加强以校为本的教学研究工作"的重要指示，并就建立实施青海校本教研、校本培训制度做出了一系列规定。青海民族地区学校也努力从政策、技术等方面，保证校本课程开发工作的正常运行。

三　校本课程开发实例

随着人们对校本课程的理论研究和实际开发的不断深入，笔者走访了青海民族地区的一些学校，看到了课程改革给青海民族教育带来的喜人变化，同时也看到校本课程开发在青海教育理论和实践中所具有的强大影响力。

（一）湟中地区校本课程开发实例

自课程改革以来，湟中地区大胆探索，积极创新，在校本课程的开发上取得了诸多很好的经验。

李家山位于湟中县北面，背靠巍峨的娘娘山，山清水秀，素有"云谷川农民画乡"之称，有著名的"卡约文化"和"拉卡文化"遗址，有近半个世纪的优秀传统积淀，文化涵养深厚。地地道道的民族地区风貌，使得学校具有了淳朴的校风和鲜明的民族地区特色，充分利用这些资源是李家山学校开发校本课程的有利因素。但该校硬件设施差，教师的教学理念陈旧，学生的学习行为模式化，加之90％的学生来自民族地区，对学生影响更为直接的家长因其文化、信念以及教育理念相对滞后，对学校开展"校本"活动没有兴趣，反倒视为不务正业，这些又是李家山学校开发校本课程的不利因素。在充分进行前期情境分析的基础上，李家山学校本着"关注社会、家乡经济的发展，依托本校传统和优势，满足学生兴趣和需要"的原则，成立校本课程开发领导小组，制定校本课程开发方案，努力调动教师的积极性与创造性，针对学校现有条件，利用地区优势，开发教育资源。按选修课、主题活动和必修课三个板块开发校本课程，对课程内容、时间、管理、评价等严格按实验的方案实施（见表10－1）。

表 10 - 1　李家山中心小学校本课程开发安排计划（简表）

形式		内容	一	二	三	四	五	六	周期	指导教师
校本课程	必修课	健康之道	1						1 年	略
		认识动物——猪的饲养		0.5					1 学期	
		了解粉条加工程序		0.5					1 学期	
		拉卡文化遗址调查			1				1 年	
		民族风土人情调查				1			1 年	
		认识劳动——种植洋芋					0.5	0.5	1 年	
		洋芋储藏						0.5	1 学期	
	主题活动	走向未来（家庭）				0.5			2 年	
		走向未来（学校）				0.5				
		走向未来（家乡）					0.5			
		走向未来（祖国）					0.5			
	选修课	小记者社								
		书法								
		小制作								
		英语会话								
		绘画								
		篮球								
		象棋								
		刺绣								
		微机								
		民间曲艺								

大胆实践，不仅增强了教师的课程意识和参与意识，而且转变了学生的学习方法，学习态度积极了，知识丰富了，解决问题的能力增强了，并通过事实，赢得了家长的信任。到目前，他们坚持一边实践，一边积累素材，已经编写了校本课程资源册，并通过学生的课前调查、访问、实践，课堂上的展示、交流，课后的总结等活动，发表了许多优秀作品，学校又把这些作品收集成册，供学生相互欣赏、相互学习、共同提高，取得了很好的经验。

李家山小学的这种做法是一种课程拓展的开发活动，它为学生安排了更多的学习机会，使课程具有了更大的适应性。它的实施就是以学校和教师为主体，拓宽了课程内容和范围，为学生提供了获取知识、内化价值观和掌握技能的机会。

（二）同仁地区藏族学校校本课程开发实例

随着科学技术的高速发展，在以藏语为主要交流手段的藏族聚居地区，仅用母语作为交流语言，已不能满足发展的需求，因此，藏族学生在学好藏语的同时，还必须提高汉语能力。为解决这一问题，青海同仁藏族地区加毛小学进行了"以母语为先导，汉语口语优先，为读写打好基础，双语共同发展"的课程改革实验研究，取得了很好的实验成果。

首先，在有关专家指导下，制定实验实施方案，培训实验教师，编写适合藏族学生学习的《汉语口语会话》教材，录制教学磁带。实施过程中，低年级主要进行听说能力的训练，中高年级加强听说读写训练。即从一年级将传统的"汉语文"课与"汉语"课整合，改编为"汉语口语训练"课，是必修课，每周7课时，主要训练儿童的汉语口语能力；到二年级继续开设汉语口语校本课程，课时调整为每周两课时（必修课），同时开设汉语文课，与国家统编的藏族小学《汉语文》教材接轨，每周5课时，逐步由口语学习向书面语言学习过渡，至六年级小学毕业。实验采用电视、录音等现代教学手段，为学生提供听说训练的机会，并把听说读写有机结合起来，使之相互促进、共同提高。除此之外，每周还安排"汉语活动日""汉语会话日"等活动，搭建双语"交际"平台，让学生融入角色，进行自主探究。同时，把课内与课外、校内与校外、家长教育与村委会成员教育等有机结合起来，努力提高藏族学生藏汉双语交流的能力。

其次，在实验过程及最后阶段，教师及有关专家对实验班和对比班学生的语言发展水平进行评价。结果表明，实验班学生的各项能力明显优于对比班，这说明"口语优先发展"的课程模式能切实提高藏族小学生汉语听说能力。这种课程采用听录音、跟录音学、师生交流、学生相互交流、藏汉双语对译等方式，既活跃了课堂气氛，又使学生通过轻松、愉快的活动，增强了学习汉语的兴趣和学好汉语的信心，学习态度也非常积极主动，加之小学生模仿能力强，以往用几年甚至十几年学不好的汉语，通过这种方式，仅用一学年的时间就掌握了汉语最基本的生活用语，能正确理解主试提出的各种简单问题，进行简单的对话，充当家长的"翻译"。

通过"以母语为先导，汉语口语优先，为读写打好基础，双语共同发展"的课程改革实验研究，不仅激发了藏族学生主动与别人交流的欲望，而且张扬了藏族学生的个性，丰富了学校的文化，活跃了学校的生活。一时，很多家长把自己的孩子从别的学校转入这所西北民族地区小学。

对以藏语为主的藏族小学生何时学习汉语，尚有不同的看法和做法，如"早开型"，认为从一年级开设汉语文课效果为好；"晚开型"，认为从二、三年级开设汉语文课效果为好；等等。多年来，这种认识及做法在青海藏族教育中的影响极大，有些学校进行改革时也只将开设汉语文的时间"由早改晚"或"由晚改早"，这种认识或做法是否科学、完善，我们暂且不论，但如果课程改革仅局限在开设汉语文课的早晚上，而对于生活在母语环境中的藏族小学生而言，进行第二语言的教学，不遵循"从口头到书面语言"的发展规律，直接搬用普通教育的课程模式，难免使学生产生心理压力，较少体验到学习汉语的快乐，学习效果不理想。从实验结果可见，实验选取的两所对比学校，一所从一年级开设汉语文课，一所从二年级开设汉语文课，且在汉语文学习的初级阶段，对比学校学生的某些能力远远高于实验学校学生，但到中高年级阶段，实验学校学生的各项能力得到了很好的发展，与对比学校学生的差距越来越大。学校校本课程开发既满足了学生的实际发展需要，培养和提高了校长、教师的课程意识，又体现了学校的办学特色。这表明，提高藏族学生双语能力发展的关键因素，还是在于根据藏族学生语言发展的特点，有效整合、改编、选择藏汉双语的校本课程开发。也正是学校自己的教育哲学观和办学宗旨的贯彻落实，才使得加毛小学有效地进行了藏汉双语校本课程开发的实践。反过来说，如果没有明确的教育哲学观和办学宗旨，也就不可能取得进步。

这也是很有特色的校本课程开发案例，随着改革的不断深化，今后，学校更应关注这方面的校本课程开发。

从以上案例我们可以肯定，其一，校本课程开发使以上两所学校发生根本性的变化，这既体现和发挥了学校的特色，又调动了教师积极参与的热情，使教师的专业能力得到很好的发展，而且还改变了学生的学习方式，使学生能够积极思考、大胆想象，学会了创新。可见，校本课程开发能够促使青海民族地区教育得到更为理想的发展。其二，校本课程开发既可针对具体学校课程的开发，如李家山小学的校本课程，也可用于国家课程校本化的实施，如加毛小学的校本课程。这表明，校本课程开发的具体活动方式的适用范围是非常宽广的，既可以进行课程选择、课程改变、课程整合，亦可进行课程补充、课程拓展或课程创编等。作为学校要开发校本课程，就应根据不同的具体情况进行决策定位，并确立自己的校本课程开发策略，而且在确定校本课程开发策略时应充分尊重师生以及学校教育环境的独特性和差异性。

第二节　校本课程开发的成果及分析

分析上节两个实例可以发现，其各有特色，也有共同特点。结合青海民族地区学校校本课程开发所发生的变化，笔者认为，青海校本课程开发之所以取得这样的成绩，主要源于以下几方面原因。

一　校本课程开发的目标明确、形式多样

从总体上讲，国家对于各级各类学校的培养目标和培养规格都有统一的规定，但是，这种规定只能是最基本的原则性要求，不可能覆盖到各地各级各类学校的具体情况。而且，千篇一律的培养目标和培养规格也很难满足当今时代丰富多样的社会发展与个人发展需求。这就要求学校要根据本校师生的特点、当地教育资源和学校环境以及教育者的办学理念确立自己学校独特的发展方向，也就是要有自己独特的教育哲学观和办学宗旨。只有这样，校本课程才有意义。而且学校的校本课程开发目标是育人，校本课程是实现育人目标的重要途径，是从实践到目标的中间桥梁。校本课程是根据学校的需要而设置的，是为学生的发展而存在的，从这个意义上说，学校的育人目标就是"一切为了人的发展"。

在实现校本课程目标的前提下，青海校本课程开发从教学目标、情感目标、能力目标、人际目标、价值目标五个方面定位。各实验学校也从自身的特点出发，确立了明确的目标。无论是李家山小学

还是加毛小学，都是为改善学校的教育品质，使学生得到全面的发展而积极行动的。

这样的实例在青海还有很多，而且所开发出的校本课程的形式也是多种多样的，湟中拦隆口镇上寺小学的校本课程不仅体现了多层次、多学科的特点，而且开设的课程和周期的安排也很有特色，分长课型、中课型和短课型实施。这些学校校本课程开发的目标及形式，都是在达到国家对于学校培养目标基本要求的基础上，充分考虑到自己学校独特的教育资源和教育环境以及教育哲学观而开发的，都是为了使学生得到更好的发展。所以，青海民族学校的校本课程开发，活跃了学校的氛围，满足了学生不同的心理需求，培养和提高了教师的课程意识，体现了学校的办学宗旨。

二 加强教师的专业培训，提高教师的校本理念

校本课程开发为教师搭建了良好的专业发展平台，而教师的专业水平又使校本课程开发得到了质量保证。"从理论上讲，校本课程开发要求教师具备必要的知识，从实践的角度看，教师必须掌握基本的课程编制技术。"[1] 青海省教师的专业培训是一个亟待发展的薄弱环节，搞不好，会影响青海校本课程开发的有效性。为此，青海省不断完善教师培训的有效机制，采取多种形式，加大对教师培训的力度，使教师的校本理念有了很大转变。像李家山小学和加毛小学在校本课程开发实验伊始，就非常重视教师的专业培训，组织了多种形式的培训活动，况且，校本课程开发的过程也就是教师专业培训和发展的过程，所以，李家山、加毛小学的教师对自身职业的认识发生了很大变化。过去，教师主要关注的是解题技巧和策略，对学生的个性、情感、态度、价值观、审美能力的发展则很少关注。通过培训，教师感到校本课程开发主要关注的是教师对挑战的态度，是涉及教师专业能力方面的，要求教师从观念、策略到具体的方式、方法都要发生变化。

如玛沁地区教师在培训之后谈道：在课程改革初期，由于各方面条件所限，教师认为无法与其他地区相比，对校本课程开发产生

---

[1] 徐玉珍：《校本课程开发的理论与案例》，人民教育出版社，2003，第75页。

了等待心理，尽管看到湟中、西宁等地的发展，但他们认为这些并不适合自己地区的实际，借鉴意义不大。这种认识影响了教师的创造性、积极性，影响了教师的自我发展和学校教育创新的实施进程。通过培训，特别是到湟中地区实地观摩、研讨之后，教师们认识到"不可比"思想是一个具体的但也是可以超越的障碍；教育理念的更新，确实可以促进教师专业的发展，是凸显学校特色的重要基础。理念不更新，就会影响教师的积极性，没有行动，也就没有成果。

同仁地区教师认为：通过校本教研培训，认识到教师不仅是知识的传授者，更是课程的开发者。以往教师只是考虑怎样把知识灌输到学生的脑子里，却忽视学生自己的体会。现在，我们会更加注重学生的体会，引导学生观察、讨论，得出自己的结论。所以，我们要努力做到，创造愉悦的氛围，以"情"乐学，激发学生的兴趣，以"趣"乐学，注重实践操作，以"动"乐学。

除了自上而下地进行各种培训活动外，实验学校也制定了教师培训远景及当前规划；有些学校还开展专题校本培训，不断更新教师的校本理念，使教师的专业素质和专业能力不断发生变化。

三 校本教研受到了前所未有的重视

校本教研制度的建设是课程改革向纵深发展的重要依托和抓手，对于创造性地实施新课程，全面落实课程改革目标，切实提高教学质量，促进教师的全面发展，提高学校课程建设能力和办学水平，具有重要的理论和实践意义。青海部分民族学校在课程改革阶段对校本课程开发进行了实验研究，成果显著，表现在以下几方面。

第一，校本教研在更为广阔的空间展开。在校本课程开发实验中，实验地区和学校举办了多种形式的教师反思、教学研讨、经验交流以及参与式互动评课等活动，开展了诸如"探究式教学的认识与思考""先学后教，探讨校本课程开发策略""校本课程开发与教师的专业成长"等专题研究；特别是借助课程改革后建立的教研组的师资、教研优势，并通过调动其他各教研组的积极主动性，发挥了教研组在信息服务、活动协调、成果展示等方面的职能作用，为教师思考、探索和发展其专业素养提供了广阔的空间，提高了教师参加教学研究活动的积极性；示范辐射，典型引路，推广经验，不仅使学校经验有了展示、交流和共享的机会，而且，教师间互相研讨、互相质疑、互相观摩，解决了教师的许多疑难问题，提高了教师的专业水平，同时还培养了教师的团队精神。

第二，教师是研究者的理念不断加强。教师要养成学习和反思的习惯，增强研究意识，以研究者的眼光审视、分析和解决在教学实践中遇到的实际问题，克服被动性和盲目性，把日常工作、教育进修和教学研究融为一体，形成一种新的教师职业生活方式，这是21世纪赋予教师的历史使命。青海各实验学校构建教研网络，完善教研机构，推进课程改革进程，以研促教，以研促改，把校本课程开发实验不断引向深入。

李家山等实验学校非常重视校本研究制度的创新，在实践中建立了"学科个案学习创新制度""学科教学问题积累制度""学科教学反思制度"，使教师重视个案研究和案例反思，并且掌握了积累案例素材、研究特色案例、撰写典型案例的方法；他们把课程标准、校本理念的学习纳入教研活动，要求每位教师每学期结合实际工作撰写教学经验反思论文，并进行交流。

省级实验学校黄南藏族自治州中学开展的"新课标语文教学中美术、音乐内容的穿插和渗透"的教学研究已取得有效进展，为学生在不同内容和方法的相互交叉、渗透和整合中开阔视野、提高学习效率，提出了可供参考的教学模式改革案例。

各实验学校积极开展以解决教学实践中具体问题为目的的研究活动，包括以课题为中心的专题研究和日常教学研究，提出"学校即研究中心，教室即研究室，教师即研究者"的观点，增强教师的科研意识，使教师在实践中不断提高研究和解决教育教学实际问题的能力。

第三，探索总结出了独特的备课模式。教研内容的不断创新，使教师在实践中形成独特的集体备课程式。上寺初中、田家寨中学等积极推广"集体备课、资源共享、个人加减、课后反思"的模式，把集体智慧与个人创造结合起来，出现了"一人牵头、多人指教、集体备课"的新局面。有位教师在总结时谈道，传统的备课要求使备课陷入了一个怪圈：一是模式化；二是只备"课"不备"人"，只备"形"不备"神"，只备结果不备过程；三是备"死"课不备

"活"课，强调的是"以本为本""以纲为纲"，脱离社会现实和学生生活实际。所以，树立"为了每一个学生的充分发展"和以课程改革新理念为出发点的备课观是非常重要的。这些变化不仅使校本课程在教学设计研究中呈现百花齐放的特色，而且也拓宽了教师的视野，使教师的专业能力不断提高。

从以上案例我们看出，校本课程开发是一个极具挑战性的课题，为教师专业发展提供了无限的空间。教师的成长离不开教育教学实践，如果抛开实践去空谈教师的发展或成长，那就失去了发展的基石和依托。因此，教师的发展只能在学校中、在具体实践中、在对自身实践的不断反思中完成。校本课程开发就其本质而言，其价值追求有三：教师专业的成长，学生个性的发展，学校特色的形成。也就是说，校本课程开发本身就是以教师的专业发展为指向的。

四 注重学生的发展

教育作为一种培养人的活动就是要使每个人的个性都得到充分而自由的发展，从而使每一个人都具有高度的自主性、独立性和创造性，事实上，这也是校本课程开发所追求的终极目标。校本课程开发，在形式上看是"以校为本"，而其背后隐藏的真正的哲学理念是"以人为本"，以人的充分自由的健康发展为最高目标。[①] "以人为本"作为一种价值取向，其根本所在就是以人为尊，以人为重，以人为先。当我们将"以人为本"作为教育的价值选择时，教育便具有了创造人的价值的意义。它以充分开发个体潜能为己任，以丰富的知识、完整健全人格的培养为目的。我们在这里所谈的以人为本就是以人的发展特别是以作为教育对象的具体的个人的和谐发展为根本。如果说，人的本质力量是人的自觉自为，教育则具有使这个自觉自为生命体不断发展的动力特性，这一特性要求我们必须从传统的知识性教育向发展性教育转变，而校本课程开发有助于实现这一目标。所以青海各学校本着"以学生发展为本"的理念，设置、开发了具有实践性、综合性、可选择性的校本课程，使学生的素质得到了发展，各实验学校通过特色课程不仅使学生在科技创新大赛、

---

① 傅建明：《校本课程开发的价值追求》，《课程·教材·教法》2002 年第 7 期。

计算机作品比赛、英语情景剧表演等方面取得了优异成绩，而且促进了学生良好的行为习惯的养成。上寺初中、羊圈初中等利用综合实践和校本课程培养学生的才艺，使学生养成了自主导演、排练文艺节目的习惯，现在他们能随时拿出一场文艺节目即兴表演，尤其重要的是，学生有了这种自主导练的好习惯后，在课间和午休时间能够自觉练艺，把无意义、无目的的课间娱乐活动变成有意义、有目的的课间学习娱乐活动。

让课堂变成学生拓展才能的舞台，是青海校本课程开发的理想目标之一，与传统课堂相比，以往学生不爱发言、不愿参加集体讨论、公共场所不敢开口的现象，如今大为改观。羊圈初中的学生在历史老师指导下，自制道具、自行导演排练，把自编的一个个历史剧搬上历史课堂，生动的表演、精彩的辩论、激情的演讲、激烈的质问激活了整个课堂。令人惊异的是往日西北民族地区孩子那种胆小、腼腆、一声不吭的样子看不到了，学生的知识丰富了，能力增强了，个性发展了。

通海学区的一位老师谈道，他曾给学生的两次日记批了相同的批语——"有进步"，结果学生不满意，要求老师仔细阅读他的日记，根据日记内容给出切实的批语，结果教师不得不重新阅读学生的日记、重下批语。这犹如在养料丰富的土壤里播下"开放理念"的种子而使学生收获了自信、健康并富有个性的硕果。

这些案例使我们更为直观地看到青海校本课程开发给学生发展带来的积极效应。

五　重视家长在校本课程开发中的作用

开发校本课程需要社会和家长的支持。由于受到传统家教模式的影响，过去绝大多数家长只关心学生在学校的学习，却很少关心学校的课程设置与改革。而从校本课程开发来看，家长应该是校本课程的参与者之一，学校应该建立起有效的家长支持系统，打开家长对校本课程开发的支持和评价渠道，形成齐抓共管、共同开发与实施的新局面。

上述加毛小学在藏汉双语发展实验研究中，针对家长"重母语轻汉语"的思想，开展多种活动，想方设法转变并提升家长的双语观念，让家长明确双语能力对孩子发展的重要意义。在家长的大力支持下，实验取得了阶段性进展。

湟中地区的学校，在校本课程开发过程中，通过家长会、家校联系卡、给家长的一封信、课程改革宣传周、村务公开栏、村校广播站等途径向家长进行了大量的宣传，改变了家长的观念，家长对校本课程开发实验的态度也从开始时的怀疑、观望转变为充满信心，并主动配合学校做好校本课程开发工作。目前，在实验地区，家长对课程改革的知晓率比较高，也认识到学校正在进行校本课程开发。而且，多数家长反映，孩子变化很大，感觉比以前更聪明了，动手操作的机会多了、能力强了。可见，教师的努力赢得了家长的信任和支持，而家长的支持又促使学生得到了更好的发展。

六 充分关注地方课程资源的开发利用

青海民族众多，地区差异显著，各地所蕴藏的丰富文化资源，构成青海校本课程的特质。青海各民族学校在课程实施中如果能够充分关注到这一点，是能够在更大程度上展现出课程的发展价值的。

湟中鲁沙尔二小组织教师开发资源，编写既适合本校学生特点，又适合本校硬件条件的《信息技术》《自护自救》《学生的好作品》《生活小窍门》等资源册，开阔了学生的视野，激发了学生的兴趣，调动了老师的积极性，效果很好。逯家寨初中编写了囊括总寨地区课程资源的校本必修课本《可爱的家乡》，因为是取自身边的素材故而受到了学生的喜爱；通海初中在"地区人文资源探究"校本必修课中组织学生走街串巷、深入农家和遗址开展广泛的调查实践活动，并形成了《通海地区历史沿革与文化发展》资源册，为开发校本资源提供了新思路。

这些案例看似仅仅形成了一些"资源册"，但实际上在这些"资源册"的背后是实验学校大量的实践、探索、再实践、再探索的工作过程、热情、责任以及无私的奉献，而这些又是非常珍贵的。

甘河滩地区依据地处工业区的优势，开发了"崛起的甘河滩工业区"校本课程，补充和延伸了地方课程，在引导学生关注社会、关注生活、关注社区的经济文化建设方面做出了榜样；上新庄乡是青海闻名的藏毯编织之乡，根据这一资源优势，学校将其纳入课程，开发了"藏毯编织"校本课程。随着校本课程开发的持续深入，他们将这一课程整合到语文、数学、历史、美术等课程之中，充分利用了本地现实资源，同时又挖掘了未来资源，这对学生、学校乃至社会的发展都将非常有益。

羊圈初中把当地的西花园铜器加工作坊、万元工贸公司作为开展综合实践活动和校本选修课的共同资源，组织学生为基地编写广告词、制作宣传画、提出建设性意见，在社会上引起了强烈反响。

实验学校富有个性的这些做法，不仅突出了学校的特色，而且补充了国家、地方课程的内容。课程资源是文化的精华，是文化中能够为学校教育所用、能有效服务于学生身心发展之物。充分认识到它的价值和功能，建立一套有效的转化和实施机制，是具有重要的和多方面意义的。但以往的课程活动却忽略了这一点，至多也仅是在"乡土教材"的层面来理解它，教师未能看到课程活动的目的在于促进学生发展而不在其本身的特征。有些地方虽然有开发利用课程资源的意愿并在这方面做了工作，但由于开发利用能力有限、课程理念的定位不准确等原因，课程开发多流于形式，未能达到应达到的目的，丰富的课程资源被浪费。

七 有效建立健全校本课程开发的评价体系

从概念上讲，校本课程开发及其产品的评价与一般的课程评价并无二致。所以，课程评价的所有较为成熟的模型、方案、设计、材料和途径也都适用于校本课程开发。[①] 从国内外校本课程开发的实际案例中我们也可看出，校本课程开发的评价可以说因校而异，因为每个学校甚至班级开发的项目都不一样，实施条件也不相同，不可能有一个统一的放之四海而皆准的评价标准。青海民族地区校本课程开发实验也表明，通过课程改革实验，各实验学校挖掘自身潜力，构建了与课程改革相适应的评价体系，表现在以下几方面。

第一，多元化的评价模式促进了师生的健康发展。各校都不同程度地降低了教学成绩在考核中所占的分值，以兼顾师生的其他发展指标。其中，羊圈初中大胆尝试"学生学分评定办法"，从学生的

285

---

① 吴刚平：《校本课程开发》，四川教育出版社，2003，第166页。

思想道德、学习态度、情态价值观、行为表现、学业进步、兴趣特长、创新发明、奖励成果等方面进行全面综合的评价；田家寨中学提倡用描述加等级的方式评价学生，在实施中逐渐打破了教师"考什么就教什么"、学生"考什么就学什么"的观念，促进了师生的发展；逯家寨初中努力打破考核中师德得满分的不正常现象，加大对师德的考核力度，促使教师端正教学态度、提高师德品位；葛家学校注重激励性评价，注意营造和谐、宽松、平等的评价环境，最大限度地理解、宽容、善待学生，以事实为依据，用激励性的语言肯定学生的进步和努力，并提出期望，保护学生的自尊心，激发学习的自信心，让学生体验成功，取得了很好的效果。如教师对学生作业的评价案例：

> 你用你敏锐的观察力和大胆的想象力，用你会说话的小手绘制了这"菩萨"图，用笔简明到位，造型逼真，线条流畅。你这方面的进步让我惊叹不已，想必你一定下了很多功夫。如果在色彩的处理上再加把油的话，我相信你的作品将是我班最棒的。
>
> 马老师

各实验学校在校本课程开发方面的评价体系也有所建树，由自我评价、同学评价、师生互评、家长评价、领导评价构成的多层次评价体系和涉及师生思想道德、情态价值观、行为过程、教学业绩等的评价体系正在创建之中。

第二，档案袋评价各有特色。各实验学校制作了各科评价手册和综合评价手册，并在评价中体现过程性、终结性评价，效果明显。有些学校在学生档案袋评价中加入卡片评价，形成了学生自我反思评价卡、教师寄语评价卡等富有特色的评价方式；有些学校让学生自己管理档案以培养学生的自理能力。可见，特色各异的档案袋评价也显示出了向校本化发展的趋势。

第三，部分实验学校开始创造性地制定成果展示性评价方案。如田家寨中学中心教研组制定了"教与学展示性评价试用意见"，把评价分为"书面素质展示"和"非书面素质展示"两部分，一方面把师生在教学活动中形成的全程资料和成果纳入检查、观摩、评价的范畴，另一方面把师生在教学活动中形成的各种能力和特长通过形象化的展示归结到评价考核中，有效地增强了师生的成果意识和创新意识。

第四，课堂教学的评价有了新意。上新庄乡初中采用基本等级加特色升级的办法评价课堂教学，即先根据教学条件、学习活动的指导与调控、学生活动、课堂气氛、目标达成等指标评出基本等级，再根据教师在本节课上教学特色的多少决定升几个等级或不升级；湟中一中在课堂教学评价中把教学个性（特色）作为重要的评价指标。特色化的课堂评价促进了教师个性化教学风格的形成。

综上所述，为了有效地推进课程改革实验，教师必须具备课程意识，形成多元化的课程观，树立统一性与多样性相结合的课程制度观，还要考虑课程是不是满足了学生的需求。教育毕竟是一种造就人的事业，人是教育的出发点，课程的开发必须以人的发展为逻辑起点。另外，三级课程的试行，意味着课程的形态发生了质的变化，学校将是国家、地方、校本三种课程并存、发展的基地；教师和学生在一定程度上可以开设和选择自己感兴趣的课程。这样就为学校特色的形成，学生不同兴趣、个性和特长的发挥留下了空间。而且三级课程政策把部分课时留给学校自己，这就要求教师在学校认可的前提下要自己确定开设什么课，这门课的教学目标是什么，具体的教学内容有哪些，如何呈现这些内容，对教学效果如何评价，等等。如此就必须改变自己单一的教授者、课程的消费者的角色，把自己定位在既是教授者又是课程开发者的位置。

从教师角色转化的层面来看，由于校本课程的开发主要依据党的教育方针、国家或地方的课程计划、学校教育哲学、学生评估以及学校的课程资源，所以教师是校本课程的设计、实施和评价的主体。教师对校本课程开发进行实践操作与理性思考，必然会促进自身素质与专业技能的发展。同时，教师为了开发出适合学生、学校、社区情境的课程，不能只扮演传道、授业、解惑者的角色，更需要扮演研究者、诠释者、设计者、评价者等专业角色。青海校本课程开发的实验结果表明，开发校本课程有利于教师知识结构的完善，有利于教师从"经验型"的"教书匠"向"研究型"的"教育家"

角色转变，有利于教师精神世界的提升。

第三节 藏汉双语学校校本课程
开发的问题及策略

一 藏汉双语学校校本课程开发中存在的问题

（一）对课程的认识还有待于进一步深化

长期以来，教师在教学活动中，多把自己的职业角色定位在某一门课程的教学上，目的就是原原本本地把该门课的知识（即教科书的内容）教给学生。因此，教学活动的主要任务便集中在解题技巧和基础知识的讲授上，日常的教研活动亦多围绕这个方面展开，对于学生的情感、个性、审美、价值观等方面的发展则极少关注。这样一种多年来形成的定式是不可能在短时间内改变的。尽管对教师们开展了多方面、多层次的培训，但对课程的理解仍然需要进一步深化。例如，有些教师还是仅仅站在所教学科的立场上来看待课程改革，将所教学科摆在过高的位置，极力强调其重要性，学科本位的意识还很强烈，还未能充分认识到自己所教学科与课程目标实现间的内在联系，未能看到所教学科与学生发展间的联系。又如，随着改革的逐步推进，教师们普遍感到了压力，教学的难度也与以往不同。据此，有些教师提出的解决问题的策略是："能不能给我们上几节示范课？"还有些教师对自己缺乏信心，寻找"标准"和"套路"的意识强烈，经常忐忑不安地问："我这样教对不对？"

好的示范课能够起到推广教学经验的作用，必要的示范课对于推进课程改革也是有益的。但上述例子所透露出来的信息是教师还未能彻底从旧的教学理念和做法中解脱出来，按某种既定程式来进行教学活动的观念还很强烈，既未能充分意识到自己在课程活动中的主动性和积极性，也未能看到新课程的创造性，更未能实现由"我教课"向"课由我来教"的转化。我们认为，在推进课程改革的过程中，教师的角色由被动转为主动是很关键的，或者说这也是新旧课程的重大区别之一。实现这个转换是一个全方面的工作，但观念的转变是第一位的。尤其对青海民族地区双语学校来说，由于本身基础差、起点低，教师很容易产生对自己的不信任和疑惑，导致其对某种"标准"或"套路"的依赖。在这种情形下，继续深化对纲要及课程标准的学习和理解是非常必要的。

当然，新课程理念也不可能一蹴而就地实现，应该是一个漫长和逐步推进的过程。就当前来看，教师们在课程理念上的理解出现不够深入和全面的现象也是正常的。但对此不能听之任之，关键是要加强引导，强化学习和宣传。在这层意义上，还有许多工作需要做。

（二）开发校本课程的热情高，但有关认识还不全面

青海前期的校本课程开发实验，有可取的部分，也有不足。比如，一些地方制定了《中小学校本课程开发指南》，在该指南中，确定了校本课程开发的理念、步骤、原则、内容和形式，并提供了一些案例供各校参考，依据该《指南》，各校相继制定了《校本课程开发方案》，这是难能可贵的，表明校本课程开发只要有主管部门的政策指导和支持，有各学校相应的方案，努力挖掘各地区独到的特色、优势及文化资源，就能取得很好的成效。例如，湟中地区各学校对校本课程相当重视，重视对地方课程资源的开发利用。与湟中县毗邻，藏传佛教六大寺院之一的塔尔寺坐落于此，另外，曾在考古学界轰动一时的"卡约遗址"和国家体育总局设立的闻名全国的高原体育运动训练基地——多巴高原运动训练基地也位于该县。这都是该地区开发校本课程时可利用的诸多独到优势，各校亦纷纷就此做文章，获得了可喜的成果。但也存在一些问题，其中值得讨论的首要问题是有关校本课程开发的理念。在该地区校本课程开发指南中，对校本课程开发的理念做出了如下表述："①关注社会、经济发展；②依托本校传统和优势；③满足学生兴趣和需要。"校本课程开发的理念或目的应当很明晰地表明它想干什么。但上述这几点似不够全面。第一点是说校本课程开发要服务于社会、经济发展，还是要把社会、经济发展作为校本课程开发的内容呢？如果是前者，又如何与勤工俭学活动相区别呢？因此，它所表露出来的信息是校本课程开发的条件，而不是其本身。第二点也仅是谈校本课程开发的条件和基础，即根据什么来开发校本课程，而不是校本课程本身。应当说，校本课程开发的核心理念应是更有助于学生的发展，更有助于特色学校的形成。就校本课程而言，无论其形式和内容如何，它的

核心理念都应明确无误地指向于学生的全面发展，否则，它要么可能会流于形式，要么可能与国家课程和地方课程间形成"两张皮"，最终不能充分发挥其效能。此外，在实施校本课程开发的过程中，有些学校不经意间就把目标导向"第二课堂"，所以，在笔者调研时，得到的更多信息是他们如何开展"形体""美术""陶艺""小导游""小记者"等校本课程的做法，却看不到针对国家课程进行校本化改造的行为。大有一种校本课程就是过去学校所搞的"第二课堂"。还有，一些基层学校由于教师队伍素质不高，他们认为自己学校的条件太差，环境恶劣，学生基础薄弱，不要说校本课程开发，就连国家课程都难以完成，所以，校本课程开发离他们还很遥远。

（三）对教辅及参考材料的依赖性还较高

用既定的教科书，再加上几本现成的教辅及参考资料就构成全部的课程资源，这是我国中小学多年来形成的教学模式。在它的作用下，教师把自己的大部分时间和精力投入教科书及教辅、参考材料的钻研上，深挖教材，达到"懂、透、化"成为教师在这方面的努力方向，对于像青海这样的多民族地区来说，更是如此。久而久之，教师们就被塑造为一个想方设法地想把"书"教好，但对自己和学生身边存在的丰富的、学生喜闻乐见的事物视而不见的"匠人"，看不到在教科书和教辅、教参之外还有十分丰富的、能够促进学生成长的力量，从而也就谈不上资源的开发和教师的专业成长了。一些学校只要谈到校本课程开发，就认为是教师的任务，校长只要全权委托教师就可以；而教师则认为，只要给了我这个任务，那我就按自己的想法去开发，忽略了校本课程开发所蕴含的"以校为本"的课程理念，忽视了办学特色这一宗旨；有些学校还把校本课程开发等同于学校自编教材，忽略了校本课程开发所体现的"儿童中心"、"兴趣中心"和"问题中心"的特点，忽视了校本课程的动态性、立体性和开放性。在调研中，有教师提出，开展新课程实验以后，和以往相比，明显感到可直接使用的教辅及参考材料很少，希望笔者的研究能够在这方面对他们有所帮助。这种认识具有普遍性。这说明，教师对课程资源的价值和功能的理解也还不够，教师的课程开发能力还较弱，专业素质还有待进一步提高，有关新课程的理念还有待进一步深化。在调研中，我们也看到了这样一种有关课程资源开发利用的迹象，比如，教师自己制作一些小教具，自己设计一些活动方案等。如有位教师在讲解10的分解时，为了帮助学生掌握，自己设计了一个有趣的教具：在一幅群山叠嶂的图画上，有一列火车正在过山洞。每节车厢代表一个问题，每解决一个问题，就有一节车厢穿过山洞，全部问题解决，整列火车便顺利通过山洞。为了使火车顺利通过山洞，学生们争先恐后地想方设法解决问题，兴致极高。尽管教师的这个设计似显简单和幼稚，但毕竟表明教师们开始琢磨和思考这方面的问题，这是一个很好的起步。不过，总的来说，教师们似乎还是停留在教学方式和手段的改进上，还多是从如何活跃课堂气氛考虑问题，还不能使自己的创新从形式深入内容，使之成为课程内容的有机组成部分，还不能实现教学形式与课程内容的统一。

应当说，必要的教辅及参考材料之于教学是很重要的，但把它们上升到非有不可、缺一不可的位置又是不恰当的。必须看到，每一所学校、每一个地方都必然拥有丰富的课程资源，如果能把关注的重心放到这里，问题将会发生重大变化，令人称道的景象就会出现。新课程的核心理念就是全部的课程活动要围绕学生而展开，一切为了学生的发展。要充分挖掘和利用学生身边一切可以利用的课程资源，使之转化成能够有效促进学生发展的力量。这样，不仅学生获得了发展，"特色"也必然从中诞生。为此，应降低对教辅及参考材料的依赖性，提高课程资源的利用率。

（四）对评价的渴望和忧虑

课程评价是关涉课程改革的一个很重要的方面，对教师的教学活动有重要的导向作用，教育行政部门、学校及教师对于课程评价予以了极大的关注。有教师提出，课程改革已开展一段时间，但对按往常惯例的期中期末教学检查心中没底，怎么检查？检查什么？有教师更直率地提出，能不能帮他们找几份其他地区的同类试卷，看看别人是怎么做的。甚至有位教师疑虑地说："如果你们（指县教研室）还拿过去的方式来评价，我们不就麻烦了？"等等。这些都表明教师对于评价的关注度很高，但同时也反映出有些教师还未能从"评价＝书面考试"的怪圈中走出来。针对教师对评价的渴望和担忧，有些地区教研部门相继设计出了"××地区中小学'课程改革'教案设计评价表""××地区中小学'课程改革'说课评价表""发展性课堂教学评价表""××地区中小学'课程改革'课程教学反思评价表"等。总的来看，这些评价表是依据新课程理念来设计的，突出从"知识与技能""过程与方法""情感态度价值观"诸方面去评价教学，同时，也强调了教师课后的自我反思，贯彻了发展性教学的理念，但其中也存在一些值得进一步探讨的问题。一是有些评价指标过于笼统，操作起来难度很大。例如，"××地区中小学'课程改革'教案设计评价表"中有一项评价内容是"目标内容体现'知识与技能、过程与方法、情感态度价值观'的综合性、全面性"，在"××地区中小学'课程改革'课程教学反思评价表"中有一项评价内容是"教学思想体现在学生发展上"等，都有点抽象。二是我们所见到的评价表都是围绕"教"来设计的，而对学生的发展需要关注得较少。如果不能很好地关注学生的发展需要，没有恰当的方式来评价学生的发展，新课程的基本理念就没有办法落实下去，教与学的关系也无法得到恰如其分的调整。三是如何调动多方面的因素，如任课教师、学生、家长等多方面力量参与课程评价。四是从评价表的设计思路上可以看出，评价的焦点凝聚在教学方法、技巧、态度等方面，对课程开发、创新等和课程实施过程中的过程性、建构性因素关注得还不够。

课程评价对于课程实验有举足轻重的作用，同时，这个问题也带有极大的难度和挑战性，在课程改革过程中须予以特别的重视。如果不构建与新课程理念相符合的评价体系和指标，地方、学校和教师又会不自觉地从过去的经验中找参考坐标。

二 原因分析

青海民族地区在校本课程的开发上出现上述问题的原因是多方面的。除了在前文已提及的，总的来说，主要原因有以下几点。

（一）前期培训不够扎实

尽管对教师进行了多种形式的培训，而且这些培训工作在很大程度上转变了教师的观念，发挥了非常重要的作用，取得了很好的效果。但是，通过实验我们发现，在培训中未出现的一些问题也开始暴露出来。一是教师的实际水平和理解能力参差不齐，加之培训时间有限，培训内容不能真正切合每一位教师的实际需要，培训效果受到了影响。二是培训方式单调，多为演讲式，参与式培训方式的运用由于费时多、难度较大，因此在前期培训中运用得较少，影响了培训效果。

（二）自身基础薄弱、起点低

尽管青海上上下下为开展课程改革做了许多工作，付出了大量心血，但由于双语学校基础薄弱，地方财政经济状况不尽如人意，能给予课程改革的财力支持十分有限，所以课程改革面临一些困难和问题。课程改革实验是在缺乏财力支持的状况下开展的，参加有关工作的教师都是凭自身的热情投入其中的，其困难程度可想而知。

（三）校园文化单一

与新课程基本理念相悖的方面还有很多，有待于重建新的学校文化。基础教育课程改革是学校文化的重建，涉及学校生活的方方面面。因此，不能把课程改革狭隘地理解为"学科"或狭义的课程改革，而应从学校生活的最广泛领域来考虑，这就要求要正视学校中发生的每一件小事、每一个现象、每一种迹象。但在调研中，我们看到教师对课程改革广泛性的理解还不够。例如，学生的精神面貌还未出现飞跃性的转变，有一部分学生的穿戴及个人卫生状况还难以令人满意，教师们多以"民族地区的娃娃就是这个样"来搪塞。又如，在教学制度方面，目前还存在"双轨制"，传统的"惯例""规定""模式"等的消极影响还很大。再如，许多教师的"实验"意识不强，主体性不够，不由自主地又走老路，没有或很少考虑要通过工作来总结课程的经验、发现课程改革的问题。上述现象的存在是致使青海民族地区校本课程开发遇到一些困难、出现一些问题和困惑的很重要的原因。

（四）对校本课程开发的认识尚不到位

要走出误区，就必须明确认识校本课程开发的内涵。"校本"旨在提出一个全新的课程理念，即以学校为课程开发的基地，以教师为课程开发的主体；它不仅包括完全自我开发、自我管理的那部分课程内容，还包括对国家课程和地方课程校本化的整合与改造；它重在倡导一种自下而上的课程开发和课程改革的模式，呼吁新的管理体制的诞生，呼唤新型教师的涌现；它强调的是课程开发的行动与研究过程；它具有明确的目标，即形成鲜明的办学特色。因此，根据师生特点、教育资源与环境，确立自己的办学宗旨和办学理念，明确学校的发展方向，实现有特色的个性化教育，这正是校本课程合于天性、造就全人、完善人格、满足需求的价值取向。

三　双语学校校本课程开发策略

校本课程开发是对教育迎接 21 世纪挑战的一种回应，是贯彻落实中央决定而对学校提出的必然要求，是学校充分发挥办学优势和特色，积极参与国家创新工程，贯彻落实国家教育方针的一种方式，为促使学生和谐发展继而推动社会的发展，培养和造就"创造新世纪的人"。目标指向明确、内容多样、课程设置灵活的校本课程能使学生在掌握国家课程规定的基础知识、基本技能的同时，还可以在众多的课程选择中得到个性发展，在选择中发现潜在能力，在选择中培养信息采集和加工能力，学会学习，更好地认识学习的价值，塑造健全的人格，学会生存。这些正是校本课程开发的意义所在。青海民族地区在校本课程开发的初级阶段取得了令人喜悦的成绩，这是非常难能可贵的，但这仅仅是一个良好的开端，还有很多需要改革与创新的事业。双语学校校本课程开发既意义重大又具有多方面复杂的因素。只要放下包袱，坚持改革，校本课程开发就一定能在民族地区双语学校开辟教育的新纪元。

（一）发挥双语学校校长在校本课程开发中的重要作用

校本课程开发是体现双语学校教育哲学思想和办学旨趣的重要活动，校长是主要的课程领导者，学校教育哲学思想的形成和办学旨趣的确立无不显示校长的教育思想和教育境界。虽然学校教育哲学思想和办学旨趣可能是学校集体智慧的结晶，但是我们很难设想一个校长没有教育思想和教育境界，学校能够提出高明的教育哲学思想和办学旨趣。所以，双语学校校长对校本课程开发活动的影响应该受到高度的重视。①

双语学校的整体精神包含不同的方面和层次，比如协作精神、团队精神、凝聚力、相互支持、承担责任、开放与交流、分享决策、

---

① 吴刚平：《校本课程开发》，四川教育出版社，2003，第 88 页。

合作和归属等规范、价值观和信仰。双语学校的整体精神可以通过营造良好的集体氛围等一系列活动得以强化，如建立双语学校民主管理小组、引进协作教学和合作学习模式等。一个优秀的校长总是在提升学校整体的精神风貌方面显示自己的教育管理才能和教育思想境界。双语学校校长可以在表现自己教育风格的许多方面大有作为，并且把它融入校本课程开发活动之中，比如促进教师、家长、学生和管理人员之间的交流沟通和决策分享，为改善团体关系提供机会，寻求对于学校任务的一致看法，培育一种强烈的学校精神等。为此，校长在双语学校校本课程开发方面的影响就不能仅仅停留于具体的行政事务方面，应该在教育思想境界上提高修养和发挥作用，为培育学校传统和办学特色出思想、出思路、造氛围。双语学校校本课程开发活动为校长的作用发挥提供了新的维度。[①]

（二）重视校本教师培训

高素质的教师是推进课程改革的关键。必须认识到，教育中的问题是不断生成的。真实的教育现象和问题绝不是事先"预设"的，而是在教育活动的进行中生成的，在很大程度上带有情境性和偶然性。对此用模式化、系统化或理论化的方式来认识和处理是无用的，只有突出强调具体问题具体分析、具体解决才可能触及问题的本质。校本教师培训特别强调教师在实践中通过行动与研究的结合，创造性地运用教育理论解决教育实践情境中的具体问题，提高专业水平。也就是说，校本教师培训是围绕在教育活动中对不断生成的问题的解决而展开的。在这层意义上，"问题意识"之于校本教师培训是至关重要的。这就要求教师在实际的教育活动和课堂情境中，能够不断捕捉问题、观察现象，并将一个个具体问题、现象或案例上升到理性高度去琢磨、思考。

（三）树立双语课程为学生而存在的观念

校本课程是根据学生的需要而开发的，是为了学生的发展而存在的。那么，对于学生实际需要什么，很多时候教师并不很清楚，习惯用成人的眼光去推断学生的需求，这样，所开设的校本课程只能给学生增加负担，造成心理压力。笔者曾看到，兰州一些小学在

---

① 吴刚平：《校本课程开发》，四川教育出版社，2003，第88页。

专家指导下进行学校文化建设工作，通过以"我心目中的学校"为主题，对学生的需求以及学生对学校的期待及所开设的课程进行调查，并结合学校现有条件，进行学校文化建设，开设校本课程。这样的学校完全就是学生自己的学校，学生就是学校真正的主人；课程的开设也完全体现了学生的需求，这对学生的发展是十分有益的。因此，开发校本课程必须树立课程为学生而存在的理念，应该对学生的需求进行评估，了解和研究每一个学生的需要及其发展的可能性，尊重学生的不同选择，满足学生的不同需求，努力体现学生的主体意识、合作意识、探索意识、开放意识、发展意识，提高学生的综合能力。而且，校本内容一定要将知识与技能、过程与方法、情感、态度和价值观融为一体，体现富有特色的校本课程功能。

（四）转变课程资源理念，有效开发和利用课程资源

课程资源作为课程改革中颇有特色与新意的一部分，备受人们的关注。可以说，没有课程资源的广泛支持，再美好的课程改革设想也很难变成民族地区中小学的实际教育成果。我们应充分看到自己的课程优势，即开发和利用具有本地特色的用之不尽的优质课程资源。我们应明确，教材不是唯一的课程资源。由于教材一直是我国学校教育的主要课程资源，以至于人们常常误认为教材就是唯一的课程资源，甚至就是课程本身。所以，在开发校本课程的时候就自然联想到编教材、印教材和发教材。其实，这是对于校本课程开发的一种狭隘的理解，甚至是一种误解。开发校本课程并不能等同于编教材，或者说主要不是编写学生统一使用的教材，而应该充分开发和利用当地的课程资源，更多地采用活动形态为开展活动的教师提供一些参考性的课程方案。否则，就可能使校本课程成为国家课程的翻版，一方面进一步加重了学生的负担，另一方面也失去了地方课程和校本课程的应有价值。特别是在民族地区双语学校开发乡土资源，主要是指开发学校所在社区的自然生态和文化生态方面的资源，包括乡土地理、民风习俗、传统文化、生产和生活经验等。这些资源可以有选择地被纳入校本课程乃至国家课程的实施过程中，成为师生共同建构知识的平台。

课程资源也绝不仅仅限于学校内部，课程资源涉及学生学习与

生活环境中所有有利于课程实施的教育资源，它弥散在学校内外的方方面面，应予以有效开发和利用。

（五）开发学习策略校本课程，促使学生学会学习

学习策略是学习者在学习活动中有效学习的规则、方法、技巧及其调控。它既可以是内隐的规则系统，也可以是外显的程序与步骤。学习策略是鉴别学习者会不会学习的标志，是衡量个体学习能力的重要尺度，是决定学习效果的主要因素之一。埃德加·富尔在《学会生存》一书中说："未来的文盲不再是不识字的人，而是没有学会学习的人。"

青海个别地区因受传统观念及教育范式的影响，教师很少关注学生的学习策略，这影响了学生的发展。因此，学校可以本着"不同的人应有各自不同的学习策略，对不同的内容采用不同的学习策略，每个人的学习策略都是多元的"这样一种理念来开发学习策略课程。教师必须具有将学生的学习策略作为校本课程的因素去开发和利用的意识与能力，尽可能地创造条件，让学生在有限的时间内掌握可让其终身受用的科学、高效的学习策略。学生一旦掌握并生成自己的学习策略，学习过程就会变成一个积极的、主动的求索过程。

（六）树立教师的"实验"意识，为双语课程改革创造一个宽松的环境

双语课程改革实验的任务不仅仅是完好地执行有关课程改革的方针、政策，更重要的是，它所担负的还有"实验"的任务，要为双语课程改革的推进提供有价值的经验，并对课程标准进行验证，为今后的修改做好准备。因此，应当树立教师的"实验"意识，知道自己工作的重心是"实验"。还有为了使教师顺利地开展实验，应当为他们创造宽松的环境，使他们得以想以前不敢想，做以前不敢做的"实验研究"。要看到，在实验工作中，教师的参与是极其重要的，甚至对实验工作的成败有决定性作用。民主、和谐、融合的氛围是双语课程改革的基础，它要求每一位教师都能够积极主动地置身于其中。在此，每一位教师都扮演着双重角色：他既是实验者、研究者，又是课程改革的实施者；既是"自我教育者"，也是"研究者"。在这种情形下，学校的组织结构应有利于每一个成员的相互

沟通和交流，特别是对校长而言，他更应具有现代教育理念，能够不断带领本校教师勇于探索和创新，具有良好的人格特征和独特的管理风格。这样才能使目标明确，师生积极性高，实验才能取得成效。

（七）关注学术引领

双语学校要重视与大学和教科研机构的联系，积极争取学术力量的支持。自课程改革实验开始以来，各地和各学校都重视与大学及教科研部门建立密切联系，争取学术支持。但是，由于条件和地理位置所限，大学和教科研机构的支持是有限的。今后，应积极邀请大学及相关部门的同志到学校对课程改革实验中出现的问题进行有针对性的"会诊"，和老师们一起研讨解决问题的策略。学术力量的介入将会成为双语学校发展中可以依靠的资源。

第十一章 藏汉双语教学改革实践探索

第一节 同仁地区藏族小学藏汉
双语教学实验研究

一 同仁地区藏汉双语教学实验研究背景

同仁地处安多藏区的核心地带，藏语为"热贡"，意为金色的谷地。同仁位于青海省东南部，黄南藏族自治州东北部，是一个以农为主、农牧结构的小块农业区，是黄南藏族自治州州府所在地，是全州政治、经济、文化的中心。全县总面积3275平方公里，有耕地面积11.2万亩，可利用草场面积450万亩，森林面积19亩。境内最高海拔4767米，最低海拔2160米，年均气温5.2~7℃。县辖2个镇10个乡75个行政村，总人口8.1万人，是一个以藏族为主的土、汉、回、撒拉等多民族聚居区。

义务教育普及程度 全县有中小学90所，其中中学7所，小学83所，专设民族中小学87所，占全县学校总数的96.7%；完全小学56所，初小27所，完全中学1所，初级中学6所，2006年秋季全县在校中小学生18265人，其中小学生13627人，初中生4638人。初等义务教育阶段适龄儿童入学率98.6%，适龄女童4592人。已入学4523人，入学率为98.5%。2006学年初适龄少年总数为5073人，初中阶段已入学4895人，初中阶段入学率为96.5%。

师资水平 2006年全县共有教职工1093人，其中小学784人，中学309人，教职工中专任教师1084人。小学、初中专任教师学历合格率分别为95.8%和93.5%，专任教师中研究生学历37人，本科学历185人，大专学历730人，中专学历128人，高中及以下学历4人，具有高级职称的37人，中级职称的455人，初级职称及以下的

592 人。

随着社会的不断发展，在以藏语母语为主进行交流的藏族聚居地区，仅用母语作为交流媒介，已适应不了社会发展的需求，因此，在小学阶段，除重视小学生藏语能力外，还应提高汉语水平。为解决这一问题，我们在总结了多年藏汉双语教学实践经验和理论研究成果的基础上，进行了为期六年的"以母语为先导，汉语口语优先，为读写打好基础，双语共同发展"的实验研究，探讨了藏族小学生双语发展水平及规律，为改革和发展藏汉双语教学提供了依据。

二 实验程序

（一）实验准备过程

编写适合藏族学生学习的《汉语口语》训练教材、录制教学磁带、培训实验教师。

确定实验对象：以加毛小学为实验学校，江什加小学［对比学校（1）］、合日加小学［对比学校（2）］为对比学校；实验对象均为当年新入学的全部一年级小学生；进行追踪研究，至六年级小学毕业。

前期测验：对实验班和对比班学生对双文的理解、表达、讲故事、写作等能力进行前期测验；试题由实验研究组拟定（包括后期测试题），实验教师回避。

（二）实验实施过程

低年级主要进行听说能力的训练，中高年级加强听说读写能力训练，即从一年级开设汉语口语训练课，每周 7 课时，发展儿童的汉语口语能力；到二年级继续开设汉语口语训练课，课时为每周两课时，并同时开设汉语文课，与五省区协作统编的藏族小学《汉语文》教材接轨，逐步由口语向书面语过渡，每周 5～6 课时，至六年级小学毕业；实验采用录音等现代教学手段，为学生提供听说训练的机会，并把听说读写有机结合起来，使之相互促进、共同提高。

每周安排"汉语活动日""汉语会话日"等活动，为学生创设良好的汉语言学习环境；并把课内与课外、校内与校外有机结合起来，不断提高藏族学生藏汉双语理解和运用能力。

三 实验数据及管理

每学年结束时，对实验班和对比班学生的语言发展水平进行测试，采用口试与笔试、团体与个别相结合的方式。测试内容包括：口语（包括口语运用、理解、表达、看图说话、讲故事、指令操作等）、书面语（包括听写、句型运用、阅读、写作、藏汉语词类比推理等）和思维推理、记忆速度等，同时提取藏语文、汉语文、数学成绩进行相关分析。全部数据均采用 SPSS16.1 统计软件进行分析。

四 同仁地区藏汉双语教学实验结果

（一）实验前藏族一年级小学生双语成绩比较

在双语教育实验之前，我们对实验班和对比班学生藏汉双语水平进行了测查，结果见表 11-1。

表 11-1　实验前藏族小学生藏汉语测查成绩（一年级）

学校	人数	成绩项目	汉语口语总成绩	汉语口语分项成绩				汉语书面语总成绩	藏语成绩	
				运用	表达	讲故事	理解		口语	书面语
实验班	19	均数 标准差	14.53 29.72	2.00 3.50	2.95 5.34	6.37 14.94	3.21 6.68	2.05 5.80	73.8 10.8	36.8 28.7
对比班（1）	19	均数 标准差	2.53 2.27	0.68 0.82	1.58 1.02	0.25 1.15	/ 	/ 	71.4 11.2	57.4 45.9
对比班（2）	27	均数 标准差	22.04 21.59	4.04 3.55	6.41 5.40	7.74 9.52	3.56 5.72	0.77 3.00	46.9 21.6	23.6 18.4

由表 11-1 可见，三所学校藏族儿童藏汉双语水平表现出如下特征。

藏语口语水平较高。统计分析显示，三所学校藏族一年级学生的藏语口语水平远远高于汉语，经统计检验 T 值为 12.56，$p < 0.001$，表明这些儿童藏语口语基础较好（均分为 61.9 分），成绩相对较为突出，并开始学习和掌握藏语书面语知识。

汉语口语水平很低。在测试过程中，主试提出很简单的汉语问题，被试或以藏语回答或默不作声，成绩很低，均分为 13.02 分，表明个别学生能听懂简单的汉语但不能用汉语表述，大部分学生不具备汉语口语的听说能力。

无汉语书面语言能力。通过测试，笔者发现实验班与对比班儿童的汉语书面语言成绩都很低，均分为 0.94 分，大多数儿童连一个汉字都写不出。

（二）实验初期藏族二年级小学生双语发展（成绩）比较

通过一年的教学，实验班与对比班藏族学生汉语成绩见表 11-2。

表 11-2 实验初期藏族小学生汉语测查成绩（二年级）

学校	人数	口语总成绩	口语分项成绩				书面语总成绩
			运用	表达	讲故事	理解	
实验班	23	22.13 ± 14.76	4.91 ± 2.29	8.43 ± 3.67	6.13 ± 6.91	2.65 ± 3.85	3.08 ± 8.43
对比班（1）	21	8.04 ± 3.90	2.33 ± 1.62	4.66 ± 2.26	0.42 ± 1.21	0.57 ± 0.74	22.38 ± 10.09
对比班（2）	23	11.95 ± 10.82	2.34 ± 2.12	5.47 ± 3.27	2.95 ± 5.17	1.21 ± 1.59	4.73 ± 4.56

由表 11-2 可见，经过一年的藏汉双语教改实验，实验班学生汉语口语运用、理解、表达、讲故事及总成绩均远远高于两个对比班。就总成绩而言，在实验开始之前，按前测成绩排序，实验班居第二位，一年之后，实验班跃居第一，且与两个对比班形成显著的差异，$p < 0.05$，这种教学模式在双语教学的初级阶段就表现出明显的优势，已初步证明这种模式能够适应藏族学生双语发展规律。

1. 实验班口语发展比较

与实验前的测验成绩相比，实验班学生的汉语口语发展是不平衡的，从整体水平看，比实验前有所提高，其中口语运用、口语表达与实验前形成显著差异，$p < 0.01$，而理解和讲故事成绩提高不明显。

学生汉语口语总成绩与实验前相比提高了 7.6 分，而且学生间差异明显缩小（标准差减少 14.96）。学生汉语整体水平有所提高，表现出藏族小学生学习第二语言的特有规律，即藏族小学生汉语的发展是一个循序渐进的、不平衡的发展过程。

2. 实验班与对比班学科成绩比较

在对学生的藏汉口语进行测试的同时，我们提取了三所小学儿童参加学区统考的藏语文、数学、汉语文三门课成绩，结果见表 11 - 3。

表 11 - 3　1995 年三所小学学区统考成绩

单位：分

学校	藏语文	汉语文	数学
实验班	87	88.5	77
对比班（1）	68.6	75.7	82.4
对比班（2）	77.4	48.3	48.6

表 11 - 3 显示，实验班和对比班都是从二年级才开始开设汉语文课的，但实验班汉语文成绩远远高于对比班，表明了优先发展汉语口语对学生掌握汉语文的促进作用。同时，实验班学生的藏语文成绩也高于两个对比班，表明重视藏族儿童双语教学，不会影响学生学习藏语文及其他学科知识。

（三）实验中期藏族三年级小学生双语发展（成绩）比较

受教育教学等因素的影响，三所小学被试的语言能力都有不同程度的提高，尤其是实验班学生，通过三年的实验，其口语能力、书面语能力及语词类比能力均获得了较大提高，结果见表 11 - 4。

表 11 - 4　实验中期藏族小学生汉语测查成绩（三年级）

学校	人数	口语总成绩	口语分项成绩				书面语总成绩	语词推理	汉语拼音
			运用	表达	讲故事	理解			
实验班	20	44.20 ±12.85	17.40 ±4.10	21.34 ±8.22	13.45 ±7.50	3.20 ±2.96	58.45 ±10.20	6.20 ±2.86	65.88 ±19.03
对比班（1）	21	14.85 ±9.38	7.42 ±4.31	6.70 ±5.08	1.60 ±2.80	0.66 ±1.31	36.61 ±15.71	3.29 ±1.90	40.33 ±24.78
对比班（2）	18	32.33 ±9.26	12.61 ±4.39	17.80 ±4.28	6.44 ±6.30	1.94 ±2.04	55.72 ±8.03	4.94 ±1.83	53.33 ±15.35

1. 实验班汉语口语发展水平

与实验前相比，实验班学生口语水平提高了 29.67 分，经统计检验，T 值为 4.01，$p < 0.005$，差异显著；与实验初期相比，提高了 22.07 分，经统计检验，T 值为 5.24，$p < 0.05$，差异显著。可

见，在有目的、有计划、有组织的汉语学习过程中，实验班学生的汉语经过循序渐进、不平衡的发展过程之后，在这一阶段有了很大提高，表现出质的差异。

分项比较，口语运用成绩比实验前提高了 8.7 倍，比实验初期提高了 3.5 倍；表达成绩比实验前提高了 7.2 倍，比实验初期提高了 2.5 倍；讲故事成绩比实验初期提高了 2.1 倍；理解成绩比实验初期提高了 1.2 倍，特别是"用词联句、用词造句、看图描绘"等语言水平相对丁实验初期，有了很大的提高。

2. 实验班与对比班汉语口语能力比较

实验班与对比班学生口语总成绩表现出明显差异，T 值为 8.31、3.29，$p < 0.005$，表现出"以母语为先导，藏汉双语兼具发展"模式的有效性。

3. 实验班与对比班汉语书面语言发展比较

总成绩比较：实验初期，对比班（1）居第一位，均分为 22.38，对比班（2）居第二位，均分为 4.73，实验班居第三位，均分为 3.08；到实验中期，实验班均分为 58.45，居第一位，两个对比班分别为 36.61 和 55.72，经 T 检验有显著性差异，分别为 $p < 0.001$ 和 $p < 0.05$。

分项比较：实验班在"联句、选词填空、造句"等内容上更具优势，特别是在语词表达的逻辑性、连续性、精确性方面明显优于对比班；在"语词推理"中，实验班为 6.2 分，两个对比班分别为 3.29 分和 4.94 分，经 T 检验，差异显著。这说明，藏族小学生口头语言是促进书面语言及思维推理发展的基础，而在口语基础上掌握的书面语言及思维推理能力又可使口语能力得到更好的发展。

汉语拼音成绩比较：从及格率看，实验班为 65%，两个对比班分别为 14.35% 和 33.3%；从均值的统计检验看，实验班为 65.88 分，两个对比班分别为 40.33 分和 53.33 分，差异显著。这表明汉语口语能力的发展对藏族学生理解和掌握汉语拼音也有促进作用。

4. 实验班与对比班藏语文成绩比较

由于实验班把藏语文作为藏族学生学习第二语言、文字入门及发展的向导，因此在实验过程中，教师对藏语文教学没有丝毫松懈，学生的藏语文能力也在不断提高。实验对学生藏语运用能力的发展无任何消极影响，相反在开阔学生视野、丰富知识方面具有更大优势。如比较三年级学生的藏语文考试成绩，实验班为 76.1 分，两个对比班分别为 77.5 分和 71.4 分；藏语语词类比成绩，实验班为 7.4 分，对比班为 9.4 分和 3.7 分，表明实施双语教学的实验班学生，藏语成绩自实验前起就一直处在两个对比班中间，发展是稳定的。

（四）实验后期藏族六年级小学生双语发展（成绩）比较

随着实验教学的不断深化以及学生年龄的增长和理解水平、社会生活实践等能力的不断发展，藏汉双语能力也表现出其特有的发展规律。为能科学检测六年来藏汉双语教改实验成果，我们采用中国加拿大联合研究项目——双语教学研究组编制的"汉语水平测试题"进行了测验。

该测试题内容分听说能力（包括语音识别、词语辨析、句型运用、看图说话等，总分为 70 分）和读写能力（包括阅读、写作，总分为 30 分）两部分。

测验严格按"方案"要求控制各项变量，结果见表 11 - 5（由于该题型计分办法等与前几次有所不同，故未对实验班做纵向发展水平上的分析检验）。

表 11 - 5 实验后期藏族小学生双语测查成绩（六年级）

学校	人数	汉语总成绩	听说能力	读写能力	读写分项成绩			藏汉语文统考成绩	
					阅读复述	阅读理解	写作	藏语文	汉语文
实验班	20	72.07 ±13.54	57.27 ±9.91	14.8 ±5.31	4.05 ±1.90	4.05 ±1.46	4.50 ±2.66	87	76
对比班（1）	16	48.71 ±18.75	41.37 ±14.03	7.34 ±5.61	1.96 ±1.83	2.06 ±2.04	1.25 ±1.69	74	74
对比班（2）	11	49.18 ±10.99	39.22 ±14.15	6.31 ±3.29	1.81 ±0.75	1.09 ±1.90	1.72 ±1.27	70	70

1. 实验班与对比班听说能力比较

听说能力总成绩：实验班与两个对比班之间差异显著，T 值为 3.83 和 3.75，$p < 0.005$；比较三个班学生的均分，实验班听说能力成绩距离总分相差 12.73 分，两个对比班与实验班成绩相差 15.9 分和 18.05 分，大于实验班距总分的成绩。

语音识别：通过机械重复、朗读材料考查学生的语言能力，T

检验表明，三个班学生在发音的清晰度、准确性、完整性方面无明显差异，$p > 0.05$。

操作语言指令：实验班与对比班（2）有明显差异，T 值为 3.17，$p < 0.005$，与对比班（1）没有明显差异，T 值为 0.05，$p > 0.05$。

词语辨析：三所学校无明显差异，T 值为 1.61 和 1.59，$p > 0.05$。

句型运用：实验班与两个对比班之间形成显著差异，T 值分别为 2.16 和 2.60，$p < 0.005$。

看图说话：分景物描绘、方位判断和情景描绘三项内容，相比之下，实验班与对比班景物描绘 T 值为 6.74 和 5.37，$p < 0.001$；方位判断 T 值为 5.59 和 4.39，$p < 0.001$；情景描绘 T 值为 8.10 和 6.43，$p < 0.001$，均表现出十分显著的差异。实验班对事物的情景描绘得最好，成绩接近满分，方位判断次之，景物描绘略低于其他两项。

总之，经过六年不同模式的藏汉双语、双文教学，藏族小学生在汉语言听说能力的发展过程中，有不同程度的进步和提高，相比之下，实验班各项成绩明显优于对比班，表明"口语优先发展"的模式能切实提高藏族小学生汉语听说能力。

2. 实验班与对比班读写能力比较

六年的藏汉双语教改实验，使实验班学生的阅读复述、阅读理解以及阅读速度等的水平远远高于两个对比班。这说明藏族小学生的阅读能力是可以通过有效训练得到提高的。

实验班学生的写作水平也遥遥领先，表明如果在低年龄阶段打好了"听说能力"的基础，那么到高年龄阶段"读写能力"的提高也就愈加明显，而且实验班大多数学生所写的作文、日记，语句通顺、流畅，错别字较少，语法合乎要求，所要表达的意思完整、明确。相比之下，两个对比班显得较差，这与遵循儿童"口语优先"的语言发展规律以及针对藏族学生特点进行教学有关。

对于读写能力总成绩，经统计检验，实验班明显高于两个对比班，T 值为 4.05 和 5.47，$p < 0.001$，差异达到十分显著的水平。

（五）综合能力发展水平

年龄比较：六年级三个班学生可分为 12 岁、13 岁、14 岁三个组，统计检验各年龄组之间差异不显著，但相比之下，12 岁组成绩为 62.3 分，13 岁组为 54.5 分，14 岁组为 57.9 分，12 岁组各项成绩均高于 13 岁、14 岁组。分项比较的听说能力：12 岁组均分为 49.42 分，13 岁组均分为 45.4 分，14 岁组均分为 47.45 分；读写能力：12 岁组均分为 11 分，13 岁组均分为 9.18 分，14 岁组均分为 10.5 分。可见，12 岁组各项成绩普遍较高，14 岁组次之，13 岁组较低，这说明 12 岁组是藏族学生汉语言，特别是读写能力发展的"高峰期"之一。

听说读写综合能力比较：实验班远远高于两个对比班，T 值分别为 4.18 和 5.10，$p < 0.001$，这表明实施藏汉双语教学的实验班采用"以藏促汉""汉语优先发展口语""以听说能力促进读写能力"的教学模式，适合藏族小学生藏汉双语能力发展的规律。

（六）藏语文成绩比较

从统考成绩看，实验班均分为 86.5 分，最高为 94.5 分，最低为 71 分，两个对比班均分分别为 73.6 分和 70 分，最高为 98 分和 90 分，最低为 49 分和 55 分；及格率方面，实验班 100%，两个对比班分别为 93% 和 88%。这表明到五、六年级阶段，实验班学生藏语文成绩有了质的飞跃，即从稳居第二发展到第一位，而且藏语文整体水平的离散程度也很小。可见，实施藏汉双语教学，确实能使以母语为主的藏族学生的藏汉双语水平均得到很好的发展。

五 同仁地区藏汉双语教学实验结果讨论与分析

经过六年的教学改革实验研究，藏族学生在语言发展过程中，既表现出与其他民族学生共有的语言发展规律，也表现出自己独特的语言发展规律。

（一）汉语口语开始发展阶段

小学一年级，为语言基础训练阶段，主要是会话训练。藏族学生在具有一定藏语口语能力和初步的书面语能力基础上，开始学习汉语、发展汉语口语能力。由于这一时期不要求学生认知汉字的字形、笔画、笔顺、结构、字义等，教师主要采用听录音、跟录音学、师生对话、学生相互对话、藏汉语对译解释语义等方式教学，这样既活跃了课堂气氛，又使学生通过轻松、愉快的学习活动，增强了学习汉语的兴趣和学好汉语的信心，学习态度也非常积极、主动。

加之小学生模仿能力强，以往用几年甚至十几年学不好的汉语，通过这种方式，只用一学年时间，就掌握了汉语最基本的用语，能正确理解主试提出的各种简单问题，进行简单的对话，充当家长的"翻译"。这是藏族学生汉语能力得到迅速发展的开始阶段。

（二）汉语口语的充实积累阶段

对于小学二年级学生，主要进行句群训练，他们开始识字，经过一年的口语强化训练，教师逐渐转向书面语言的训练，上半学年学习汉语拼音，下半学年与西北五省区编写的民族小学汉语文课本接轨，并继续加授口语课。由于口语的发展为书面语言奠定了基础，学生对汉语词、句的积累逐渐增多，汉语言水平的发展在"量"上有了保证，效果显著。测验表明，这一时期77.73%的学生对话基本正确；13.6%的学生对话不太流利或不敢讲话，但能听懂；8.7%的学生听不懂。用同样的方法测验该校高年级学生发现，只有20%的学生能较正确、流利地进行对话，80%的学生不懂或不敢讲汉语。这说明，以汉语口语促进汉语书面语言的发展这一教学模式对藏族学生藏汉双语的发展是非常有效的，如果不注意他们的语言发展规律、不采用适合藏族学生心理发展的藏汉双语教学模式，那么藏族学生学习汉语将不能取得有效进展。

对以藏语为主的藏族小学生何时学习汉语，尚有不同的看法和做法，如"早开型"，认为从一年级开设汉语文课效果为好；"晚开型"，认为从二、三年级开设汉语文课效果为好，等等。多年来，这种认识及做法在青海省藏族教育中的影响极大，到目前，仍有不少藏族小学还在沿用这些做法。有些学校进行改革也只是将开设汉语文课的时间"由早改晚"或"由晚改早"，这种认识或做法是否科学、完美，我们暂且不论，但教学改革仅局限在开设汉语文课的早晚上，而对生活在母语环境中的藏族小学生，进行第二语言教学时，不遵循"从口头到书面语言"的发展规律，直接搬用普通教育的教学模式，难免使学生产生心理压力，较少体验到学习汉语的愉快，学习效果不理想。本实验选取的两所对比学校，一所从一年级开设汉语文课，另一所从二年级开设汉语文课，因为都是在初级阶段开设汉语文课，因此对比学校某些项目的成绩远远高于实验学校，但到中高年级阶段，实验学校的各项成绩就高于对比学校，而且差距越来越大。这说明，改革藏族小学教育中藏汉双语教学的关键，在于如何遵循学生语言发展的规律，采用能切实提高学生双语水平的有效教学模式上。

当然，发展心理学与语言心理学的研究表明，儿童语言的发展是有"关键期"的，我们不妨将这一理论与本实验测验的结果结合起来加以概括。有两点可以肯定：其一，对以藏语为主的藏族小学生学习第二语言的时间可从一年级甚至更早（如学前班、幼儿园等）开始；其二，遵循学生语言发展的规律，将传统的以"识字"为开端的汉语文学习模式改革为"口语优先"发展的汉语言学习模式，让藏族学生对汉语言的学习从"听""说"逐渐向"读""写"过渡。无论从人类语言的发展过程看，还是从儿童学习语言的发展顺序看，口头语言的发展先于书面语言的发展。六年的藏汉双语教改实践表明，以母语为主的藏族小学生，学习第二语言时，仍然是口头语言的发展先于书面语言的发展。学龄初期是藏族学生双语口语发展的"关键期"之一，12岁是藏族学生读写能力发展的"关键期"之一，我们应牢牢把握这一有利时机。

（三）汉语口语快速发展阶段

在小学三年级，教师主要进行"口头造句、短故事表述、复述短课文、识字、简单的书面造句"训练。研究显示，学生汉语言的发展，一年级与二年级之间，T值为1.02，$p > 0.05$，差异不显著；二年级与三年级之间，T值为5.24，$p < 0.001$，具有明显差异；一年级与三年级之间，T值为4.01，$p < 0.005$，差异显著。这表明三年级是藏族学生汉语口语发展的转折期，而且，这一时期，藏汉双语发展都很突出，他们可根据对话者所使用的语种，自然、轻松地进行藏汉口语的转换。藏族学生藏汉双语的发展过程进一步支持了"儿童掌握语言是一个连续发展的、从量变到质变的过程"这一语言发展规律。语言的获得虽是一个非常复杂的过程，但无论哪个民族，只要儿童生理发育正常，首先都能获得听和说的能力，尽管世界上的各种语言彼此不同，但不同语种的儿童在学习语言时都有相似的语言发展阶段，青海藏汉双语教学改革的实验结果进一步从民族的、跨文化的角度，支持了心理语言学的这一理论。

（四）汉语综合能力发展阶段

小学四至五年级，为"发展口头翻译和书面造句能力、要求学生创造性地运用汉语、进行读写训练"阶段。研究表明，相对于前一时期，小学生汉语口语发展速度减缓，出现了口语发展的"平台"期，这是由于学生掌握了口语的基本语词，且达到了一定的熟练程度，已经能够较为熟练地使用汉语口语，因此，发展速度相对缓慢，但运用语言的综合能力仍在迅速发展。

（五）汉语书面语言发展的关键阶段

在小学六年级，教师主要进行书面写作训练。实验表明，这一时期，与对比班相比，实验班学生的阅读速度快、字音准，句子流畅，阶段性停顿少，基本能使用普通话，并能正确理解和复述课文内容，统计检验表明，实验班学生复述、阅读理解成绩均高于两个对比班，$p < 0.005$，差异非常显著。这种能力的发展一是以汉语口语听说能力的发展为基础，二是受藏语理解能力发展的正迁移影响。

在藏汉双语阅读的关系问题上，由于藏族小学生母语知识、母语水平高于汉语知识、汉语水平，他们母语阅读速度一般快于汉语阅读速度，母语阅读理解能力亦高于汉语阅读理解能力，因此在阅读汉语知识的过程中，迁移了许多母语的阅读能力。学生母语的阅读速度和理解水平，提高了汉语的阅读速度、理解水平；反之，汉语阅读水平又进一步促进了藏语阅读能力的发展，故藏族学生藏汉双语阅读是一个交互作用、不断发展的过程。

汉语文阅读是识字的必然结果，是写作的基础，学生阅读能力的发展更有利于写作能力的提高。实验班六年级学生，在这方面表现出明显的优势。这种发展优势表明，学生口语运用、理解、表达能力的发展促进了书面语言能力的发展，而在书面语言中，阅读能力的发展为写作能力的进步奠定了基础。

第二节　循化地区藏汉双语教学实验研究

一　循化藏族地区藏汉双语教学实验研究背景

循化撒拉族自治县位于青海省东部，东接甘肃省临夏回族州，南临甘肃省夏河县和青海省同仁县，西与尖扎县为邻，北连化隆县，与民和县相望。总面积约 1750 平方公里，现有 15425 户 86900 人。其中藏族占 25%，为自治县第二个主要民族，大部分居住在西部的文都、孕楞、岗察和东南部的道帏四个地区。

道帏藏族乡位于县境东南部，东部和南部与甘肃省接壤，距县府驻地 35 千米。人口 1.2 万，以藏族为主，藏族占总人口的 71.4%。面积 562.9 平方千米，辖 27 个村委会。新中国成立前为第二区辖地，1950 年设道帏乡，1953 年成立道帏藏族自治区（乡级），1958 年并入东风公社，1961 年分设道帏公社，1984 年改设道帏藏族乡。

孕楞藏族乡位于县境西南部，距县府驻地 25 千米。人口 0.5 万，以藏族为主，藏族占总人口的 99.9%。面积 226 平方千米，辖 11 个村委会。新中国成立前为第一区边都乡辖地，1950 年设孕楞乡，隶属于第三区，1953 年属文都藏族自治区，1957 年为县直辖乡，1958 年与苏志乡合并成立红旗公社，1961 年分设孕楞公社，1984 年改设孕楞藏族乡。

文都藏族乡位于县境西部，距县府驻地 15 千米。人口 0.8 万，以藏族为主，藏族占总人口的 99.4%。面积 218 平方千米，辖 16 个村委会。新中国成立前为边都乡辖地，1950 年设文都乡，1958 年与街子乡合并成立永丰公社，1961 年分设文都公社，1984 年改设文都藏族自治乡。

岗察藏族乡位于县境西南部，距县府驻地 35 千米。人口 0.2 万，以藏族为主，藏族占总人口的 99.9%。面积 402.5 平方千米，辖岗察、卡索、苏化 3 个牧委会。新中国成立前称岗察百户部落，1949 年时隶属于第三区，1950 年改设特别行政区，1953 年建岗察乡，1959 年与县牧场合并成立岗察公社，1984 年改设岗察藏族乡。

二 循化地区藏汉双语教学实验

居住在循化东南部大山深处的藏族，过着半农半牧的生活。由于地理位置偏远、自然条件较差，与县内其他民族相比，经济发展水平及速度相对落后。制约的原因是多方面的，其中教育，包括双语教育的滞后，影响了循化藏区双语人才的质量，也影响了循化藏区经济的发展。由此，双语教育的发展问题引起了人们极大的关注。

随着改革的不断深化，循化地区双语教育经历了从无到有、从小规模到大规模的发展过程，截至目前，已形成了从小学到高中学段较为完整的、初具规模的藏汉双语教育教学体系，在青海藏汉双语教学，特别是学前藏汉双语教学改革实践中，走出了特色，走在了前列，起到了领先作用。

（一）循化藏族学校双语教学体系构建

20 世纪 80 年代，循化藏文中学成立，从根本上解决了循化地区四乡一沟（即道帏、文都、尕楞、岗察四个藏族乡和夕昌沟）藏族学生无法进入双语学校读书的问题，满足了学生进入双语学校继续完成学业的需求。在此基础上，经多方努力，至 21 世纪初，循化双语教育已粗具规模。全县实施双语教学的中小学有 46 所，其中小学 43 所，完全中学 1 所，初级中学 2 所。双语教学班级 198 个，其中小学 168 个，中学 30 个。双语在校生 4313 名，其中小学生 2730 名，中学生 1583 名（初中生 1094 名，高中生 489 名）。藏族学生无法进入双语学校读书的问题得到了很好的解决。

（二）循化藏族地区学校双语教学改革需求

随着藏族学生入学问题的解决，双语教学质量滞后的问题凸显。循化双语教育虽然在民族教育中具有较好的声誉，但与普通学校相比，差距很大，尤其是在汉语教学方面，教师虽很努力，但学生的学习效率差，严重影响了学生双语能力的发展，甚至影响到学生的升学、就业。由此，提高循化地区藏汉双语教学质量就摆在了教育工作者面前。为完成使命，改变循化藏族地区双语教学现状，也为藏族地区双语教学的发展提供依据，在循化县教育局的大力支持和香港乐施会的资金支持下，循化藏汉双语教学改革实验研究课题组成立了。

双语教育是一个宏观的教育系统，其灵魂是双语教学。而要使双语教学实验富有成效，必须"在一定的教育阶段，同时进行母语和第二语言的教育，使受教育者学会使用两种语言"①。但是，"双语教学不是两种语言的机械相加，而是在两种语言教育同时进行的条件下所构成的整体。因此，双语教育的任何一方都要在与另一方的联系中设计和实施，而且要在民族学校课程整体中把握两者的合理组合"②。由此，实践双语、探索双语，针对藏区特点，创设一种行之有效的双语教学模式及策略显得极为重要，而这又必须建立在

---

① 滕星：《族群、文化与教育》，民族出版社，2002，第 418 页。
② 滕星：《族群、文化与教育》，民族出版社，2002，第 418 页。

对前期教学质量分析的基础之上。

（三）实验前藏汉双语教学质量分析

为使实验工作具有针对性，课题组首先对循化藏区双语发展状况进行调研与分析，发现如下问题。

1. 学生藏汉双语能力发展失衡

（1）早期双语能力开发的"不均衡"情况，既影响了学生双语能力的发展，也影响了学生认知能力的发展，给学生的升学、就业也带来了极大影响。从起点而言，藏族儿童在习得母语之后的五六年才开始学习汉语，已越过语言学习的关键期，因此，其双语发展总是不理想。从发展过程而言，藏族学生的汉语学习常常会迁移母语的知识、经验和思维方式，其中会产生正迁移现象，但两种语言的差异又会使学生在发音、词法、句法、语序等方面出现负迁移现象，由于"第一印象"的"印刻"性，这种负迁移现象一般不太容易被纠正，因此，藏族学生汉语普通话普遍不标准。

（2）母汉双语学习环境的不同使学生学习汉语的心理压力较大。母语学习的环境是随意的、自然的，不受时间、地点的限制，学生能随时随地大量接触语言，而且也能重复，与人交流时心理是平等的，搜索也是自动的，毫无困难；而汉语是在学校课堂中学习的，受时间、地点限制，输出语言的机会很少，交流主要是由教师引导的，心理上不平等，搜索时需要调整注意，自动性发生较晚，而且当学习或输出语言时，需要借助外部或内部的各种信息，甚至需要经过藏汉双语互译，并不断注意、反馈自己说出的语言是否偏离标准，等等，这致使学生学习的心理压力加大。当然这些差异并不是双语言本身的问题，而是学生习得语言的物质环境、社会环境，特别是心理环境的不同所致。[①]

（3）母汉双语输入方式的不同使学生学习兴趣不浓。母语是在自然情境中学习的，所输入的语言材料都带有密切联系实际、简单、清楚、速度适中、充满感情、伴随丰富的体态语等特点，而汉语是在专门的课堂中学习的，所输入的语言材料是精选的，相对比较呆板，由于不理解，体验不深刻，学生觉得其内容远离自己的生活实

---

① 才让措：《藏族中小学生汉语能力及影响因素分析》，《民族教育研究》2011 年第 6 期。

际，所以影响了学生的学习兴趣。[①]

（4）母汉双语重复、强化频率的不同使学生对语言的记忆效率不高。斯金纳的研究发现，儿童语言习得过程是一个习惯的形成过程，儿童习得语言，一般要经过模仿、练习、成形三个阶段，而且，这三个阶段是语言习得的重要阶段。[②]虽然人们对行为主义的语言观褒贬不一，但该理论对本研究结果的诠释具有一定意义，即学生的母语习得是经历了上述三个阶段的；而汉语习得中的练习非常有限，致使模仿和成形之间缺乏有机的联系，降低了重复、强化的概率，由此，影响了学生对汉语的有效巩固。

（5）与汉语信息的贫乏有关。一方面，学生接触的汉语信息有限；另一方面，在汉语课上，由于听不懂，教师较多采用藏语解释，师生间的汉语交流有限。如对教师的调研显示，师生交流使用藏语的占35%，以藏语为主的占57.7%，以汉语为主的占4.9%，使用汉语的仅占2.4%。这都不同程度地制约了学生汉语视野的拓展。[③]

（6）与对母汉双语教与学的认知不足有关。教师在教学中忽略了作为第二语言的教学规律，完全采用母语教学方式，违背了学生第二语言学习规律。

2. 双语师资力量薄弱

（1）双语区汉语师资专业结构不合理。如调研显示，实验前循化双语区高中汉语教师共6名，4名专业不对口且学历不达标；三所初级中学共13名汉语教师，只有3名为中文专业毕业；小学更差，专业教师力量非常薄弱。

（2）在双语区学校承担汉语教学的基本都是藏族教师，其汉语水平或普通话能力相对较低。对汉语课教师的调研显示，认为自己"藏汉双语都好"的只占33.3%，"汉语一般、藏语好"的占36.7%，"藏语一般、汉语好"的占13%，"汉语很好"的占17%。这虽然不能决定学生的汉语水平，但教师队伍的双语素质已成为制约藏区中小学

---

① 才让措：《藏族中小学生汉语能力及影响因素分析》，《民族教育研究》2011年第6期。

② 王斌华：《双语教育与双语教学》，上海教育出版社，2005，第257页。

③ 才让措：《藏族中小学生汉语能力及影响因素分析》，《民族教育研究》2011年第6期。

教学质量提高的致命瓶颈。①

3. 学校双语课程及教学策略的针对性欠缺

在教学策略中，由于早期输入质量不高，影响后期输出；而后期输出中，多元化的输出训练的缺乏成为影响学生语言能力发展的重要因素。加之，双语区学校开设有利于学生双语发展的汉语口语会话、阅读等校本课程很少，教学特色不突出；可供教学选用的教材及书籍有限，学生的家庭及周边环境，均不能给学生提供自然的、有效的双语环境；双语区汉语教材选用不合理，大部分学校使用普通语文教材，导致教学进度和实际效果不协调，对于汉语语言基础几乎为零的藏族学生来说，直接接触拼音和识字教学，无法体现"先语后文"的语言发展规律；等等。这些都制约着双语区学生汉语能力的发展。课题组在实施双语教学实验之前，对循化双语区小学1～6年级学生的汉语状况进行了测验，结果见表11－6。

表 11－6 实验前双语区小学汉语成绩比较

学区	一年级	二年级	三年级	四年级	五年级	六年级	均分
文都学区	9.48	11.43	23.94	18.81	16.46	31.00	18.52
尕楞学区	10.00	8.00	15.00	10.00	17.00	17.00	12.83
道帏学区	36.70	28.40	33.20	35.80	35.50	38.60	34.70
岗察学区	11.60	23.20	20.80	30.00	46.80		26.48

四个区虽具有一定差异，但成绩均未达及格水平。

在全方位分析的基础上，课题组总结结果如下：第一，提高藏族学生的双语能力，汉语教学改革势在必行；第二，加强藏族学生双语能力的发展，只有通过学校才能实现，而学校只有改革现行的教学模式及策略，凸显两种语言教学的特色，才能促进学生双语能力的发展。那么，如何改变这种状况，课题组在认真研讨，并多次出外考察、走访专家、学习取经、查找问题的基础上形成如下研究假设。

（1）立足于双语教育前期体系的研究基础，加强藏汉双语的软环境建设，关注中小学生的双语能力发展研究，尤其在学前儿童的

---

① 才让措：《藏族中小学生汉语能力及影响因素分析》，《民族教育研究》2011年第6期。

双语奠基研究上下功夫，突出学前儿童双语能力的发展研究。

（2）汲取青海省前期藏汉双语改革实验研究的经验[1]，遵循儿童语言发展规律，从儿童语言发展的起始阶段加强儿童双语能力的发展。

（3）藏族儿童学前阶段双语能力的训练，可促使其在小学阶段具有更好的发展潜力；藏族儿童学前阶段双语能力的有效发展，能促使其认知、情感、态度、价值观具有更好的发展。

三 循化藏族学校汉语教学改革方案

（一）实验目标

藏族学生的汉语教学，是我国对内汉语教学的一个重要组成部分，归属于第二语言教学范畴。作为一门学科，汉语教学的本体属性是汉语，应用属性是对藏族学生的教学[2]，根据全球化的发展趋势，建设开放整合的学科体系，为培养可持续发展的双语人才奠定扎实的基础，课题组制定了如下双语教学改革目标。

让学生掌握基本的汉语学科知识，培养其基本的双语能力，通过改革教学，特别是汉语口语能力的强化训练，使学生在非母语环境下获得良好的发展。要实现这个目标，必须重视三个阶段的双语训练，即学前（1年）和小学低年级阶段（1~2年级）。

（二）实验规划

为实现上述目标，课题组认真研讨，决定在循化道帏双语区实施藏汉双语教学改革实验，并分两个模块实施。

模块一：实施学前儿童双语实验研究。时间为一学年，研究对象为学前儿童。针对藏族学前儿童双语母高汉低能力发展特点，遵循学前儿童语言发展规律，在循化道帏学区开设双语学前班，在全面发展学前儿童综合素质的基础上，加强双语训练，以期促使藏族儿童在入学前奠定良好的藏汉双语口语基础，课题组同时获得具有推广价值的学前双语教学的有效模式。

模块二：实施小学低年级儿童双语实验研究。时间为两学年四

---

[1] 才让措：《青海省同仁地区藏族小学生藏汉双语教学实验研究报告》，《中国藏学》2000 年第 3 期。

[2] 林秀艳：《西藏中小学汉语教学的理论与实践研究》，博士学位论文，中央民族大学，2010。

学期，研究对象为升入小学的原学前实验班儿童。在改革了学前教育模式的基础上，通过四个学期的持续实验（小学1~2年级），以期获得具有推广价值的小学低年级藏汉双语教学的有效模式。

四 循化藏族地区双语教学改革成果

（一）富有特色的循化藏族地区学前双语教学模式

1. 学前双语实验目标

实验前，由于循化双语区学前教育刚刚起步，理念不成熟，经验缺乏，学前教育的目标是单一的；一方面让儿童熟悉学校的学习环境，另一方面为缓解一年级的教学压力，让儿童学习并掌握部分基础知识；教学模式小学化，通过开设藏文、数学和汉语课来完成学前阶段的教学任务；家长和学校更多地关注儿童知识的学习，很少关心儿童综合素质的培养。针对此状况，课题组首先抽选2名优秀的藏族教师担任实验班教师，先期通过外出考察学习、专家引领、自我反思等转变他们的观念。之后，课题组组织实验教师等成员，认真学习学前教育相关理论，并以《幼儿园工作规程》《幼儿园教育指导纲要（试行）》等为行动指南，针对起始阶段藏族儿童语言发展特点，结合农牧区学前教育现状及条件，形成了一年制学前双语教育目标，即保教结合，增强幼儿体质；培养健康的生活习惯；语言发展主要以母语学习为基础，强化汉语语言活动，通过游戏、讲故事、唱歌、绘画、手工操作等丰富多彩的活动，让儿童对双语产生浓厚的兴趣，并让儿童在母语进一步发展的基础上，高质量地掌握简单的汉语会话技能，使儿童愿意并能用汉语表达自己的想法及心愿，发展儿童藏汉双语能力；同时，加强科学领域及社会领域的教育，通过学前一年的学习及活动，提高儿童的综合素质，为其进入小学奠定良好的基础。

2. 学前双语实验对象

学前双语实验将当年新招收的36名藏族学前儿童全部列为实验对象，其中14名男生，22名女生，平均年龄为6岁。36名儿童入园前只懂藏语，汉语能力为零。

3. 学前双语实验活动模式及内容

在实验实施阶段，主要开展了语言、健康、社会、科学、艺术五大领域的教育活动，尤其在双语教育活动中凸显了如下活动模式。

（1）藏汉双语谈话活动。

谈话是帮助学前儿童学习运用口头语言与他人进行交谈的活动，在各类语言教育活动中具有独特的功能。实验针对藏族儿童特点，每周设计适合儿童的双语谈话主题，并充分利用各种资源，营造双语氛围，创设谈话情景，引出谈话话题。既帮助儿童学习倾听他人谈话，又鼓励他们按照一定规则、围绕话题进行谈话，逐渐提高他们的双语交往能力。此实验从起点开始，先藏后汉，两周后嵌入汉语，并逐渐加强汉语训练；基于循序渐进的原则，实施一年。结果表明，藏族儿童的双语交流能力取得了有效进展，尤其是对汉语发音及语言形式的敏感度提高了。谈话活动是一种对幼儿进行语言教育的特殊方式，与其他语言教育活动相比，在形式、内容、方法等方面，具有自身的特征，其作用是其他语言教育活动所不能替代的。目前，藏汉双语谈话活动已成为循化双语区学前教育的特色活动之一。

（2）藏汉双语听说游戏活动。

用游戏的方式组织双语教育活动。游戏活动含有较多游戏的成分，能吸引儿童参与到双语学习的活动中，使儿童在积极愉快的情景中发展藏语，掌握汉语，完成双语学习的任务。实验班教师在设计并组织这类活动时，注重儿童对汉语听和说的内容的理解与表达。为了让儿童能更多更快地接受并理解汉语信息，挖掘并利用儿童熟悉的藏族传统游戏，如"泰给"等。因为儿童熟悉领会得快，另外，将藏族传统游戏带入课堂，形式新颖，又使儿童产生好奇心，并乐意参与其中，学得有趣，不由自主地减少了对汉语的陌生感。此实验从起点开始，汉藏语共用，之后逐渐分开，后期加强汉语训练，实施一年。结果表明，用游戏的形式组织双语教育活动，既能让儿童按一定规则练习口语表达，提高其积极倾听的水平，还能帮助儿童在语言交往中富有机智性和灵活性。

（3）藏汉双语文学作品学习活动。

以文学作品为基本教育内容而设计组织的双语教育活动，能帮助儿童理解文学作品所展示的丰富而有趣的生活，体会语言艺术的美，为儿童提供多种双语学习机会。实验实施过程中，教师搜集了大量中外优秀儿童文学作品，让儿童通过动手、动嘴、动眼、动耳、动脑等各种途径获得亲身经验，让儿童不仅听故事、看图画，而且还表演人物角色，体会故事中的人物情感心理；有时还增设"想一想""画一画""说一说"等活动，使儿童获得多种与文学作品"交互"的机会，获得多种操作双语学习的经验。此实验从入园开始，先藏后汉，从第六周起逐渐增强汉语训练，至学前毕业。结果表明，向儿童展示文学作品，能提高他们对双语言多样性的认识，尤其能让儿童模仿、记忆并创造性地将汉语运用到生活的其他场合，通过让其倾听各种语言句式，扩展其词汇量，提高其对汉语结构的敏感性，这能为今后书面语言的学习及发展奠定基础。

（4）藏汉双语讲述活动。

讲述活动"是发展儿童独白语言的教育方式，对儿童语言的目的性、独立性、创造性和连贯性及思维、记忆、想象等方面的能力都有很好的促进作用"[①]。实验实施过程中，首先，实验班教师对藏族儿童的讲述活动创设了语言运用场地，并提供了一定的凭借物，让儿童认识和熟悉这些凭借物；其次，依据这些凭借物，让儿童构思需要讲述的内容、顺序、所使用的词句、所要表达的意思和中心等，培养儿童独白语言的能力；最后，使用比较规范的语言来让儿童表达对事物、现象、人物、心情等的认识。这类活动包括描述性讲述、看图讲述、实物讲述、情景表演讲述、叙事讲述等。比如，教师带领儿童在户外捡树叶拼成各种图案或泥塑各种造型时，鼓励儿童边操作边讲。此实验先藏后汉，汉语从儿童入园中期开始，不断强化，至学前毕业。结果表明，讲述活动对培养藏族儿童双语表达能力具有很好的促进作用。就广义而言，活动的设计及实施，不仅有效提高了藏族儿童的双语水平，对儿童的认知、社会化发展也产生了良好的影响，锻炼了儿童独白语言能力，而且教给了他们认识事物的方法，发展了思维和想象能力，增强了对语境变化的敏感性。

（5）藏汉双语识字活动的萌芽。

学前教育阶段开展的五大领域教育活动中最关键的是语言领域。语言是社会信息的主要载体，是一个主轴，教师要利用语言去组织各领域的教育教学活动。这就需要儿童初步对字母及部分基本字形

---

① 周兢：《学前儿童语言教育》，南京师范大学出版社，2001，第130页。

进行识记和书写，同时，还要初步培养他们规范的书写习惯等，我们称其为识字的萌芽阶段。但在汉语学习中，只要求儿童对简单汉字进行认读，不提倡书写。通过一年的教育活动，多数儿童能认读50多个汉字，并能运用150多个汉语常用单句，突破了藏族学生在一年级课堂上的零汉语状态。

一年后，36名双语儿童全部升入小学。在实验中我们看到，学前藏族儿童的双语发展具有如下条件：第一，儿童的认知水平是双语发展的基础，这与儿童已有的藏语知识和技能有一定关系。第二，模仿起重要作用，让优秀的双语教师带领儿童学习，奠定儿童的双语基础很重要。第三，语言环境是关键。教师重视语言训练时环境的营造、布置及创设，这不仅激发了儿童学习双语的兴趣及动机，还为儿童提供了双语互动的平台，增加了儿童对不同习俗、文化等的接触和学习。第四，情感的动力特征和信号功能不容忽视。双语实验使我们看到，当儿童获得某种奖励、得到老师的表扬或认可时，自我效能感极强，学习时更加敏捷、投入和富有成效；而这种积极的情感伴随着更为积极的语言及行动，对汉语的表达和理解更加准确，更加符合情景的要求。

目前，上述活动已成为循化地区富有特色的学前双语活动模式，不仅使实验班儿童的双语能力得到了很大的提高，而且引领着循化双语区学前双语教育的良性发展。

（二）富有成效的循化藏族地区小学双语教学改革策略

1. 双语教学改革实施方案

教学改革基本状况：学前实验班儿童进入小学后，课题组作为实验班将他们编入同一班级，对其持续进行小学阶段的教学改革实验，并将同年进入该校的非实验班学生编入另一班级，作为对比班。同时，将同学区其他六所小学同年级学生也列入实验对比范围，采用原教学计划实施教学。研究周期为二年，即小学1~2年级阶段。

教学改革目标：实验主要集中在汉语口语训练、拼音、识字、阅读、写作等方面。通过一年的汉语教学改革，实验班学生在完成教学计划规定的学习任务的同时，汉语口语训练得到强化，其汉语水平有了新的提升；到二年级，能进行一般性会话，汉语口语能力有了质的提高。

教学改革内容及过程：改革课程时间，将 7 节汉语课改革为两类模式，汉语课（5 节）和口语课（2 节）。课程实施过程中，第一，汉语课主要依教材内容实施教学，①在拼音教学中，教师主要根据藏族学生发音方式及特点，强化汉语拼音四声、轻声、变调、前鼻音和后鼻音及普通话训练；②在识字教学中坚持"字不离词，词不离句，句不离篇"的原则，教师边教字边进行语言表达能力的训练，让学生在汉语交际中识字，在教字中引导学生说话；③在阅读教学中通过读后说、看后说、听后说、想后说等多种形式，引导学生运用所学词语、句子说出自己的想法，并通过背诵提高其阅读能力，积累语词、概念，训练其语感；④在写作教学中，主要培养学生的写话兴趣。第二，在口语课上，将汉语口语训练融入游戏、故事、唱歌、讲述、谈话、名句诵读、手工制作、师生对话、生生对话等丰富多彩的活动之中，既增加学习的趣味性，又提高学生的口语能力和思维能力。同时，每周安排一次课外口语交际活动，事先明确一个贴近学生生活的话题，力求学生表达准确、流利；教学中注重个性化教育，充分发挥每位学生的特长。第三，从实验实施的第二年起，将口语训练贯穿于汉语教学的每一环节，把每一篇课文都当作不同的语言材料，设计为多样化情景，并将生字、新词、主要句式以及知识点都以问题的形式提出来，通过师生的共同参与，使学生达到感受、领悟、运用的目的。同时，也兼顾藏语口语能力的教学训练，充分发挥母语对第二语言学习的辅助和支撑作用，努力促使学生藏汉双语能力得到很好的发展。

2. 双语教学改革实施结果

（1）学前双语训练为实验班学生奠定了良好的双语基础。

通过一、二年级的双语实验，实验班的汉语成绩优于对比班。统计显示，差异达显著水平。实验结束之后，我们又比较了两个班三年级上学期的汉语成绩，差异仍达显著水平（见表 11-7）。这表明，学前阶段的双语训练确实有利于学生的汉语发展。

表 11-7 双语实验班与对比班汉语成绩的年级比较

年级	组别	人数	均分	标准差	T	p
一年级	实验班	31	88.27	20.01	4.81	$p < 0.001$
	对比班	31	65.84	16.56		

年级	组别	人数	均分	标准差	T	p
二年级	实验班	29	79.27	13.26	6.80	$p < 0.001$
	对比班	32	47.61	21.64		
三年级	实验班	31	67.11	17.19	3.77	$p < 0.001$
	对比班	32	47.69	23.21		

（2）小学双语教学改革策略促使实验班学生的双语能力得到有效发展。

在实验结束阶段，课题组将实验班与其他对比班的双语成绩进行了比较。结果表明，无论藏汉双语，实验班均具有明显的优势，见表 11 – 8。

表 11 – 8　实验结束阶段实验班与对比班藏汉双语成绩比较

组别	年级	人数	汉语成绩	汉语及格率（%）	藏语成绩
实验班	二年级	31	79.27	96.55	82.91
对比班	二年级	32	47.61	34.37	82.72
旦麻小学	二年级	22	74.1	81.8	73.50
拉科小学	二年级	25	47.61	20.0	59.96
铁尕楞小学	二年级	14	67.16	71.43	75.73
贺塘小学	二年级	21	39.33	14.28	55.52

我们看到，双语实验奠定了良好的双语基础，实验班学生的入学适应状况良好；双语敏感度高，敢于开口，善于表达。随着实验的不断深入，他们的双语理解能力越来越强，课内外表现更加积极、活跃。可以肯定，学前双语训练能为藏族学生的双语发展奠定良好的基础；双语教学改革，使藏族学生的双语能力得到了有效提高；循化藏汉双语实验取得了预期成果。

五　循化藏区双语教学改革策略

（一）领导重视，全员参与，措施得力

循化藏汉双语教学实验首先得到了县教育局、学校领导的高度重视，成立了以局长为组长、校长为副组长的双语教学领导小组，此项工作被纳入学校计划，被列入工作重点。实验中除培训、教研等活动外，鼓励教师边学习、边实践、边提高。同时，在课程设置、教材选用及编写和教法改革等方面鼓励大胆改革实验，努力使双语教学特色目标与学校教育共性目标有机结合，双语能力与多元能力发展有机结合。在各级领导的重视下，双语实验还辐射到循化所有双语学校。如通过循化双语实验辐射区教研活动实例（见表11－9）可以看到，循化双语实验确实体现了领导重视、全员参与、措施得力、辐射面大、成效显著的特点。

（二）形式多样，特色凸显

在领导支持、全员参与及课题组的努力下，双语实验注重口语，注重实践，立足校内，拓展校外；通过三个"结合"，即课内学习、课外练习结合，师生互动、生生互动结合，增强兴趣、激发动机结合，不仅提高了学生汉语学习的成绩，而且使学生形成了良好的学习策略，这也成为其他学科学习的激励机制。表11－8的结果有力地证明了实验班学生的双语能力均居前列，表明成效是非常显著的。这种策略不仅有利于学生的双语发展，同时，也增加了教师教学及研究的热情。目前，循化双语区形成了"教学、活动融为一体，课内课外相辅相成，藏语汉语共同发展"的双语教学特色，为循化双语实验取得成功奠定了坚实的基础，更为藏区双语教学的改革发展提供了经验。

表11－9 循化双语实验辐射区教研活动实例

校际教研促进步 同课异构求实效
——记藏文中学、道帏中学汉语组校际教研活动

针对双语区汉语教学水平低、质量差的现状，县教育局和海东地区宗喀慈善协会在香港乐施会资助下邀请省内外汉语教育专家、知名教师开展了一系列培训和教研活动。为了进一步引导教师深入钻研课标和教材，将"新理念、新技能、新知识"尽快落实到教学实践中，促进基层学校的教研，真止提高课堂教学实效，11月25日，县藏文中学和道帏中学开展了为期一天的同课异构教研活动，县教育局双语教研员娘布加、敖坚才让同志，县藏文中学李加校长、道帏学区嘎藏东智校长、中学李加东智校长，以及来自两所学校的全体初中汉语教师参加了本次活动。活动在道帏中学以听课、评课交流的方式进行。藏文中学庞胜老师、道帏中学曹卫争老师根据各自的教学设计，分别进行了"爱如茉莉"的第二课时教学。课后，在李加校长的主持下召开了说课、评课交流会，授课老师认真说课，听课老师坦诚评议，会上气氛积极热烈。与会教师一致认为，从整体上看，两位老师在课堂教学中体现了新课程理念，体现了汉语作为第二语言教学的基本特点，采用了新的教学手段和方法，能面向全体学生，与以往相比，课堂确实发生了积极的变化。

道帏中学

（三）理念转变，素质提升

双语教学对教师提出了更高的要求，教师只有快速更新知识储备，转变教学理念，才能提高教学效果。在循化双语实验中，课题组在转变教师教学理念上下大功夫、花大力气，通过培训、研讨、教研展示、跨区教研联动、观摩教学、请教学能手给双语班上课等，为实验取得成效奠定了基础。如表 11 - 10 所示，我们摘录了双语实验中部分教师的反思、感言，从他们对双语教学及对学生的认识、态度的转变、对今后的发展展望中，能体会到循化双语实验在教师转变教学理念、提升专业化素质中的作用。目前，教师对说课、讲课、评课、观课、备课等有了比较清晰的思路，尤其是备课中三维目标的制定和教学环节中语言训练的安排，已成为教师必备的内容。课堂教学迅速实现了从语文教学到汉语教学、从母语教学到第二语言教学的转变，最大限度地遵循了课程改革背景下双语课程的教学理念。

表 11 - 10　藏汉双语教学实验过程中教师的反思、感言摘录

对教师发展的认识	对教学的态度	对学生的认识	对学生的态度
1. 上一堂好课，实在不容易呀！老师可要经过层层的"打磨"才能达到"醇香浓郁"的效果啊！ 2. 我的普通话水平差，讲课不自信，我已经认识到了自己的不足。 3. 在以后的工作中，我要加强学习，改进方法，努力搞好教学工作。 4. 老师个人的能力和素质对学生语言的发展起着潜移默化的作用。	1. 我们以往的教研活动严重形式化，都是为了应付学校和上级的检查。 2. 教学理念不是说一堂课贯穿起来就行，重要的是需要坚持。 3. 我们才刚刚上路呢。路漫长，劲可鼓，不可泄！	1. 孩子们是优秀的，我们没有教好。 2. 我们的学生在李盛梅老师的课堂上表现得那么优秀，而平时在我们的课堂上总是提不起精神，问题出在我们身上。 3. 有了自信，他们也就慢慢对学习有了兴趣。	1. 我们的孩子为什么不敢说话？主要原因是害怕，怕谁呢？怕那个拿教鞭的人！这里头存在师生相互尊重的问题，跟学生谈话的态度也是非常关键的。 2. 我想只要我们以平等的态度去干预他们，学生是可以改变的。

（四）模式整合，教学有效

教学模式是在一定的教育思想、教学理论、学习理论指导下的教学活动进程的稳定结构形式。从理论视角看，其大致可分为两种，即以"教"为中心的教学模式和以"学"为中心的教学模式。前者便于教师组织、管理和控制课堂教学活动的进程，有利于教师主导作用的发挥，不足之处是忽视学生的主动性，难以体现学生的认知

主体作用；后者可充分调动学生的主动性、创造性，有利于学生认知主体作用的发挥，但容易忽视教师的主导作用。在循化双语实验中，课题组认为双语教学实验如果能在这两种模式的整合过程中开辟适合藏族学生发展的双语教学模式，是可以取得突破性进展的。况且，两种教学模式各有所长，优势亦可互补。由此，在不断探索、认真研讨、精心设计的基础上，课题组将双语教学模式整合如下：其一，改革以往的双语教学中只关注入学后学生双语能力的现状，将双语实验的时间提前，将学前和小学低年级整合，以三年为一个周期；遵循语言发展规律，从早期入手，践行双语实践探索。其二，实验实施阶段，整合并汲取上述两种模式的优势，构建起"既能发挥教师主导作用，又能充分体现学生认知主体作用"的双语教学模式；在整个教学进程中构建起让教师既处于中心地位、起主导作用，又将更多的时间规划为让学生在教师指导下进行主动的学习、行动、思考、探索的行动模式。通过三年的双语实践探索，实验取得了理想的成果。

（五）教材适合，资源丰富

实验选用的《汉语》教材能根据课程标准的要求，将知识、能力、练习、助学、学法等汇聚一起，将学习内容组成一个有序的整体，适合学生第二语言能力的发展，而且在内容选择、结构组织、活动安排等方面符合学生的心理特点和认知发展规律，尤其凸显了第二语言学习发展的规律。集汉语会话、结构、特点、语法等的知识性、趣味性为一体，增加了学生对第二语言的理解、体会及运用，调动了学生的学习兴趣。

同时，为巩固和拓展汉语知识及语言能力，教师安排了由易到难，由浅入深，形式多样，任务适量，并极富可操作性的综合练习。这有利于实现第二语言教学目标，有利于转变学与教的方式，在强化学生对第二语言的感知的同时，能引导学生主动建构新知识，促使其思维及问题解决能力的发展。

依托双语实验，循化藏区目前已开发了学前《藏文》《计算》《学汉语》等教材（上下各2册），藏文朗读教学光盘（2张）以及部分藏汉双语教辅资料。由于教材体现了玩中学、学中玩的教育理念，突出了藏汉两种语言，并将计算融入其中，关注儿童问题解决能力的培养和训练，因此得到了专家的肯定。教材既规范了实验班的活动，弥补了国内学前藏汉双语教材空白的局面，也成为循化双语实验的亮点之一。

（六）标准细致，评价有序

评价是双语教学的重要组成部分，科学的评价体系是实现双语实验的重要保障。课题组在认真钻研汉语课标、汉语教科书和教学参考书的基础上，借鉴对外汉语教学、延边朝鲜族汉语教学、国内英语教学等经验，并根据汉语课程标准的要求，结合循化地区双语教学实际，遵循第二语言教学的规律，制定了一系列道帏学区小学汉语教学评价标准，包括《道帏学区小学汉语教学规范总则》、《道帏学区小学汉语说话评价标准》、《道帏学区小学汉语朗读评价标准》、《小学汉语考试命题标准》、《道帏学区小学汉语课堂教学评价标准》和《道帏学区小学低年级汉语教学阶段目标》等。实践表明，课题组创建双语教学评价机制，根据教学目标要求，对教学全过程和结果实施有效的监控，保证实验取得了有效进展。

总之，循化藏汉双语实验给了我们启示，给了我们获得成功的经验，使我们在藏区提高双语教学改革的过程中走在了前列，起到了引领作用。学前双语活动模式的构建，不但为藏区学前教育的有效发展奠定了基础，而且为农牧区学前教育的发展探索了一条行之有效的创新之路。

六　循化地区藏汉双语教学实验研究结论

（1）循化地区学前双语实验模式和小学低年级双语教学改革策略对青海藏族地区学前教育及小学双语教学改革的实施及发展具有很好的借鉴意义。

（2）循化学前双语教育活动模式主要以母语学习为基础，强化汉语口语训练，通过游戏、讲故事、唱歌、绘画、手工操作等丰富多彩的活动，使儿童对双语产生浓厚的兴趣，让儿童在母语进一步发展的基础上，高质量地掌握汉语会话技能，使儿童愿意并能用汉语表达自己的想法及心愿，发展儿童藏汉双语能力。实践证明，循化模式非常符合藏族学前儿童的心理规律。

（3）学前阶段的双语训练为藏族学生奠定了良好的双语基础，

弥补了早期语言的不足，转变了学龄期儿童汉语零起点的局面。

（4）将口语训练贯穿于汉语教学的每一环节，把每一篇课文都当作不同的语言材料，设计多样化情景，将生字、新词、主要句式以及知识点都以问题的形式提出来，师生共同参与，达到感受、领悟、运用的目的。同时，也兼顾藏语口语能力的教学训练，充分发挥母语对第二语言学习的辅助和支撑作用，努力使学生的藏汉双语能力得到很好的发展。

（5）双语教学实验取得成功的关键因素是教师的双语理念发生了转变，专业化水平及教育技能得到了提升，其结果是学生的发展成为现实。

图书在版编目（CIP）数据

藏汉双语教学研究/才让措著.—北京:社会科学文献
出版社,2015.12
ISBN 978－7－5097－7821－0

Ⅰ.①藏⋯　Ⅱ.①才⋯　Ⅲ.①藏语－双语教学－教学
研究　Ⅳ.①G759.2

中国版本图书馆 CIP 数据核字（2015）第 167111 号

藏汉双语教学研究

著　　者／才让措

出 版 人／谢寿光
项目统筹／童根兴　谢蕊芬
责任编辑／胡　亮

出　　版／社会科学文献出版社·社会政法分社（010）59367156
　　　　　地址：北京市北三环中路甲 29 号院华龙大厦　邮编：100029
　　　　　网址：www. ssap. com. cn
发　　行／市场营销中心（010）59367081　59367090
　　　　　读者服务中心（010）59367028
印　　装／三河市尚艺印装有限公司

规　　格／开　本：787mm×1092mm　1/16
　　　　　印　张：21　字　数：322 千字
版　　次／2015 年 12 月第 1 版　2015 年 12 月第 1 次印刷
书　　号／ISBN 978－7－5097－7821－0
定　　价／89.00 元